Daniela Hohenwarter, Sabine Kirchmayr,
Ralf Kronberger, Gunter Mayr (Hg)
Handbuch zur Globalen Steuerreform

Handbuch zur Globalen Steuerreform

herausgegeben von

Dr. Daniela Hohenwarter, LL.M.
Universitätsprofessorin in Wien

Dr. Sabine Kirchmayr
Universitätsprofessorin in Wien und Steuerberaterin

Mag. Dr. Ralf Kronberger
Abteilungsleiter in der Wirtschaftskammer Österreich,
Abteilung für Finanz- und Steuerpolitik und Lehrbeauftragter an der WU

DDr. Gunter Mayr
Sektionschef im Bundesministerium für Finanzen
und Universitätsprofessor in Wien

Wien 2023

facultas

Bibliografische Information der Deutschen Nationalbibliothek

Die Deutsche Nationalbibliothek verzeichnet diese Publikation in der
Deutschen Nationalbibliografie; detaillierte bibliografische Daten sind im Internet über
http://dnb.d-nb.de abrufbar.

Alle Angaben in diesem Fachbuch erfolgen trotz sorgfältiger Bearbeitung ohne Gewähr,
eine Haftung der Autoren oder des Verlages ist ausgeschlossen.

© 2023 Facultas Verlags- und Buchhandels AG
facultas, Stolberggasse 26, 1050 Wien, Österreich
Alle Rechte, insbesondere das Recht der Vervielfältigung und der Verbreitung sowie
der Übersetzung, sind vorbehalten.
Druck: Facultas Verlags- und Buchhandels AG
Printed in Austria
ISBN 978-3-7089-2342-0

Vorwort

Das Konzernsteuerrecht befindet sich im globalen Umbruch: Ausgangspunkt dafür war die Frage der angemessenen Besteuerung der digitalen Wirtschaft. Auf Ebene der OECD-wurde die Diskussion breit angelegt und mit über 140 Staaten weltweit die Konzeption einer globalen Steuerreform erarbeitet. Im Jahre 2019 wurde eine „Zweisäulenstrategie", *Pillar One & Pillar Two,* präsentiert. Während sich *Pillar One* weiterhin an der digitalen Wirtschaft orientiert, sieht *Pillar Two* eine globale Mindestbesteuerung von 15 % vor. Die Überlegungen gehen damit über die bisherigen BEPS-Maßnahmen hinaus und sollen ein – möglichst umfassendes – körperschaftsteuerliches Mindestniveau von 15 % einführen. Zur globalen Mindestbesteuerung wurde im Dezember 2022 schließlich eine EU-Richtlinie verabschiedet, die es auch in Österreich bis Ende 2023 umzusetzen gilt.

Dieses Handbuch entstand aus einer Kooperation der Universität Wien mit der Wirtschaftskammer Österreich und beleuchtet die globale Steuerreform aus unterschiedlichen Blickwinkeln. Ein Teil der Beiträge basiert auf den Vorträgen, die am 2. Mai 2022 im Rahmen des Konzernsteuertags zur globalen Steuerreform am Juridicum Wien gehalten wurden.

Expertinnen und Experten aus der Wissenschaft, der Wirtschaftskammer, der Finanzverwaltung und Beratungspraxis behandeln umfassend:

- *Pillar One* und die Zukunft der österreichischen Digitalsteuer;
- *Pillar Two* in Konzeption, Fragestellungen und Umsetzungsüberlegungen;
- *Pillar Two* im Lichte des Unionsrechts;
- Aufkommenseffekte der globalen Steuerreform sowie die österreichische KöSt im internationalen Vergleich.

Projekte wie diese brauchen für ihr Gelingen den Einsatz vieler: Unser Dank gilt daher den Autor:innen für das Verfassen ihrer Beiträge, den Mitarbeiter:innen unserer Institute für ihre Unterstützung in der Organisation des Konzernsteuertags und der Vorbereitung dieses Handbuchs sowie dem Verlag facultas für die hervorragende Betreuung der Publikation.

Wien, im April 2023   *Die Herausgeber:innen*

Inhaltsverzeichnis

Autorenverzeichnis

Mag. Dr. *Claudia Anselmi*, Wirtschaftskammer Österreich, Abteilung für Finanz- und Steuerpolitik

Dr. *Veronika Daurer*, LL.B. (WU), stellvertretende Leiterin der Abteilung für internationales Steuerrecht im Bundesministerium für Finanzen und Österreichs Delegierte in der Task Force on the Digital Economy, die für die technische Ausarbeitung von *Amount A* zuständig ist

Prof. Dr. *Kasper Dziurdź*, Maastricht University und Steuerberater, zuvor Senior Tax Manager bei KPMG in Wien

Univ.-Prof. Dr. *Daniela Hohenwarter-Mayr*, LL.M., stellvertretende Vorständin des Instituts für Recht der Wirtschaft an der Universität Wien

Univ.-Prof. Dr. Sabine *Kirchmayr-Schliesselberger*, Vorständin des Instituts für Finanzrecht an der Universität Wien und Steuerberaterin

Mag. Dr. *Ralf Kronberger*, Abteilungsleiter in der Wirtschaftskammer Österreich, Abteilung für Finanz- und Steuerpolitik und Lehrbeauftragter an der WU

Priv.-Doz. Dr. *Christoph Marchgraber*, Partner bei KPMG in Wien, Mitglied des Fachsenats für Steuer- und Sozialrecht der Kammer der Steuerberater und Wirtschaftsprüfer sowie externer Lektor an der WU sowie der Universität Wien

Univ.-Prof. DDr. *Gunter Mayr*, Sektionschef für Steuerpolitik und Steuerrecht im Bundesministerium für Finanzen und Universitätsprofessor am Institut für Finanzrecht an der Universität Wien

Mag. *Stella Müller*, Universitätsassistentin am Institut für Finanzrecht an der Universität Wien

Mag. *Veronika Rauner-Andrae*, Wirtschaftskammer Österreich, Abteilung für Finanz- und Steuerpolitik

Mag. *Martin Riedler*, Mitarbeiter der Zentralen Fachstelle des Bundesministeriums für Finanzen und Mitglied des Leitungsausschusses der *OECD Working Party on Aggressive Tax Planning,* welche die GloBE-Mustervorschriften ausgearbeitet hat

Christoph Reithofer, MSc., MA., Referent in der Wirtschaftskammer Österreich, Abteilung für Statistik, Themengebiete Volkswirtschaftliche Gesamtrechnungen, Öffentliche Finanzen, Steuerstatistik

Mag. *Christoph Schlager*, Leiter der Gruppe IV/C Direkte Steuern und Verfahrensrecht sowie der Abteilung Einkommen- und Körperschaftsteuer im Bundesministerium für Finanzen und Lektor

Mag. *Christoph Schmid*, Volkswirt in der Wirtschaftskammer Österreich, Abteilung für Finanz- und Steuerpolitik. Ersatzmitglied des Fiskalrates

Marliese Wolf, MSc., Mitarbeiterin in der Abteilung für Steuerökonomie und Steuerschätzung im Bundesministerium für Finanzen

DDr. *Hans Zöchling*, Wirtschaftsprüfer und Steuerberater. Er war viele Jahre Partner bei KPMG in Wien. Er ist Vorsitzender der Arbeitsgruppe Körperschaftsteuer des Fachsenats für Steuer- und Sozialrecht der Kammer der Steuerberater und Wirtschaftsprüfer

Amount A – Überblick und Umsetzungsüberlegungen

Veronika Daurer[*]

Übersicht:

1. Einleitung

Im Rahmen der 13. Sitzung des OECD/G20 *Inclusive Framework on Base Erosion and Profit Shifting (BEPS IF)* am 8. Oktober 2021 einigten sich 136 der 140 Staaten des BEPS IF, darunter auch Österreich, endgültig auf die so genannte Zwei-Säulen-Lösung zur Bewältigung der steuerlichen Herausforderungen im Zusammenhang mit der Digitalisierung der Wirtschaft und somit auch auf den auf die Neuverteilung von Besteuerungsrechten ausgerichteten *Amount A*.[1] Seit der Veröffentlichung dieses October Statements wird an den technischen Details der einzelnen Bausteine von *Amount A* gearbeitet, die auch sukzessive zur Begutachtung veröffentlicht wurden. Zwar konnte das ursprüngliche Ziel einer Unterzeichnung eines multilateralen Abkommens Mitte 2022 nicht eingehalten werden. Es wurde jedoch im Juli 2022 ein Fortschrittsbericht („July Progress Report") veröffentlicht, in dem – unter Berücksichtigung der Stellungnahmen aus den einzelnen Begutachtungen – die wesentlichen Bausteine von *Pillar One* konsolidiert als Musterregeln dargestellt werden.[2] Die Autorin gibt einen Überblick über die im July Progress Report enthalte-

---

[*] Dr. *Veronika Daurer*, LL.B. (WU) ist stellvertretende Leiterin der Abteilung für internationales Steuerrecht im Bundesministerium für Finanzen und Österreichs Delegierte in der Task Force on the Digital Economy, die bei der OECD für die technische Ausarbeitung von *Amount A* zuständig ist.

[1] OECD/G20 Base Erosion and Profit Shifting Project, Statement on a Two-Pillar Solution to Address the Tax Challenges Arising from the Digitalisation of the Economy, 8.10. 2021 („October Statement"); https://www.oecd.org/tax/beps/statement-on-a-two-pillar-solution-to-address-the-tax-challenges-arising-from-the-digitalisation-of-the-economy-october-2021.pdf (Zugriff am 25.4.2023).

Pillar One umfasst auch den nicht in diesem Beitrag behandelten *Amount B*, durch den eine standardisierten Verrechnungspreisermittlung für bestimmte marketing- und vertriebsbezogene Routinefunktionen eingeführt werden soll, um die bestehenden Verrechnungspreisvorschriften in diesem Bereich zu vereinfachen.

[2] OECD (2022), Progress Report on Amount A of Pillar One, Two-Pillar Solution to the Tax Challenges of the Digitalisation of the Economy, OECD/G20 Base Erosion and Profit

nen Musterregeln und den Status Quo der Arbeiten an *Amount A*, welche mit der Unterzeichnung eines multilateralen Abkommens im Juli 2023 ihren Abschluss finden sollen.

2. *Amount A* – Anwendungsbereich und Überblick

Amount A dient der Neuverteilung von Besteuerungsrechten im Lichte neuer (digitaler) Geschäftsmodelle und hat das Ziel, die Besteuerungsrechte von Marktstaaten auszuweiten. Der Anwendungsbereich soll grundsätzlich alle multinationalen Unternehmensgruppen (MNE Gruppen) umfassen, deren Umsätze 20 Mrd Euro und deren Gewinnmarge 10 % (im Sinne einer Umsatzrentabilität) übersteigen.[3] Abhängig von der erfolgreichen Implementierung von *Amount A* soll die Umsatzschwelle auf 10 Mrd Euro abgesenkt werden, wobei die Evaluierung sieben Jahre nach dem Inkrafttreten des Abkommens starten und innerhalb eines Jahres durchgeführt werden soll.[4]

Eine Einschränkung des Anwendungsbereichs auf bestimmte Branchen oder Geschäftstätigkeiten ist nicht (mehr) vorgesehen; lediglich regulierte Finanzdienstleistungen[5] und die Rohstoffindustrie[6] sollen von *Amount A* ausgenommen werden.

Ein wichtiger Eckpunkt bei der Ausgestaltung von *Amount A* ist die möglichst einfache Ermittlung der Besteuerungsgrundlagen. Daher soll die Bemessungsgrundlage von *Amount A* weitgehend aus bereits bestehenden (und verlässlichen) „Informationsquellen" abgeleitet werden: nämlich aus dem veröffentlichten konsolidierten Konzernabschluss der MNE Gruppe.[7] Auch die Gewinnzuordnung, also die Aufteilung der Bemessungsgrundlage (des angepassten Ergebnisses vor Steuern) auf die verschiedenen Marktjurisdiktionen, soll möglichst einfach ausgestaltet werden

---

Shifting Project („July Progress Report"); https://www.oecd.org/tax/beps/progress-report-on-amount-a-of-pillar-one-july-2022.pdf (Zugriff am 25.4.2023).

[3] Vgl Titel 1 Artikel 1 Abs 2 der Musterregeln („Covered Group"). Die Musterregelungen für den Anwendungsbereich (ohne Ausnahmen) gingen am 4.4.2022 in Begutachtung; OECD, Public Consultation Document Pillar One – Amount A: Draft Model Rules for Domestic Legislation on Scope, https://www.oecd.org/tax/beps/public-consultation-document-pillar-one-amount-a-scope.pdf (Zugriff am 25.4.2023).

[4] Vgl OECD, Public Consultation Document on Scope, Fußnote 1.

[5] Vgl Titel 1 Artikel 1 Abs 4 und Anhang C der Musterregeln. Die Musterregelungen für die Ausnahme für regulierte Finanzdienstleistungen gingen am 6.5.2022 in Begutachtung; OECD, Public Consultation Document Pillar One – Amount A: Regulated Financial Services Exclusion, https://www.oecd.org/tax/beps/public-consultation-document-pillar-one-amount-a-regulated-financial-services-exclusion.pdf (Zugriff am 25.4.2023).

[6] Vgl Titel 1 Artikel 1 Abs 3 und Anhang B der Musterregeln. Die Musterregelungen für die Ausnahme für die Rohstoffindustrie gingen am 14.4.2022 in Begutachtung; OECD, Public Consultation Document Pillar One – Amount A: Extractives Exclusion, https://www.oecd.org/tax/beps/public-consultation-document-pillar-one-amount-a-extractives-exclusion.pdf (Zugriff am 25.4.2023).

[7] Vgl Titel 2 Artikel 2 („Charge to tax") sowie Titel 4 Artikel 5 („Determination of the Adjusted Profit Before Tax of a Group") der Musterregeln.

und bedient sich einer simplen Aufteilungsformel: ein Viertel (25 %) der Gewinne, die die 10%ige Umsatzprofitabilität übersteigen, sollen als marktbezogene Residualgewinne nach einem umsatzbasierten Verteilungsschlüssel umverteilt werden.[8]

3. In welchen Staaten kommt es zu neuen Besteuerungsrechten?

3.1. Der neue Nexusbegriff

Die neue steuerliche Anknüpfung soll einzig auf die in einer Jurisdiktion erzielten Umsätze abstellen, wobei sich deren Quelle nach den Umsatzzuordnungsregelungen richtet. Bei Überschreiten der folgenden Schwellen wird die MNE Gruppe in der relevanten Jurisdiktion steuerpflichtig (Titel 3 Artikel 3 der Musterregeln – „Nexus Test"):

– Ab 1 Mio Euro Umsatz in einer Jurisdiktion bzw
– ab 250.000 Euro bei kleinen Jurisdiktionen mit einem Bruttoinlandsprodukt von weniger als 40 Mrd Euro.

3.2. Die Umsatzzuordnungsregelungen

Die Umsatzzuordnungsregelungen (Titel 3 Artikel 4 der Musterregeln – „Revenue Sourcing Rules") sind ein zentrales Element von *Amount A* und bilden das Herzstück für die Neuverteilung der Besteuerungsrechte.[9] Neuartig ist bei der Zuteilung von Besteuerungsrechten nach *Amount A* nicht nur, dass die Umsätze maßgeblich sein sollen, sondern auch die Art und Weise, wie festgestellt wird, woher ein Umsatz stammt. Es soll nämlich nicht darauf ankommen, wo sich die zahlende Person befindet, wie das etwa bei den Quellenregeln in verschiedenen DBA-Bestimmungen der Fall ist.[10] Vielmehr sollen die Umsätze zum „Endmarkt", also zu jener Jurisdiktion, in der sich der Endkonsument eines Produkts befindet, zurückzuverfolgen sein. Dies soll grundsätzlich gleichermaßen bei Transaktionen direkt mit dem Endkonsumenten als auch bei solchen mit anderen Unternehmen, also im B2B-Bereich gelten.

Die Umsatzzuordnungsregelungen unterscheiden zwischen verschiedenen Umsatzkategorien (siehe Abb 1) und legen für jede einzelne ein Zuordnungsprinzip fest, anhand dessen die Umsatzquelle bestimmt werden soll. Je Umsatzkategorie werden Indikatoren vorgegeben, die dem jeweiligen Prinzip entsprechen, bzw bestimmte Aufteilungsschlüssel vorgesehen. Die MNE Gruppe soll eine verlässliche

---

[8] Vgl Titel 4 Artikel 6 („Allocation of profit") der Musterregeln.

[9] Die Musterregelungen für Nexus und Umsatzzuordnung gingen zuerst am 4.2.2022 in Begutachtung; OECD, Public Consultation Document, Pillar One – Amount A: Draft Model Rules for Nexus and Revenue Sourcing (https://www.oecd.org/tax/beps/public-consultation-document-pillar-one-amount-a-nexus-revenue-sourcing.pdf, Zugriff am 25.4. 2023).

[10] Siehe etwa Artikel 11 OECD-MA oder Artikel 12A UN-MA.

Methode, also einen verlässlichen Indikator oder – sofern zulässig – einen Aufteilungsschlüssel anwenden müssen, um alle Umsätze zuzuordnen. Sofern Umsätze unter mehr als eine Kategorie fallen, müssen sie gemäß Artikel 4 Abs 3 der Musterregeln nach dem Überwiegen zugeordnet werden; ergänzende Transaktionen können nach den Regeln für jene Umsatzkategorie zugeordnet werden, die sie ergänzen.

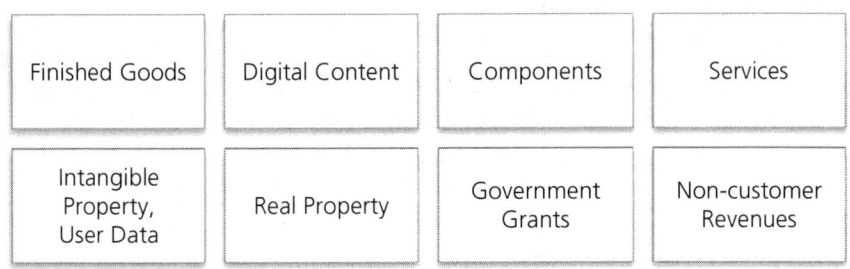

Abb 1: Die verschiedenen Umsatzkategorien.

Abschnitt 2 von Anhang E der Musterregeln definiert, was als verlässliche Methode gelten soll. Demnach sind Indikatoren verschiedene Informationen, die der MNE Gruppe zur Verfügung stehen. Welcher der möglichen Indikatoren zu verwenden ist, soll im Einzelfall zu beurteilen sein und sich nach den spezifischen Umständen der jeweiligen MNE Gruppe richten. Dabei ist es nicht nur möglich, die in der jeweiligen Umsatzzuordnungsregelung aufgezählten Indikatoren („Enumerated Reliable Indicator") zu verwenden, sondern auch sonstige Datenpunkte („Another Reliable Indicator") heranzuziehen, die gleichermaßen verlässlich sind und die die MNE Gruppe zB für unternehmerische Zwecke oder aus regulatorischen Gründen verwendet. Schließlich sollen auch alternative Indikatoren („Alternative Reliable Indicator") zulässig sein, wenn die MNE Gruppe ein Verfahren für Steuersicherheit[11] beantragt, die alternativen Indikatoren im Zuge dessen dokumentiert und deren Verlässlichkeit im konkreten Einzelfall darlegt.

Außerdem sehen manche Umsatzkategorien die Möglichkeit vor, anstelle konkreter Indikatoren Aufteilungsschlüssel zu verwenden. Damit wird der Tatsache Rechnung getragen, dass nicht bei allen Umsatzarten verlässliche Informationen darüber vorhanden sind, welche Jurisdiktion der Endmarkt ist. Dies setzt jedoch voraus, dass zunächst versucht werden muss, einen aufgezählten („enumerated") verlässlichen Indikator anzuwenden. Erst wenn dies scheitert, soll der Aufteilungsschlüssel für die jeweilige Umsatzkategorie zur Anwendung gelangen. Ein Aufteilungsschlüssel soll durch die sogenannte Knockout-Regelung („Knock-out Rule") auf solche Länder eingeschränkt werden können, von denen angenommen werden kann, dass dort tatsächlich Umsätze erzielt werden – dh es werden jene Länder von der Aufteilung ausgeschlossen, in denen die MNE Gruppe (nachweislich) keine

---

[11] Siehe dazu unten Kapitel 6.

Umsätze erzielt. Lediglich bei Transportdienstleistungen soll immer der vorgesehene Aufteilungsschlüssel verwendet werden müssen.

Schließlich wird als letztes Mittel, wenn sowohl die Anwendung eines Indikators als auch eines spezifischen Aufteilungsschlüssels scheitert, vorgesehen, dass die Umsatzzuordnung im Wege von Aufteilungsschlüsseln auf Basis makroökonomischer Daten (Konsumausgaben je Jurisdiktion oder Bruttoinlandsprodukt) zu erfolgen hat.[12] Zur Sicherstellung einer korrekten Anwendung der verschiedenen Indikatoren und Aufteilungsschlüssel soll jede von *Amount A* erfasste MNE Gruppe ein internes Kontrollsystem implementieren müssen, welches die für die Umsatzzuordnung notwendige Informationsbeschaffung sowie eine entsprechende Überprüfung ermöglicht.[13]

3.3. Beispiele für die Zuordnung von Umsätzen

Die folgenden Beispiele dienen der Veranschaulichung der Funktionsweise der Umsatzzuordnungsregelungen:

- **Warenverkäufe (Finished Goods)**

Das Zuordnungsprinzip für Umsätze aus Warenverkäufen, die direkt an Endkonsumenten ausgeführt werden, lautet gemäß Abschnitt 3A Abs 1 von Anhang E der Musterregeln, dass die Umsätze dorthin zugeordnet werden, wo die finale Lieferung an den Endkonsumenten stattfindet. Der Lieferort wird anhand folgender Indikatoren bestimmt: Lieferadresse, Adresse des Verkaufslokals, andere oder alternative verlässliche Indikatoren. Die Verwendung eines Aufteilungsschlüssels ist nicht vorgesehen.

Werden die Waren nicht direkt, sondern über unabhängige Distributoren verkauft, gilt gemäß Abschnitt 3B Abs 1 von Anhang E der Musterregeln zwar dasselbe Grundprinzip wie bei Direktverkäufen und es sind gemäß Abschnitt 3B Abs 2 lit a auch dieselben Indikatoren relevant. Da eine MNE Gruppe jedoch von einem unabhängigen Distributor nicht immer die notwendigen Detailinformationen in Hinblick auf den Endkonsumenten (Lieferadresse oder Adresse des Verkaufslokals) zur Verfügung gestellt bekommt, ist gemäß Abschnitt 3B Abs 2 lit b auch der Ort des Distributors als Indikator für den Lieferort zulässig, wenn der Distributor vertraglich daran gebunden ist, nur in dieser Jurisdiktion zu verkaufen, oder es anderweitig nachvollziehbar erscheint, dass sich die Endkonsumenten in dieser Jurisdiktion befinden. Sollte auch dieser Indikator nicht zuverlässig sein und gibt es auch keinen anderen oder alternativen zuverlässigen Indikator, ist gemäß Abschnitt 3B Abs 3 die Anwendung von Aufteilungsschlüsseln erforderlich: entweder der regionale Aufteilungsschlüssel, durch den die Umsätze innerhalb bestimmter Regionen proportional zu den Konsumausgaben aufgeteilt werden, oder nachrangig der „LIJ" (low-income jurisdictions) Aufteilungsschlüssel, durch den die restlichen („tail-end") Umsätze

---

[12]   Vgl Anhang E Abschnitt 2, Abs 7 und 8 der Musterregeln.
[13]   Vgl Anhang E Abschnitt 2, Abs 9 der Musterregeln.

zwischen einkommensschwachen Jurisdiktionen proportional zu den Konsumausgaben aufgeteilt werden.[14]

- **Dienstleistungen – Online Advertising Services**

Die Kategorie der Dienstleistungen soll gemäß Artikel 4 Abs 8 der Musterregeln in folgende Unterkategorien untergliedert werden, wobei die sonstigen Dienstleistungen („other services") als Auffangkategorie zu verstehen sind und jeweils unterschiedliche Regelungen für kleinere und für größere Kunden vorsieht:

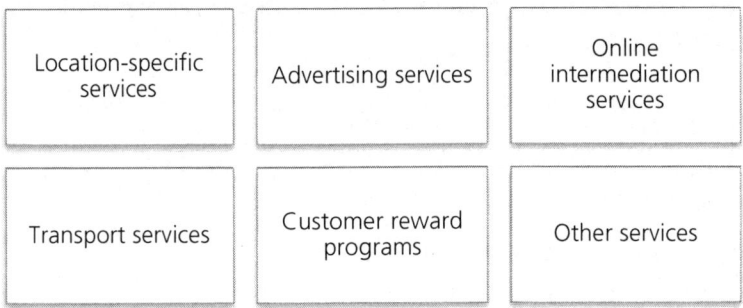

Abb 2: Die verschiedenen Dienstleistungskategorien
für Zwecke der Umsatzzuordnung.

Eine „prominente" Unterkategorie der Dienstleistungen stellen online Werbeleistungen dar, sind sie doch Teil eines der neuen Geschäftsmodelle, die Auslöser für die Debatte um die Neuverteilung von Besteuerungsrechten in Zusammenhang mit der digitalen Wirtschaft waren. Diesbezüglich lautet der Grundsatz gemäß Abschnitt 6B Abs 1 von Anhang E der Musterregeln, dass die Umsätze dorthin zugeordnet werden müssen, wo die Betrachter der Werbung sind und nicht etwa, wo die Unternehmen ansässig sind, die die Werbeleistung in Anspruch nehmen. Dies basiert auf der grundlegenden Annahme, dass die Nutzer, die die Werbung betrachten, auch zur Wertschöpfung des Online-Werbeleisters beitragen. Der Ort der Betrachter der Online-Werbung wird gemäß Abschnitt 6B Abs 2 durch die Indikatoren IP-Adresse, Geolocation oder Informationen aus dem Benutzerprofil oder durch einen anderen oder alternativen verlässlichen Indikator festgestellt. Einen Aufteilungsschlüssel gibt es nicht, da anzunehmen ist, dass die Indikatoren eine ausreichende Informationsquelle bieten, um die Umsatzzuordnungsregel korrekt anwenden zu können.

---

[14] Der LIJ-Schlüssel soll aber nur als letzter Ausweg und nur auf einen gewissen Höchstbetrag an Umsätzen zur Anwendung gelangen. Wird der Höchstbetrag überschritten, muss die MNE Gruppe versuchen, die Tail-End-Umsätze zu senken und einer genaueren Zuordnungsregelung zu unterwerfen. Siehe Abschnitt 3 Abs 4 und 5 von Anhang E der Musterregeln.

4. Wie viel kann im Marktstaat besteuert werden?

4.1. Der Konzerngewinn als Ausgangspunkt

Die Bemessungsgrundlage von *Amount A* soll gemäß Titel 4 Artikel 5 der Musterregeln ein **angepasster Vorsteuergewinn** der MNE Gruppe sein.[15] Da *Amount A* ein neues Besteuerungsrecht über einen Anteil am Residualgewinn von multinationalen Unternehmensgruppen ist, soll die Bemessungsgrundlage auf Basis des Konzerngewinns und nicht auf Basis der Gewinne der einzelnen Konzerngesellschaften bestimmt werden. Das Heranziehen des Konzernergebnisses hat außerdem die Vorteile, dass es verlässlich ist, da es von Wirtschaftsprüfern geprüft werden muss, und auch nicht von konzerninternen Transaktionen beeinflusst wird.

Ausgangspunkt für die Ermittlung der Bemessungsgrundlage ist gemäß Titel 4 Artikel 5 Abs 1 der Musterregeln der **veröffentlichte konsolidierte Konzernabschluss** der MNE Gruppe. Die für Zwecke von *Amount A* zulässigen Rechnungslegungsvorschriften sind die International Financial Reporting Standards (IFRS) sowie äquivalente allgemein anerkannte Rechnungslegungsgrundsätze.[16] Im Ergebnis werden damit all jene Rechnungslegungsvorschriften erfasst, die von den allermeisten multinationalen Unternehmensgruppen angewendet werden. Überleitungsrechnungen zur Harmonisierung der verschiedenen Standards (book-to-book adjustments) sind nicht vorgesehen. Die Herangehensweise scheint mir eher pragmatischer Natur als das Ergebnis einer detaillierten Auseinandersetzung mit der tatsächlichen Äquivalenz der zulässigen Rechnungslegungsvorschriften zu sein.[17]

4.2. Die steuerliche Überleitungsrechnung

Dadurch, dass in der GuV „ganz unten" angesetzt wird, umfasst die für *Amount A* relevante Gewinngröße zunächst sämtliche Erträge und Aufwendungen der Unternehmensgruppe, sowohl laufende als auch außerordentliche (inkl Finanzergebnis),[18] was der Bemessungsgrundlage einer Körperschaftsteuer und somit auch dem Grundgedanken von *Amount A* am nächsten kommt. Durch die in Titel 4 Artikel 5

---

[15] Die Musterregelungen für die Bestimmung der Bemessungsgrundlage gingen zuerst am 18.2.2022 in Begutachtung; OECD, Public Consultation Document Pillar One – Amount A: Draft Model Rules for Tax Base Determinations, https://www.oecd.org/tax/beps/public-consultation-document-pillar-one-amount-a-tax-base-determinations.pdf (Zugriff am 25.4.2023).

[16] Äquivalente Rechnungslegungsstandards sind gemäß Titel 7 Abs 7 der Musterregeln jene von Australien, Brasilien, Kanada, EU/EWR-Staaten, Hong Kong (China), Japan, Mexiko, Neuseeland, China, Indien, Südkorea, Russland, Singapur, Schweiz, Großbritannien und USA.

[17] Siehe dazu bereits *Daurer*, Die Ermittlung der Bemessungsgrundlage von Amount A und die formelhafte Gewinnzuordnung, ÖStZ 2021/11.

[18] Lediglich Erträge und Aufwendungen, die im other comprehensive income (OCI) der MNE Gruppe ausgewiesen werden, sind gemäß Abs 9 von Titel 7 der Musterregeln ausgenommen.

Abs 2 der Musterregeln vorgesehene steuerliche Überleitungsrechnung (**book-to-tax adjustments**) soll sodann die unternehmensrechtliche Gewinngröße an den steuerlich relevanten Gewinn angenähert werden. Dies trägt der Tatsache Rechnung, dass die steuerliche Gewinnermittlung eine andere Zielsetzung hat als die unternehmensrechtliche. Um jedoch die Anwendung von *Amount A* zu erleichtern, sollen so wenige steuerliche Anpassungen vorgenommen werden wie möglich, um den angepassten Vorsteuergewinn zu ermitteln.

Ausgehend vom Gesamtgewinn/-verlust in der konsolidierten Gewinn- und Verlustrechnung sollen demnach zunächst Einkommensteueraufwand, Dividendeneinkünfte und Gewinne bzw Verluste aus Beteiligungen (auch nach der Equity-Methode) sowie bestimmte, aus steuerpolitischen Gründen nicht abzugsfähige Aufwendungen aus der Bemessungsgrundlage herausgerechnet werden. Darüber hinaus finden sich im July Progress Report unter den steuerlichen Anpassungen nun auch weitere Korrekturen, die seit der ersten Begutachtungsrunde aufgrund der fortschreitenden Ausarbeitung der anderen Bausteine von *Amount A* hinzugefügt wurden. Diese umfassen verschiedene Anpassungen, die auf Bewertungsbesonderheiten zurückzuführen sind („Asset Fair Value or Impairment Adjustments", „Acquired Equity Adjustments" und „Asset Gain (or Loss) Spreading Adjustments"), sowie Korrekturen für Ergebnisse befreiter Gebilde und – noch in Klammer – für Gewinne aus Minderheitsbeteiligungen. Hintergrund dieser zusätzlichen Anpassungen dürfte sein, dass die Bemessungsgrundlage von *Amount A* („allocation tax base") an die für die Vermeidung der Doppelbesteuerung zu ermittelnde länderweise Bemessungsgrundlage („elimination tax base") angenähert werden soll.[19] Durch diese zusätzlichen Anpassungsrechnungen wird jedoch mE der ursprüngliche Vereinfachungsgedanke nicht unwesentlich konterkariert. Denn so sind bereits für die Frage, ob aufgrund des Überschreitens der Umsatzrentabilitätsschwelle der Anwendungsbereich von *Amount A* erfüllt wird, umfassende Kalkulationen erforderlich.

Wird der Konzernabschluss früherer Perioden aufgrund von **Fehlern und Änderungen der Rechnungslegungsgrundsätze** angepasst, soll dies für Zwecke des *Amount A* im laufenden Jahr im Wege einer Anpassung der Bemessungsgrundlage berücksichtigt werden („prior period errors and changes in accounting principles"). Artikel 5 Abs 1 iVm Abs 3 der Musterregeln sieht einen **Verlustvortragsmechanismus** vor. Demnach sollen Verluste, die nach Einführung von *Amount A* entstehen („post-implementation losses"), auf Gruppenebene ermittelt werden, auf zehn Jahre eingeschränkt vorgetragen und dann von der Bemessungsgrundlage in Abzug gebracht werden dürfen.[20] Auch Verluste, die in Jahren vor dem Inkrafttreten von *Amount A* entstanden sind („pre-implementation losses"), sollen von der Bemessungsgrundlage abgezogen werden dürfen, jedoch begrenzt auf jene Verluste, die maximal drei Jahre vor Inkrafttreten von *Amount A* entstanden sind. Für den Verlustvortrag im Rahmen von Umstrukturierungen sollen außerdem Sonderregelun-

---

[19] Siehe dazu auch unten Kapitel 4.

[20] Die Vortragsfrist ergibt sich aus der Definition von „eligible prior period" (berechtigte Vorperiode) in Titel 7 Abs 29 der Musterregeln.

gen eingeführt werden, um sicherzustellen, dass keine doppelte Verlustverwertung erfolgt.[21]

Grundsätzlich soll es zu **keiner Segmentierung** der Bemessungsgrundlage kommen, wie noch im *Pillar One Blueprint* angedacht.[22] Ausnahmsweise wird jedoch ein einzelnes Segment für die Bemessungsgrundlage herangezogen, wenn die Unternehmensgruppe gesamt aufgrund einer zu niedrigen Profitabilität nicht unter *Amount A* fällt, das einzelne Segment jedoch für sich allein schon („Covered Segment", dt: erfasstes Segment). Diesfalls ist *Amount A* unter Berücksichtigung der in Anhang D der Musterregeln vorgesehenen Modifizierungen zu ermitteln, wobei jedes erfasste Segment so behandelt wird, als wäre es eine eigenständige MNE Gruppe.

4.3. Der Safe Harbour für Marketing- und Vertriebsgewinne

Im October Statement wurde festgehalten, dass ein Safe Harbour für Marketing- und Vertriebsgewinne („Marketing and Distribution Profits Safe Harbour", MDSH) eingeführt werden soll, um den Umstand zu berücksichtigen, dass ein Teil der Residualgewinne einer MNE Gruppe nach den bestehenden Regelungen bereits im Marktstaat besteuert werden, zB, weil dort eine Tochtergesellschaft oder eine Betriebsstätte unterhalten werden. Der Safe Harbour soll eine doppelte Berücksichtigung („double counting") im Marktstaat verhindern und im Ergebnis den über *Amount A* zugewiesenen Gewinn kürzen.

Der MDSH findet sich in Titel 4 Artikel 6 Abs 3 bis 6 der Musterregeln und bedient sich einer formelhaften Berechnung des Betrags, der von jenem Betrag in Abzug gebracht werden muss, der über die Aufteilungsformel gemäß Titel 4 Artikel 6 Abs 2 der Musterregeln dem Marktstaat zugewiesen wird. Diese sogenannte MDSH Anpassung („MDSH adjustment") stellt auf die Gewinne ab, die von der MNE Gruppe bereits im Markstaat erzielt werden, wobei die Gewinne als Rendite auf Abschreibungen und Lohnkosten („return on depreciation and payroll", RoDP)[23] ausgedrückt werden sollen. Liegt die RoDP im Marktstaat über 40 % oder über der RoDP der gesamten MNE Gruppe, die einer 10%igen Umsatzrendite entspricht, so stellt dieser überschießende Anteil Residualgewinne dar, die bereits im Markt besteuert werden und die daher nicht neuerlich über *Amount A* besteuert werden sollen. Der so ermittelte Betrag soll daher von dem nach der Aufteilungsformel für den jeweiligen Marktstaat ermittelten Betrag (gesamt oder zumindest anteilig) abgezogen werden. Eine (aufwendigere) qualitative Überprüfung, ob diese mechanisch und formelhaft ermittelten Gewinne tatsächlich im Marktstaat besteuerte Marke-

---

[21] Vgl Titel 4 Artikel 5 Abs 3 lit b iVm Anhang H der Musterregeln („Transferred Losses").

[22] Vgl *Pillar One Blueprint* Rz 412 ff; dazu *Daurer*, ÖStZ 2021/11.

[23] Die RoDP wird auf Basis des sogenannten Elimination Profit, einem länderweisen Gewinn unter Berücksichtigung bestimmter Anpassungsrechnungen, ermittelt (vgl Anhang I der Musterregeln). Ausgangspunkt sind die für Zwecke der Konsolidierung aufgestellten Jahresabschlüsse der einzelnen Gruppengesellschaften. Die Anpassungsrechnungen sind an jene für die Ermittlung der effektiven Steuerbelastung für Zwecke von *Pillar 2* angelehnt, sind jedoch teilweise anders ausgestaltet.

ting- und Vertriebsgewinne darstellen, bspw unter Rückgriff auf die Verrechnungs-preisdokumentation der MNE Gruppe, ist nicht vorgesehen.

Die einzelnen Elemente der im July Progress Report enthaltenen MDSH-Berechnung, zB die Verwendung der RoDP als Gewinnkennzahl oder die Einführung einer de-minimis-Schwelle, sind noch Gegenstand intensiver politischer und technischer Diskussionen.

5. Wer muss verzichten?

Die nach *Amount A* umverteilten und in den Marktjurisdiktionen besteuerten Residualgewinne einer MNE Gruppe unterliegen aufgrund der bestehenden Regelungen bereits der regulären Unternehmensbesteuerung. Ein von Anfang an erklärtes Ziel bei der Umsetzung von *Amount A* ist, eine **Doppelbesteuerung** dieser Gewinne **zu vermeiden**. Dies wurde auch im October Statement bestätigt.[24] Es muss daher festgestellt werden, bei welcher Einzelgesellschaft bzw in welchem Staat die *Amount-A*-Residualgewinne bereits besteuert wurden, damit dort die Doppelbesteuerung beseitigt werden kann. Die Staaten sollen sich grundsätzlich aussuchen können, ob dies auf Basis der Anrechnungs- oder Befreiungsmethode erfolgen soll.

Der Mechanismus für die Vermeidung der Doppelbesteuerung findet sich in Titel 5 der Musterregeln und bedient sich einer **formelhaften Ermittlung der entlastenden Jurisdiktionen** („relieving jurisdictions"), d.h. jener Staaten, denen die Verpflichtung zur Vermeidung der Doppelbesteuerung auferlegt wird. Zentral ist dabei zunächst die Ermittlung der Gewinne, die in den jeweiligen Jurisdiktionen entstanden sind („elimination tax base", Anhang I der Musterregelungen). Diese Ermittlung soll länderweise erfolgen und auf den Gewinnen der in den Jurisdiktionen ansässigen Einzelgesellschaften basieren, wobei Anpassungsrechnungen für die Annäherung an eine steuerliche Gewinngröße vorgenommen werden müssen. Der so ermittelte „elimination profit (or loss)" soll sodann für die Ermittlung der entlastenden Jurisdiktionen herangezogen werden. Dafür sollen in einem ersten Schritt über eine **de-minimis-Regelung** jene Jurisdiktionen identifiziert werden, die zu den obersten 95 % der aggregierten Gewinne der MNE Gruppe beitragen oder in denen 50 Millionen Euro oder mehr Gewinne erzielt werden.[25]

Für diese Jurisdiktionen ist sodann jeweils die RoDP zu ermitteln und eine Reihung von der höchsten bis zur niedrigsten RoDP vorzunehmen, die übrigen Jurisdiktionen werden ausgeschieden und nicht zur Vermeidung der Doppelbesteuerung herangezogen. Auf Basis dieser Reihung und unter Bezugnahme auf die spezifische RoDP der jeweiligen MNE Gruppe werden die Jurisdiktionen in verschiedene Stufen („tiers") eingeteilt, innerhalb derer die **Vermeidung der Doppelbesteuerung** entweder nach einem **Wasserfall-Ansatz** (in Stufe 1) oder **anteilig** (in den übrigen

---

[24] Siehe Seite 2 des October Statements: „Double taxation of profit allocated to market jurisdictions will be relieved using either the exemption or credit method. The entity (or entities) that will bear the tax liability will be drawn from those that earn residual profit."

[25] Vgl Titel 5 Artikel 8 der Musterregeln zur Identifizierung der spezifizierten Jurisdiktionen.

Stufen) erfolgt. Die erste Stufe umfasst alle Jurisdiktionen, in denen die RoDP über 1500 % der Gruppen-RoDP liegt, die zweite jene über 150 %. Die dritte Stufe wird unterteilt in Jurisdiktionen mit RoDP von mindestens 40 % und jene darunter, wobei es sich um eine absolute Prozentgrenze ohne Bezug auf die Gruppen-RoDP handelt. Die Vermeidung der Doppelbesteuerung ist schließlich nach unten hin begrenzt, um eine Umverteilung von Routinegewinnen zu vermeiden. Liegt daher die RoDP einer Jurisdiktion unter jener RoDP der MNE Gruppe, die einer 10%igen Umsatzrentabilität entspricht, wird diese Jurisdiktion nicht mehr zur Vermeidung der Doppelbesteuerung herangezogen.

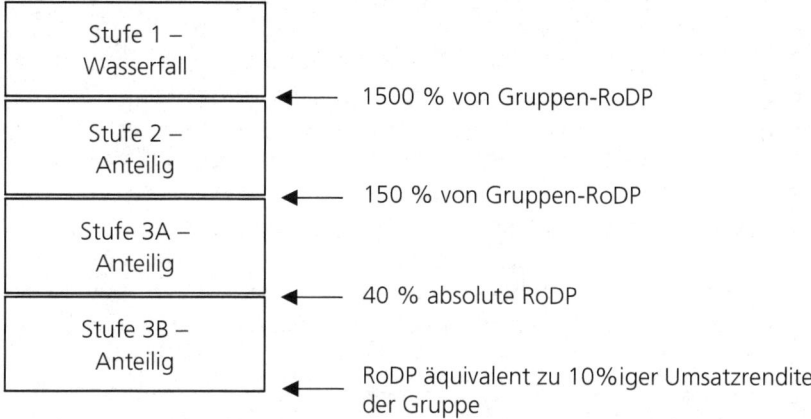

Abb 3: Die stufenweise Vermeidung der Doppelbesteuerung.

Während beim Wasserfall-Ansatz Jurisdiktionen mit höherer RoDP bevorzugt die Vermeidung der Doppelbesteuerung zu tragen haben, erfolgt in den anderen Stufen die Vermeidung zwischen allen in der Stufe enthaltenen Jurisdiktionen proportional zur Höhe der in der jeweiligen Jurisdiktion erzielten Gewinne. Durch den **stufenweisen Mechanismus** und insbesondere durch den Wasserfall-Ansatz auf der obersten Stufe soll dem Gedanken Rechnung getragen werden, dass die bestehenden Regelungen oftmals zu sehr hohen Gewinnen in einem Land führen können und derartige „Ausreißer" vordergründig zur Vermeidung der Doppelbesteuerung beitragen sollen. Der formelhafte Ansatz mag auf den ersten Blick willkürlich und wenig theoretisch begründet erscheinen, ist jedoch vor dem Hintergrund eines langen Verhandlungsprozesses der IF-Mitgliedstaaten zu sehen und stellt letztlich einen politischen Kompromiss dar.

6. Sonstige Bausteine von *Amount A* – Administration, Steuersicherheit und Streitbeilegung

Im July Progress Report werden die Themen Administration, Steuersicherheit und Streitbeilegung noch nicht behandelt; ihnen wird ein eigener, im Oktober 2022 veröffentlichter Progress Report gewidmet (**October Progress Report**).[26] Während die Regelungen zur Steuersicherheit und Streitbeilegung bereits in einer ersten Begutachtung waren,[27] waren der Öffentlichkeit die Regelungen zur Administration von *Amount A* bis dahin noch unbekannt.

Bereits im October Statement wird eine **verpflichtende und bindende Streitvermeidung und Streitbeilegung betreffend *Amount A*** vorgesehen. Durch verschiedene Verfahrensarten, die im Teil II des October Progress Report detailliert ausformuliert werden, soll der Komplexität in der Anwendung des neuen Regelungssystems begegnet werden und den MNE Gruppen die Möglichkeit eröffnet werden, Rechtssicherheit für die Ermittlung und Erhebung von *Amount A* zu erlangen. Folgende Verfahren sollen optional auf Antrag eingeleitet werden können:[28]

– Verfahren zur Steuersicherheit hinsichtlich den Anwendungsbereich („Scope Certainty Review"): Das Verfahren soll MNE Gruppen, die nicht vom Anwendungsbereich erfasst sind, diesbezüglich Rechtssicherheit geben (insb vor dem Hintergrund der Ausnahmebestimmungen), um unilaterale Compliance-Aktivitäten von einzelnen Staaten zu vermeiden.

– Vorabverfahren zur Steuersicherheit („Advance Certainty Review"): Das Verfahren soll MNE Gruppen Rechtssicherheit hinsichtlich der von ihnen angewandten Methodologie bei der Anwendung der Umsatzzuordnungsregelungen sowie der Ausgestaltung des internen Kontrollsystems geben. Dieses Verfahren soll für mehrere Wirtschaftsjahre gelten und Rechtssicherheit bringen.

– Umfassendes Verfahren zur Steuersicherheit („Comprehensive Certainty Review"): Das Verfahren wird nach dem betroffenen Wirtschaftsjahr eingeleitet und betrifft alle Aspekte der Anwendung von *Amount A*. Es soll dazu dienen, eine möglichst rasche Einigung zwischen den betroffenen Ländern herbeizuführen und eine einheitliche Anwendung von *Amount A* sicherzustellen.

Die Verfahren sollen von der Hauptsteuerverwaltung („Lead Tax Administration") bzw von einem Prüfgremium („Review Panel") geführt werden. Allfällige Streitigkeiten sollen von einem Schiedsgremium („Determination Panel") gelöst werden, dessen Entscheidung verpflichtend in allen betroffenen Jurisdiktionen umgesetzt

---

[26] OECD (2022), Progress Report on the Administration and Tax Certainty Aspects of Pillar One, Two-Pillar Solution to the Tax Challenges of the Digitalisation of the Economy, OECD/G20 Base Erosion and Profit Shifting Project („October Progress Report"); https://www.oecd.org/tax/beps/progress-report-on-the-administration-and-tax-certaint-aspects-of-amount-a-of-pillar-one-two-pillar-solution-to-the-tax-challenges-of-the-digita lisation-of-the-economy.htm (Zugriff am 25.4.2023).

[27] Die beiden Dokumente betreffend Steuersicherheit gingen am 27.5.2022 in Begutachtung; OECD, Public Consultation Document Pillar One – A Tax Certainty Framework for Amount A, https://www.oecd.org/tax/beps/public-consultation-document-pillar-one-amount-a-tax-certainty-framework.pdf (Zugriff am 25.4.2023); OECD, Public Consultation Document Pillar One – Tax certainty for issues related to Amount A, https://www.oecd.org/tax/beps/public-consultation-document-pillar-one-amount-a-tax-certainty-issues.pdf (Zugriff am 25.4.2023).

[28] Vgl OECD, October Progress Report, 53 f.

werden muss. Für Zwecke der Systemprüfung im Rahmen des Advance Certainty Review sollen Experten eingesetzt werden, um die beiden Gremien zu unterstützen.

Darüber hinaus einigte man sich im October Statement darauf, dass auch alle **Themen mit Bezug zu *Amount A*** (zB Verrechnungspreise, Unternehmensgewinne) einer verpflichtenden und bindenden Streitbeilegung zugeführt werden können. Dies ist insbesondere daher nötig, da einzelne *Amount-A*-Bestimmungen (zB die Vermeidung der Doppelbesteuerung) auf dem derzeitigen System aufbauen und eine ungelöste Besteuerungsstreitigkeit direkte Auswirkungen auf die Berechnung von *Amount A* haben kann. Teil III des October Progress Report stellt die Regelungen, die ähnlich wie bilaterale Verständigungs- und Schiedsverfahren funktionieren sollen, dar. Der bindende Streitbeilegungsmechanismus soll im Übrigen für Entwicklungsländer, deren BEPS Action 14 Peer Review aufgeschoben wurde und die keine oder kaum Verständigungsverfahren haben, lediglich fakultativ sein.

Laut October Statement soll die Einhaltung der *Amount-A*-Regelungen (einschließlich der Erklärungspflichten) möglichst einfach gestaltet werden; die in den Anwendungsbereich fallenden MNE Gruppen sollen den Compliance-Prozess durch eine einzige Einheit verwalten können. Teil I des October Progress Report widmet sich den Regelungen für die **Administration** von *Amount A*, die den folgenden drei Grundsätzen folgen sollen:[29]

– Die Verwaltung und Compliance von *Amount A* soll koordiniert und vereinheitlicht sein, um die Auswirkung auf Steuerverwaltungen und Steuerpflichtige zu minimieren, was die Vermeidung von unnötigen Doppelgleisigkeiten umfasst.

– Soweit möglich soll *Amount A* im Rahmen der „normalen" Verfahren der jeweiligen Länder abgewickelt werden, ohne signifikante Änderung der bestehenden Systeme und Abläufe erforderlich zu machen.

– Die Regelungen sollen sicherstellen, dass *Amount A* vollstreckbar ist und dass eine effektive und zeitnahe Vermeidung der Doppelbesteuerung erfolgt.

Wichtige die Administration betreffende Themenbereiche umfassen einerseits die Zusammenarbeit zwischen den Steuerverwaltungen in Hinblick auf einen notwendigen Informationsaustausch sowie die Amtshilfe bei der Vollstreckung von *Amount A* und andererseits zahlreiche verfahrensrechtliche Fragen, wie die Fristen für die Einreichung und den Inhalt der Steuererklärung für *Amount A* (inkl Dokumentationspaket), die Abgabepflicht in Marktjurisdiktionen und die Interaktion mit bestehenden Abgabepflichten in Markt- und entlastenden Jurisdiktionen, das Abgabepflichtigen-Modell (mehrere oder einheitlicher Abgabepflichtiger), um nur einige zu nennen.

7. Umsetzung und Ausblick

Die Umsetzung von *Amount A* war ursprünglich für 2022 geplant, die Unterzeichnung eines multilateralen Abkommens („Multilateral Convention", MLC) für Mitte

---

[29] Vgl OECD, October Progress Report, 8.

2022 vorgesehen, sodass die Regelungen bereits 2023 wirksam werden können. Dieses ambitionierte Ziel musste jedoch verschoben werden – denn die technischen Arbeiten blieben hinter dem gesetzten Zeitplan zurück und auch einige politische Kontroversen konnten bis dahin nicht gelöst werden. Daher wurde vom Generalsekretär der OECD verlautbart, dass keine Hoffnung für eine Implementierung von *Amount A* im Jahr 2023 mehr bestehe und diese um ein Jahr verschoben werden müsse.[30] Der neue Zeitplan wurde sodann auch vom Inclusive Framework verabschiedet.[31] Die Ausarbeitung und Verhandlung des MLC müssen demnach im ersten Halbjahr 2023 abgeschlossen werden.

Um *Amount A* Wirksamkeit zu verleihen, bedarf es nicht nur des MLC zur Koordinierung der neuen Besteuerungsrechte, sondern auch einer Änderung des nationalen Rechts. Die materiellen Regelungen wurden daher zunächst auf Basis von Musterregelungen diskutiert, die sodann im Rahmen der Progress Reports einer Begutachtung zugeführt wurden. Die Musterregeln sollen als Basis für die Umsetzung im nationalen Recht dienen, wobei innerhalb der EU die Umsetzung womöglich im Wege einer Richtlinie erfolgen könnte.[32] Mittlerweile wurde die Arbeit an den Musterregeln jedoch zurückgestellt und dazu übergegangen, die Musterregeln in Abkommensvorschriften zu „übersetzen" bzw den konkreten Abkommenstext für das MLC zu entwerfen, damit die Deadline für die Unterzeichnung Mitte 2023 eingehalten werden kann.

Ein wesentlicher Aspekt der Umsetzung ist im Übrigen die gleichzeitige Abschaffung bestehender Digitalsteuern sowie eine Verhinderung der Einführung solcher unilateralen Maßnahmen in der Zukunft.[33] Davon wird auch die österreichische Digitalsteuer betroffen sein, die voraussichtlich ab der Einführung von *Amount A* abgeschafft werden soll.

---

[30] Vgl Landmark OECD international tax deal pushed back a year, Financial Times 24.5. 2022, https://www.ft.com/content/711d8f97-a2ce-48be-aa14-7f01e70f792f (Zugriff am 25.4.2023).

[31] Vgl July Progress Report, 5.

[32] In seinen Schlussfolgerungen seiner Tagung am 15.12.2022 erinnert der Europäische Rat außerdem „an die Entschlossenheit der Europäischen Union, sowohl Säule 1 als auch Säule 2 wie im Oktober 2021 vereinbart umzusetzen, und ersucht die Kommission, die laufenden Verhandlungen über das multilaterale Übereinkommen zu Säule 1 zu überwachen und gegebenenfalls bis Ende 2023 einen Vorschlag vorzulegen, falls bezüglich einer Lösung für Säule 1 keine Einigung erzielt wird." (Vgl Europäischer Rat, EUCO 34/22, https://www.consilium.europa.eu/media/60876/2022-12-15-euco-conclusions-de.pdf; Zugriff am 25.4.2023.)

[33] Siehe dazu *Mayr*, in diesem Band.

Pillar One: Von der digitalen Wirtschaft bis zu den nationalen Digitalsteuern

Gunter Mayr

1. Problemstellung

Die IT-Großkonzerne konnten ihre weltweite Vormachtstellung auch in den Jahren globaler Krisen weiter ausbauen; so liegen etwa auf den Top-5-Plätzen der weltweit größten börsenotierten Unternehmen fast ausschließlich Konzerne aus der Tech-Branche,[1] angeführt von Apple (1.), Microsoft (2.), Alphabet (4.) und Amazon (5.).[2] Die zugrundeliegenden digitalen Geschäftsmodelle stellen die nationalen Steuerrechtsordnungen aber vor erhebliche Herausforderungen: Denn der bisherige Betriebsstättenbegriff als zentraler Anknüpfungspunkt für die territoriale Abgrenzung von Besteuerungsrechten an Unternehmensgewinnen ist kaum geeignet, die digitale Wirtschaft steuerlich sachgerecht abzubilden. Als plakatives Beispiel angeführt sei „Google", das für sein Geschäftsmodell keine körperliche Präsenz in Märkten wie Österreich benötigt.[3] Im Lichte dieser digitalen Geschäftsmodelle wurde etwa ein Konzept für eine digitale bzw virtuelle Betriebsstätte vorgeschlagen.[4]

2. OECD/IF: *Pillar One & Pillar Two*

Die Frage der Besteuerung der digitalen Wirtschaft steht daher seit Jahren im Mittelpunkt des internationalen Steuerrechts. Um die Diskussion weltweit möglichst

---

[1] Vom (spektakulärem) Börsengang von *Saudia Aramco* im Dezember 2019 einmal abgesehen; *Saudia Aramco* liegt am 31.3.2022 auf Platz 3.

[2] ZB Amazon wird hier auch als „Tech-Konzern" bezeichnet; vgl zB PwC-Studie mit Stand 31.3.2022, abrufbar unter: https://www.pwc.de/de/deals/ranking-der-100-wertvollsten-unternehmen-2022-nach-marktkapitalisierung.html.

[3] Vgl zB *Mayr*, ÖStZ 2021, 6; *Kofler/Mayr/Schlager*, BB 2017 1751 und 1815 und ET 2017, 523.

[4] Vgl zB *Kofler/Mayr/Schlager*, BB 2017 1751 und 1815 und ET 2017, 523; kritisch *Staringer*, SWI 2017, 341; *Schön*, Ten Questions About Why and How to Tax the Digitalized Economy, BIT 2018, 278.

breit aufzustellen, wurde dafür das *OECD/G20 Inclusive Framework on BEPS (Inclusive Framework)* eingerichtet, dem mittlerweile über 140 Staaten angehören.

Ins allgemeine Bewusstsein rückte die aggressive Steuerplanung multinationaler Unternehmen spätestens mit dem OECD-*„Base Erosion and Profit Shifting"*-Projekt (BEPS-Projekt) im Jahr 2013.[5] Im Jahr 2015 legte die OECD zwar umfassenden Abschlussberichte vor,[6] an konkreten Empfehlungen für die (steuerpolitischen) Herausforderungen der digitalen Wirtschaft fehlte es aber noch. Die Arbeiten wurden aber intensiv fortgesetzt und im Jahre 2019 eine „Zweisäulenstrategie" präsentiert, die Geburtsstunde von *Pillar One & Pillar Two.*[7]

Pillar Two, das *Global Anti-Base Erosion Proposal,* löste sich dabei von den digitalen Geschäftsmodellen heraus und strebt eine *globale Mindestbesteuerung* an, um letztlich wieder Wettbewerbsgleichheit unter den verschiedenen Geschäftsmodellen herzustellen. Anders als bei *Pillar One* war der konzeptionelle Weg bei *Pillar Two* weit weniger steinig, wurden doch mit der *„Income Inclusion Rule"* sowie der *„Undertaxed Payment Rule"* die wichtigsten Instrumente frühzeitig gefunden.[8]

Pillar One wurde 2019 als *„Unified Approach"* veröffentlicht.[9] Der *Unified Approach* ging auf das OECD-Sekretariat zurück und versuchte die unterschiedlichen konzeptionellen Vorschläge zu vereinigen. Wesentliche Kernelemente des *Unified Approach* waren:

- *Scope* (Anwendungsbereich): Ausgangspunkt waren zwar die digitalen Geschäftsmodelle, der *Unified Approach* reichte aber weiter und bezog *„consumer-facing businesses"* mit ein.
- *New Nexus*: Loslösung von der physischen Präsenz, basierend auf Umsätzen samt möglichen Schwellenwerten.
- Neue Gewinnverteilungsregeln mit einem Drei-Stufen-Mechanismus:
  - *Amount A*: Verteilung eines *„residual profits"* an Marktstaaten.
  - *Amount B*: Fixe Abgeltung für grundsätzliche Marketing- und Vertriebsfunktionen.
  - *Amount C*: Zusätzliche Abgeltung bei weiteren Funktionen im Marktstaat.

Während *Amount B* und *Amount C* weiterhin an eine physische Präsenz im Marktstaat anknüpften, stand *Amount A* mit seiner formelhaften Ermittlung sogleich im Zentrum der Diskussion.

---

[5] Siehe grundlegend OECD, Addressing Base Erosion and Profit Shifting (2013), und nachfolgend OECD, Action Plan on Base Erosion and Profit Shifting (2013); zur chronologischen Entwicklung ausführlich *Anselmi/Rauner* im nachfolgenden Beitrag.

[6] Für einen Überblick siehe zB OECD, BEPS-Projekt Erläuterung: Abschlussberichte 2015, OECD/G20 Projekt Gewinnverkürzung und Gewinnverlagerung (2016); das Maßnahmenpaket der OECD wurde auch von den Staats- und Regierungschefs der G20 gebilligt.

[7] Dazu zB *Mayr,* ÖStZ 2021, 6.

[8] Vgl Public Consultation Document, Adressing the Tax Challanges of the Digitalisation of the Economy, 13 February – 1 March 2019, Pkt 88 ff; dazu und zur aktuellen Umsetzung die nachfolgenden Beiträge.

[9] Public Consultation Document, Secretariats Proposal for a „Unified Approach" under Pillar One, 9 October 2019 – 12 November 2019.

Auf Basis des *Unified Approach* wurden die „*Building Blocks*" für *Pillar One* entwickelt und im *Blueprint* zu *Pillar One* im Herbst 2020 veröffentlicht.[10] Der *Blueprint* legte aber schon damals unverblümt offen, dass die technischen Arbeiten an den *Building Blocks* sehr anspruchsvoll seien und die Kernelemente letztlich einer politischen Lösung bedürften; dies betraf vor allem den Anwendungsbereich (*Scope*).

3. US-Vorschläge zu *Pillar One* und G7-Einigung

Waren die USA zunächst bei *Pillar One* noch sehr zurückhaltend,[11] legte die „*Biden-Harris Administration*" im Frühjahr 2021 einen neuen Vorschlag vor. Die USA konzentrierten sich dabei zunächst auf den Anwendungsbereich („*Scope*"); nach dem *Blueprint* hätte dieser neben den digitalen Geschäftsmodellen („*Automated Digital Services*", ADS) auch die – schwerer abgrenzbaren – „*Consumer-Facing-Businesses*" (CFB) umfasst.[12] Die USA schlugen vor, den *Scope* auf die größten und profitabelsten Konzerne weltweit einzuschränken; sie sprachen dabei plakativ von den „100 größten Konzernen mit den höchsten Gewinnmargen". Dieser Vorschlag führte tatsächlich zu einer erheblichen Vereinfachung, weil schwierige inhaltliche Abgrenzungsfragen entfielen. Systematisch begründen die USA ihren Vorschlag vor allem damit, dass diese Konzerne am meisten vom globalen Markt profitieren würden und hohen Gewinnmargen insbesondere „*intangibles-driven*" wären.

Neben einer systematischen Einordnung des US-Vorschlages war ergebnisbezogen natürlich von großem Interesse, welche Konzerne davon betroffen wären und mit welchem Aufkommen gerechnet werden dürfte. Der US-Vorschlag bedurfte einiger Modifikationen. Aber es zeigte sich dabei bereits, dass sich je nach Festlegung der genauen Parameter ein vergleichbares Aufkommen wie beim *Blueprint* erzielen ließe.

Die G7-Finanzminister verhandelten sodann im Juni 2021 über die modifizierten US-Vorschläge. In einem gemeinsamen Schulterschluss einigten sie sich auf folgende Eckwerte:[13]

– *Pillar One*: Die größten Unternehmen weltweit sollten von der 10 % überschreitenden Gewinnmarge („Residualgewinn") zumindest 20 % an Marktstaaten abgeben (bei einer Gewinnmarge von zB 25 % daher zumindest 20 % von 15 %).

– *Pillar Two*: Der globale Mindeststeuersatz sollte „zumindest 15 %" betragen.

---

[10] Vgl Report on the Pillar One Blueprint, Inclusive Framework on BEPS, 12.

[11] So wurde etwa auf Wunsch der USA im Kapitel *Scope* ein „*Safe Harbour*" verankert, der letztlich die Zielsetzungen von *Pillar One* unterlaufen hätte, vgl *Mayr,* ÖStZ 2021, 6.

[12] Dazu *Schmidjell-Dommes,* ÖStZ 2021, 13.

[13] Vgl G7 Finance Ministers & Central Bank Governors Communique, June 5, 2021, Pkt 16; abrufbar unter zB: https://home.treasury.gov/news/press-releases/jy0215.

4. Globale Einigung und weitere Entwicklung

Diese G7-Einigung sorgte für weltweites Aufsehen[14] und bedeutete ein wichtiges steuerpolitisches Signal der größten 7 Industrienationen; für eine globale Steuerreform bedurfte es aber einer breiten globalen Einigung. Diese wurde wiederum im Rahmen der *Steering Group* vorbereitet und dem gesamten *Inclusive Framework* vorgelegt. Am 1.7.2021 gaben dabei 130 Staaten weltweit ihre Zustimmung zu den Eckwerten der globalen Steuerreform. Dieser historische Schulterschluss erschien noch beeindruckender, weil letztlich auch alle G20-Staaten zustimmten; nur 9 Staaten meldeten Vorbehalte an, darunter aber auch die 3 EU-Mitglieder Irland, Ungarn und Estland.

Im offiziellen OECD/G20 *Inclusive Framework Statement* wurde in der Einleitung festgehalten, dass man sich auf die *key components of Pillar One and Two* geeinigt habe.

In den *Scope* von *Pillar One* fallen danach multinationale Konzerne
- mit einem *globalen Umsatz von über 20 Mrd €* und
- einer *Profitabilität von über 10 % (PBT/revenue)*.

Die Umsatzgrenze von 20 Mrd € sollte nach 7 Jahren auf 10 Mrd € gesenkt werden, sofern *Amount A* erfolgreich implementiert worden ist (dies schließt *tax certainty* mit ein); ausgenommen bleiben *Extractives* (Rohstoffe) und *Regulated Financial Services*.[15]

Da vor allem die USA auf eine Abschaffung der einseitigen (nationalen) Sondersteuern drängten, sah die Einigung auch eine Abschaffung von allen *Digital Service Taxes and other relevant similar measures* vor.

Im Oktober 2021 nahm die globale Steuerreform sodann die nächste wichtige Hürde: Die weltweite Zustimmung erhöhte sich dabei auf 136 Staaten, neben allen G20-Staaten stimmten auch die drei noch fehlenden EU-Staaten (Irland, Estland, Ungarn) zu.[16] Wie zuvor dargestellt haben bei *Pillar One* die erfassten Konzerne von ihrer 10 % überschreitenden Gewinnmarge (= Residualgewinn) einen Anteil an die Marktstaaten abzuliefern; die Höhe dieses – heftig diskutierten – Anteils konnte im Oktober 2021 mit 25 % fixiert werden.

Das Oktober 2021-Statement enthielt im *Annex* einen Implementierungsplan; danach sollten beide *Pillars* unverändert mit 2023 Inkrafttreten: Die Umsetzung von *Pillar One (Amout A)* soll durch eine *Multilateral Convention (MLC)* erfolgen, die vor allem die Doppelbesteuerungsabkommen überlagern soll.

Der Zeitplan war von Anbeginn sehr ambitioniert, der OECD-Generalsekretär ruderte sodann im Mai 2022 etwas zurück und verkündete medial die Verschiebung

---

[14] ZB The Economist, Paradise lost: Twilight of the tax haven, June 5th, 2021.

[15] Die Ausnahme für *Regulated Financial Services* geht vor allem auf UK zurück, wobei diese Ausnahme nach intensiven Verhandlungen auf „regulated" eingeschränkt wurde.

[16] OECD/G20 Base Erosion and Profit Shifting Project, Statement on a Two-Pillar Solution to Address the Tax Challenges Arising from the Digitalisation of the Economy, 8.10.2021 („October Statement").

um ein Jahr.[17] Diese Verschiebung wurde sodann auch im *Inclusive Framework* angenommen und im Juli 2022 im *Progress Report on Amount A of Pillar One* dargelegt.[18] Danach gilt es intensiv am *MLC* sowie einem ergänzenden *Explanatory Statement* zu arbeiten; die offizielle Unterzeichnung (*signing ceremony*) des *MLC* wäre noch für das erste Halbjahr 2023 geplant, sodass eine Umsetzung mit dem Jahr 2024 möglich bliebe.

5. *Pillar One* und nationale Digitalsteuern

5.1. Verhandlungen mit den USA

Wie ausgeführt bezieht sich *Pillar One* auf die weltweit größten Konzerne mit den höchsten Gewinnmargen und erfasst damit vor allem US-Konzerne. Die USA stimmten *Pillar One* nur deshalb zu, weil sich im Rahmen des *MLC* die teilnehmenden Staaten dazu verpflichten, „*all Digital Services Taxes and other relevant similar measures*" abzuschaffen.

Aus US-Perspektive handelt es sich auch bei der österreichischen Digitalsteuer um eine solche *Digital Services Tax (DST)*. Seit Juni 2020 führte der *US-Trade Representative* die *Section 301 Investigation* gegen Österreich und drohte Vergeltungsmaßnahmen (Strafzölle) iHv 45 Mio USD an.[19] Diese Strafzölle hätten sich auf österreichische Unternehmen unterschiedlichster Branchen erstreckt (zB Bekleidung, Lederartikel, Glasfaserindustrie, Weingläser, Klaviere). Im Lichte der laufenden Verhandlungen zur globalen Steuerreform setzten die USA dieses Verfahren bis Ende November 2021 aus.

Zeitgleich mit der globalen Einigung am 8.10.2021 erhöhten die USA den Druck und vertraten den Standpunkt, dass bereits ab diesem Tage (!) keinerlei Digitalsteuern mehr erhoben werden dürften. Dieser Standpunkt war weder rechtlich noch argumentativ haltbar, sollte doch die globale Steuerreform frühestens im Jahr 2023 in Kraft treten. Österreich reagierte sogleich und schloss sich mit Frankreich, Italien, Spanien und Großbritannien zu einem Verhandlungsblock zusammen, um gemeinsam und auf Augenhöhe die Verhandlungen mit den USA zu führen. Nach mehreren intensiven Verhandlungsrunden auf Ebene der Spitzenbeamten konnte am 21.10.2021 die Einigung verkündet werden:
- Die Verhandlungspartner wiederholten und bekräftigten dabei die Unterstützung der globalen Steuerreform.

---

[17] Vgl Landmark OECD international tax deal pushed back a year, Financial Times 24.5. 2022.

[18] OECD/G20 Base Erosion and Profit Shifting Project, Progress Report on Amount A of Pillar One, Public consultation 11 July – 19 August 2022.

[19] Die Strafbemessung erfolgte im Lichte des ursprünglich erwarteten Aufkommens aus der Digitalsteuer von jährlich 25 Mio €, wobei sich die Online-Werbung in Österreich unvorhersehbar stark entwickelt hat und das tatsächliche Aufkommen für 2022 schon 96 Mio € betrug.

- Bis zum Wirksamwerden von *Pillar One* dürfen die fünf europäischen Staaten ihre nationalen Digitalsteuern weiter einheben.
- Die USA verhängen dennoch keine Strafzölle.
- Sollte für einen Konzern die Steuerbelastung aus der jeweiligen Digitalsteuer in den Jahren 2022 und 2023 höher sein, als das spätere Aufkommen aus *Pillar One,* wird dem Konzern der Überschreitungsbetrag in den Folgejahren angerechnet.

Die zuletzt angesprochene Anrechnung war für die USA (innenpolitisch) wichtig, weil dadurch im Ergebnis die US-Konzerne ab 2022 keine höheren Steuern zahlen müssen, als sich aus *Pillar One* ergeben würde. Zumindest Österreich dürfte diese Anrechnung aufkommensmäßig kaum belasten, ist doch das aus *Pillar One* erwartete Aufkommen höher als das aus der derzeitigen Digitalsteuer.

Das Zwischenfazit für Österreich fiel damit durchaus positiv aus: Österreich kann bis zum Wirksamwerden von *Pillar One* seine Digitalsteuer weiter einheben, die USA verzichten dennoch auf die angedrohten Strafzölle.

5.2. OECD-Vorschlag zu den abzuschaffenden *DSTs*

Wie angesprochen haben sich im Rahmen des *MLC* die teilnehmenden Staaten zu verpflichten, „*all Digital Services Taxes and other relevant similar measures*" abzuschaffen. Auch wenn die USA schon frühzeitig in einer Reihe von nationalen Steuern solche *DSTs* erblickte, fehlte es im Oktober 2021-Statement an einer klaren inhaltlichen Abgrenzung.

Erst am 20.12.2022 veröffentlichte das *OECD-Secretariat* dazu ein *Public Consultation Document.*[20] In diesem Dokument werden zwei Artikel vorgeschlagen, die sodann in das *MLC* aufgenommen werden könnten.

Article 37: Removal of Existing Measures
Dabei geht es letztlich um einen *Annex A,* in welchem jene Steuern/Maßnahmen in betroffenen Staaten angeführt werden sollen, die mit Wirksamwerden des *MLC* abzuschaffen sind. Im *Public Consultation Document* der OECD fehlte dieser *Annex A* noch, wobei auf Grund der Vorgeschichte (mit den USA) von einer Listung der österreichischen Digitalsteuer auszugehen ist.

Article 38 – Provision Eliminating Amount A Allocations for Parties Imposing DSTs and Relevant Similar Measures
Die drei inhaltlich relevanten Absätze lassen sich wie folgt zusammenfassen:
1. Staaten, die ihre *DSTs or relevant similar measures* nicht abschaffen, sollen vor allem von der Verteilung von *Amount A* ausgeschlossen werden.
2. Kumulativ vorzuliegende Kriterien für *DSTs or other relevant similar measures*:

---

[20] Public Consultation Document, Pillar One – Amount A: Draft Multilateral Convention Provisions on Digital Services Taxes and other Relevant Similar Measures (20 Dec 2022 – 20 Jan 2023), OECD.

    a. Die jeweilige Steuer bezieht sich vorrangig auf die Ansässigkeit der Kunden oder Nutzer.

    b. Die Steuerpflicht trifft vor allem nicht-ansässige Unternehmen; dies kann sich auch auf Grund von zB Umsatzschwellen oder Ausnahmen ergeben.

    c. Bei der Steuer handelt es sich nicht um Steuer vom Einkommen.

3. Ausnahmen – *DSTs or other relevant similar measures* sollen nicht umfassen:

    a. Bestimmungen, die vor allem gegen künstliche Strukturen zur Vermeidung von Betriebsstätten wirken.

    b. *VATs (Value Added Taxes), Goods and Services Taxes, Sales Taxes* usw.

    c. Diverse Transaktionssteuern (auf Basis per-Einheit oder per-Transaktion).

Die OECD-Vorschläge geben einen Raster, präsentieren sich aber inhaltlich als vage und verweisen in Fußnoten auf nachfolgende Arbeiten. Zur Beurteilung soll sodann noch eine *Conference of the Parties* eingesetzt werden.

5.3. Einordnung

Die Auflistung von betroffenen Staaten samt Steuern/Maßnahmen in einem *Annex A* sorgt für Klarheit; eine solche Listung kann aber nur das Ergebnis einer vorangegangenen Kriterien-Prüfung sein. Zentral erscheinen daher die Kriterien für die Einordung als „schädliche" *DST* oder *Other Relevant Similar Measure*.

Leitbild für „schädliche" *DSTs* war offenkundig der EU-Richtlinienvorschlag für eine *DST*[21], den sodann EU-Mitgliedsstaaten wie Frankreich, Italien oder Spanien weitgehend übernommen haben. Auch wenn Österreich bei der Digitalkonzernsteuer nur das Segment Onlinewerbung übernommen hat,[22] wird die Digitalkonzernsteuer international den *DSTs* zugeordnet.

Am anderen Ende des Spektrums erblickt der OECD-Vorschlag dann „unschädliche" Regelung, wenn sich diese insbesondere auf künstliche Strukturen zur Vermeidung von Betriebsstätten beziehen. Damit erscheinen vor allem *Diverted Profits Taxes*[23] wie in Großbritannien oder Australien von der Einordnung nicht erfasst. Dazwischen tut sich sodann ein Beurteilungsfeld auf; so kennen etwa einige Staaten *Advertising Taxes* (wie Ungarn) oder auch *Streaming Taxes* (wie Frankreich, Spanien, Portugal oder Polen), die sich aber konzeptionell auch auf die jeweils nationalen Unternehmen/Konzerne erstrecken dürften, weil sie zB nur niedrige Umsatzschwellen vorsehen. Sollten diese Staaten mit ihren Steuern nicht gelistet werden, könnte dies vor allem bei den gelisteten Staaten einen gewissen politischen Anreiz erzeugen, über die Umgestaltung einer abzuschaffenden *DST* in eine solche unschädliche Steuer nachzudenken. Dies wird letztlich aber auch davon abhängen, ob die betroffenen Staaten einen (politisch) ausreichenden Anteil von *Amount A* erhalten.

---

[21] Europäische Kommission, Richtlinienvorschlag COM(2018) 148 final; dazu zB *Schanz/ Sixt,* DStR 2018, 1985; *Schlund,* DStR 2018, 937.

[22] Vgl *Mayr,* BB 2019, 1245.

[23] Vgl zB *Kofler/Mayr/Schlager,* BB 2017, 1751.

Ebenso sensibel erscheint die Frage, ob sich die Vorgaben zu den (abzuschaffenden) *DSTs and Other Relevant Similar Measures* auch auf den *subnational level* beziehen. Gerade in den USA führte Maryland mit 2022 eine Digitale-Werbeabgabe ein, Bundesstaaten wie New York, Massachusetts oder Texas erwägen solche *subnational taxes*. Die Digitale-Werbeabgabe in Maryland erstreckt sich auf Online-Werbeumsätze im Bundesstaat.[24] Der Steuersatz richtet sich nach dem (globalen) Bruttoumsatz und ist progressiv ausgestaltet; der Steuersatz beträgt bei Bruttoumsätzen ab 100 Mio USD 2,5 %, steigt in 2,5 %-Schritten an und erreicht bei Bruttoumsätzen von über 15 Mrd USD sodann 10 %. Zum direkten Vergleich: Maryland zählt ca 6,2 Mio Einwohner und erwartet sich aus der Digitalen-Werbeabgabe ein Steueraufkommen von ca 250 Mio USD. Rechtlich abgesichert ist dieses Steueraufkommen allerdings nicht; denn gegen die Digitale-Werbeabgabe wurde geklagt (mögliche Verstöße gegen *„Internet Tax Freedom Act"*, *„Commerce Clause"* und *„First Amendment"*) und das Bezirksgericht gab unlängst der Klage statt; der *Maryland Supreme Court* hat eine Anhörung der Berufung für Mai 2023 angekündigt.

Auch wenn nun in den betroffenen US-Bundesstaaten eine rechtliche Unsicherheit herrscht, sprach sich Österreich immer deutlich für einen einheitlichen Standard auch auf subnationaler Ebene aus. Denn alles andere erschiene unfair; bereits (das vergleichsweise kleinere) Maryland rechnete mit einem erheblich höheren Steueraufkommen aus der Digitalen-Werbeabgabe als Österreich; spannt man den Bogen zu US-Bundesstaaten wie New York oder Texas, so zählen diese mehr Einwohner als Österreich oder eine Vielzahl von Mitgliedern des *Inclusive Frameworks*. Die Vertreter von großen Staaten wie den USA oder Kanada zeigten zwar Verständnis für die vorgebrachten Bedenken, verwiesen aber auch auf die Steuer-Autonomie der einzelnen Bundesstaaten oder Regionen.

Befriedigen vermögen solchen Antworten für Staaten wie Österreich nicht, weshalb es an einem möglichst verbindlichen (politischen) Bekenntnis zur Einbeziehung subnationaler Steuern zu arbeiten gilt. Diese Diskussion mutet in sich schon paradox an; wenn US-Bundesstaaten selbst Digitalsteuern einführen, die USA aber gegenüber Österreich und anderen Staaten *Section 301 Investigation* einleiten und Vergeltungsmaßnahmen androhen. Für internationales Verständnis sorgt dies jedenfalls nicht.

6. Zusammenfassung und Ausblick

Die Diskussion nahm in der unzureichenden Besteuerung der „digitalen Wirtschaft" ihren Ausgang; so sollte *Pillar One* vor allem auf die digitalen Geschäftsmodelle der weltweit größten Konzerne abzielen und die Besteuerungsrechte neu verteilen. Im Frühjahr 2021 schlugen die USA aber vor, den *Scope* auf die größten und profitabelsten Konzerne weltweit zu konzentrieren und sprachen plakativ von den

---

[24] Maryland Digital Advertising Services Tax vom Februar 2021; Gesetzestext abrufbar unter: https://mgaleg.maryland.goc/2020RS/bills/hb/hb0732E.pdf.

„100 größten Konzernen mit den höchsten Gewinnmargen". In den *Scope* von *Pillar One* fallen danach multinationale Konzerne

– mit einem *globalen Umsatz von über 20 Mrd €* und
– einer *Profitabilität von über 10 % (PBT/revenue)*.

Die Anknüpfung an diese quantitativen Kriterien führt tatsächlich zu einer erheblichen Vereinfachung, weil schwierige inhaltliche Abgrenzungsfragen entfallen. Systematisch begründen die USA ihren Vorschlag vor allem damit, dass diese Konzerne am meisten vom globalen Markt profitierten und hohe Gewinnmargen insbesondere *„intangibles-driven"* wären.

Dominierten im Frühjahr 2021 tatsächlich vor allem Tech-Konzerne den Anwendungsbereich von *Pillar One,* so haben die globalen Krisen das Spektrum etwas verändert; plakativ sei hier die deutsche Automobil-Industrie genannt: Der Sportwagenbauer Porsche erreichte im Jahr 2022 eine operative Rendite von 17–18 % und legte zudem ein Programm namens *„Road to 20"* vor, um die Renditen langfristig auf mehr als 20 % anzuheben.[25] Ähnlich profitierte etwa BMW in Zeiten knapper Bauteile von der Lieferung von höherpreisigen Autos und erreichte 2020 eine EBT-Marge von 16,5 %.[26] Auch VW steigerte 2022 die operative Umsatzrendite, allerdings auf bescheidenere 7,9 % (im Segment Lamborghini allerdings auf 25,9 %).[27]

Die unterschiedlichen Gewinnmargen hängen natürlich stark an den jeweiligen „Marken". Eine *„Road to 20"* bedeutet gleichzeitig eine gesicherte *„Road to Pillar One"*; denn dafür reicht schon eine Gewinnmarge von über 10 %. Das Beispiel mit dem Premium-Automobilsektor offenbart aber: Der Anwendungsbereich von *Pillar One* geht zunehmend über die Tech-Konzerne hinaus.

Ab wann diese *„Road to Pillar One"* tatsächlich öffnet, hängt von den weiteren Entwicklungen ab: Die Unterzeichnung des *MLC* ist für die erste Jahreshälfte 2023 geplant; dies erscheint aus derzeitiger Sicht (März 2023) durchaus ambitioniert, weil das *MLC* umfangreicher ausfallen wird und einige inhaltliche Themen noch abzuschließen sind. Das unterzeichnete *MLC* gilt es in einem nächsten Schritt innerstaatlich zu ratifizieren; erst wenn eine *critical mass of jurisdictions* das *MLC* auch tatsächlich ratifiziert haben, wird es wirksam.[28] Undurchsichtig erscheinen derzeit vor allem die Entwicklungen in den USA;[29] doch ohne den USA fehlte es an der erforderlichen *critical mass.* Das Ende der österreichischen Digitalsteuer könnte daher später eintreten als noch vor wenigen Monaten gedacht.

---

[25] Vgl Porsche-Vorstand *Lutz Meschke* am 13.3.2023, nachlesbar zB „Die Presse" (Finanzen) 14.3.2023, Porsche mit bisher bestem Ergebnis.

[26] Dazu „Die Presse" (Finanzen), 16.3.2023, BMW: Gewinn steigt um fast 50 %.

[27] Dazu „Die Presse" (Finanzen), 15.3.2023, 180 Mrd € für die Zukunft von VW.

[28] Vgl Cover Note, Progress Report on Amount A of Pillar One, Public consultation 11 July – 19 August 2022.

[29] Der französische Finanzminister *Le Maire* hielt am 20.2.2023 (unmittelbar vor dem G20-Treffen der Finanzminister in Bengaluru) die Fortschritte bei Pillar One für derzeit „blockiert", vor allem von den USA, Indien und Saudi-Arabien, vgl IStR 5/2023, II.

Von der Besteuerung der digitalen Wirtschaft zur neuen Weltsteuerordnung

Das OECD/G20 Zwei-Säulen-Modell

Eine Chronologie

Claudia Anselmi / Veronika Rauner-Andrae

Übersicht:

1. BEPS – Base Erosion and Profit Shifting

BEPS ist ein Problem, das mit der digitalen Wirtschaft einhergeht. Die hohe Mobilität, eine besondere Abhängigkeit von Daten und Netzwerkeffekten sowie vielseitige Geschäftsmodelle sind für die digitale Wirtschaft kennzeichnend. Die Digitalisierung der Wirtschaft stellt auch auf Ebene der internationalen Steuersysteme eine Herausforderung dar.

Nach den derzeitigen international anerkannten Vorschriften ist ein in einem Staat nicht-ansässiges Unternehmen in diesem Staat mit seinem vor Ort erzielten Gewinn nur dann steuerpflichtig, wenn es in diesem Staat eine Betriebsstätte hat und somit in irgendeiner Weise physisch präsent ist. Fehlt diese, so liegt derzeit kein steuerlicher Anknüpfungspunkt zur Gewinnbesteuerung vor.

1.1. Bericht September 2015[1]

Hauptaussage des Berichtes ist, dass die digitale Wirtschaft immer mehr zur Wirtschaft an sich wird, und eine strikte Trennung der digitalen Wirtschaft vom Rest der Wirtschaft für Steuerzwecke schwierig bis unmöglich ist.

Es wurden einige Punkte herausgegriffen:

– Die Erhebung der Mehrwertsteuer auf Geschäftsvorfälle zwischen Unternehmen und Privatverbrauchern (B2C) ist ein wichtiger Punkt, der dringend behandelt werden muss, um die Steuereinnahmen zu sichern und gleiche Wettbewerbsbedingungen für ausländische und inländische Anbieter zu schaffen.

– Die Arbeiten zur Verhinderung der künstlichen Umgehung des Betriebsstättenstatus sollen ausgeweitet werden, um zu untersuchen, ob für Tätigkeiten, die

---

[1] http://www.oecd.org/tax/addressing-the-tax-challenges-of-the-digital-economy-action-1-2015-final-report-9789264241046-en.htm.

früher Vorbereitungs- oder Hilfstätigkeiten darstellen konnten, die Inanspruchnahme der Ausnahmen von der Betriebsstättendefinition versagt werden sollte. Weiters wurden Besteuerungsregeln für die Digital Economy aufgezeigt. Es sollten die Grundsätze von Neutralität, Effizienz, Bestimmtheit und Einfachheit, Wirksamkeit, Fairness sowie Flexibilität eingehalten werden.

Exkurs: „Inclusive Framework on BEPS "

Um eine möglichst breite Akzeptanz der vorgeschlagenen Maßnahmen zu bewirken, wurden auch Nicht-G20/OECD-Mitglieder ins Boot geholt und das sogenannte OECD/G20 Inclusive Framework on BEPS als Suborganisation des OECD-Steuerausschusses ins Leben gerufen. Es handelt sich dabei um einen Zusammenschluss von Staaten, die sich zur Umsetzung der BEPS-Ergebnisse bekannt haben. Das Inclusive Framework setzt sich aus rund 130 Staaten (darunter auch Entwicklungs- und Schwellenländer) und internationalen Organisationen (zB IWF, UN, Weltbank) zusammen und repräsentiert 95 % des weltweiten Bruttonationalprodukts. Erstmals trat das Inclusive Framework am 30. Juni/1. Juli 2016 in Kyoto, Japan, zusammen. Aufgabe des Inclusive Framework ist einerseits die Überwachung der BEPS-Maßnahmen (insbesondere der Mindeststandards), andererseits die Weiterentwicklung dieses Aktionsplans.

1.2. Zwischenbericht März 2018[2]

OECD/G20 Base Erosion and Profit Shifting Project

Tax Challenges Arising from Digitalisation –Interim Report 2018

INCLUSIVE FRAMEWORK ON BEPS

OECD

Der 213 Seiten umfassende Bericht enthält eine eingehende Analyse jener Merkmale, die bei bestimmten hochdigitalisierten Geschäftsmodellen und deren Wertschöpfung im digitalisierten Zeitalter häufig beobachtet werden, sowie der möglichen Auswirkungen auf den bestehenden internationalen Steuerrahmen.

Die OECD betont, dass vor weiteren Diskussionen die Funktionsweise der digitalen Geschäftsmodelle und deren Wertschöpfung darzulegen seien. So zeigt der Zwischenbericht keine Lösungsansätze auf, sondern analysiert die digitale Wirtschaft. Der Bericht identifiziert drei wesentliche Merkmale der digitalen Wirtschaft:

---

[2] http://www.oecd.org/tax/tax-challenges-arising-from-digitalisation-interim-report-9789 264293083-en.htm.

1) Ausübung einer hohen wirtschaftlichen Tätigkeit in einem Land, ohne physische Präsenz.

Unternehmen können auch aus der Ferne mit Kunden in einem Land in Verbindung treten und Geschäfte tätigen, ohne dort über eine Betriebsstätte zu verfügen. Somit fehlt den betreffenden Ländern nach derzeitigem Recht ein Ansatz für eine Gewinnbesteuerung.

2) Starke Abhängigkeit von immateriellen Wirtschaftsgütern.

Bei der Produktion bzw Bereitstellung va von Dienstleistungen über das Internet spielen Markennamen, die Entwicklung und Nutzung von Software – beispielsweise von Algorithmen zur Analyse der bei Geschäften über Internetplattformen anfallenden großen Datenmengen – und kreative digitale Inhalte eine herausragende Rolle.

3) Beteiligung von Userinteraktionen und Daten einschließlich Netzwerkeffekte.

Unternehmen, die über digitale Plattformen mit ihren Kunden interagieren, werten das Kundenverhalten mittels Algorithmen aus und können die so gewonnenen Daten ertragssteigernd nutzen (für entgeltliche Platzierung von Werbung oder/und Weiterverkauf der Daten).

Im Hinblick auf eine langfristige Überarbeitung der internationalen Steuervorschriften werden im Bericht drei Ländergruppen mit unterschiedlichen Auffassungen identifiziert:

1) Eine Gruppe ist der Ansicht, dass gezielte Maßnahmen erforderlich sind, die sich ausschließlich an bestimmte, stark digitalisierte Unternehmen richten, da ihre Geschäftsmodelle von der Beteiligung der Nutzer abhängen.

2) Eine zweite Gruppe ist der Ansicht, dass aufgrund der fortschreitenden Digitalisierung der gesamten Wirtschaft eine umfassendere Überprüfung des internationalen Steuerrahmens erforderlich ist, die sowohl für digitalisierte als auch für traditionelle Unternehmen gilt. Diese zweite Gruppe ist jedoch in ihren Auffassungen sehr unterschiedlich, einige vertreten die Position, dass bei der Neugestaltung der Steuervorschriften kein besonderer Schwerpunkt auf die Beteiligung der Nutzer/Beiträge gelegt werden sollte, während andere dies in Anbetracht dessen, dass die Regeln für Nexus und Gewinnverteilung stark geändert werden, fordern.

3) Eine dritte Gruppe ist der Ansicht, dass der bestehende Rahmen nicht geändert werden muss.

WKÖ-Position:

In der WKÖ gibt es folgenden Wirtschaftsparlamentsbeschluss vom 30.11.2017: „Rasche Einführung der digitalen Betriebsstätte als gerechte Grundlage zur Besteuerung der Erträge aus multinationalen Online-Aktivitäten". Zu diesem Beschluss kam es, da ein starker politischer Druck aufgebaut wurde um die Herausforderungen mit der digitalen Wirtschaft als Konkurrenz aufzuzeigen und entsprechende Maßnahmen im Steuerrecht zu fordern.

1.3. Die europäische Digitalsteuer – die Richtlinienvorschläge März 2018

Einige Tage nachdem die OECD ihren Zwischenbericht veröffentlichte, präsentierte die Europäische Union (EU) zwei Richtlinienvorschläge zur Besteuerung der digitalen Wirtschaft:

– Vorschlag für eine Richtlinie des Rates zur Festlegung von Vorschriften für die Unternehmensbesteuerung einer signifikanten digitalen Präsenz (COM [2018] 147 final),

– Vorschlag für eine Richtlinie des Rates zum gemeinsamen System einer Digitalsteuer auf Erträge aus der Erhebung bestimmter digitaler Dienstleistungen (COM [2018] 148 final).

Den Vorschlag für eine Richtlinie zur Festlegung von Vorschriften für die Unternehmensbesteuerung einer signifikanten digitalen Präsenz sieht die Europäische Kommission (EK) als langfristige Lösung an. Der Anwendungsbereich umfasst körperschaftsteuerpflichtige Unternehmen, die in einem EU-Mitgliedstaat eingetragen oder niedergelassen sind sowie Unternehmen aus einem Drittstaat, welcher kein Doppelbesteuerungsabkommen (DBA) mit dem Mitgliedstaat abgeschlossen hat, in dem eine signifikante digitale Präsenz des Steuerpflichtigen festgestellt wurde. Das bedeutet, dass der Richtlinienvorschlag nur in jenen Mitgliedstaaten angewandt werden kann, mit denen kein DBA besteht.

In einer ebenfalls zeitgleich veröffentlichten Empfehlung der EK erging ein Aufruf zu Änderungen der DBA der Mitgliedstaaten.

Eine signifikante digitale Präsenz wurde anhand von drei nutzerbasierten Kriterien festgelegt:

1. Die Erträge aus der Erbringung digitaler Dienstleistungen an den Nutzer in einem Steuergebiet übersteigen 7 Mio Euro in einem Steuerzeitraum.
2. Die Zahl der Nutzer einer digitalen Dienstleistung in einem Mitgliedstaat übersteigt 100.000 in einem Steuerzeitraum.
3. Die Zahl der Geschäftsverträge über digitale Dienstleistungen übersteigt 3.000.

Nicht nur aufgrund der problematischen Ausgestaltung des ersten Richtlinienvorschlags, sondern auch aufgrund der Tatsache, dass man eine rasche Lösung herbeiführen wollte, konzentrierten sich die Diskussionen auf den zweiten Richtlinienvorschlag zur Digitalsteuer. Das Ansinnen der EK war, eine diesbezügliche Harmonisierung herbeizuführen. Das Konzept sah vor, Erträge aus der Erbringung von bestimmten digitalen Dienstleistungen zu besteuern. Der Anwendungsbereich bezog sich auf digitale Unternehmen, welche einen weltweiten Ertrag von über 750 Mio Euro pa und innerhalb der Union von mehr als 50 Mio Euro pa erzielten. Der Digitalsteuersatz sollte bei 3 Prozent liegen. Die österreichische Präsidentschaft (2. Halbjahr 2018) musste auch diesen Gesetzesvorschlag als gescheitert hinnehmen. Aufgrund fehlenden Konsenses heben einige Mitgliedstaaten nationale Digitalsteuern ein, wie beispielsweise Österreich seit 2020.

Kommentar:

Unausgesprochenes Ziel des Legislativvorschlags zur signifikanten digitalen Prä-
senz war die Besteuerung der Aktivitäten von transatlantischen Konzernen. Dieses
Ziel dürfte mit dieser Bestimmung wohl nicht erreicht werden können, da fast alle
EU-Mitgliedstaaten mit den USA ein DBA abgeschlossen haben.

Zum vorgeschlagenen Anwendungsbereich ist anzumerken, dass die Umsetzung
wohl erst recht zu einem neuen Ungleichgewicht führt, wenn man eine fixe Zahl
pro Mitgliedstaat bei 27 unterschiedlichen Staaten als Maßstab heranzieht. Beispielsweise entsprechen 100.000 Nutzer in Deutschland einem Anteil von 0,125 Prozent an der Bevölkerung (jeder achthundertste Bewohner ist Nutzer), im Gegensatz
dazu entsprechen 100.000 Nutzer in Malta einem 25-prozentigen Bevölkerungsan-
teil (jeder vierte Bewohner ist Nutzer).

WKÖ-Position:

Da die Besteuerung von neuen Geschäftsmodellen in der digitalen Wirtschaft kein
alleiniges europäisches Phänomen ist, sondern ein globales, welches vor den Au-
ßengrenzen des Binnenmarktes nicht haltmacht, ist ein weltweiter Lösungsansatz
jedenfalls vorzuziehen.

1.4. Policy Note vom 23. Jänner 2019 – Addressing the Tax Challenges of the Digitalisation of the Economy

OECD/G20 Base Erosion and Profit Shifting Project

**Addressing the Tax Challenges of the
Digitalisation of the Economy – Policy
Note**

As approved by the Inclusive Framework on BEPS
on 23 January 2019

Erstmals wird in diesem Papier das sogenannte „Zwei-Säulen-Modell" angesprochen, welches weiterverfolgt werden soll. Eine Säule befasst sich mit den umfassenden Herausforderungen der digitalisierten Wirtschaft und soll sich auf die Aufteilung von Steuerrechten konzentrieren, eine zweite Säule befasst sich mit den
verbleibenden BEPS-Fragen. Mit diesem Zwei-Säulen-Ansatz soll unterstrichen
werden, dass die Digitalisierung der Wirtschaft allgegenwärtig ist und umfassende
Probleme aufwirft. Es wird betont, dass neu zu entwickelnde Regelungen weder zu
einer Besteuerung führen sollten, wenn kein wirtschaftlicher Gewinn erzielt wird,
noch zu einer Doppelbesteuerung. Eine Lösung sei bis 2020 anzustreben.

2. OECD/G20 Zwei-Säulen-Modell

2.1. OECD Öffentliche Konsultation: „Addressing the tax challenges of the digitalisation of the economy", Februar 2019

Das Konsultationspapier zeigt erstmals konkrete Ansätze und Besteuerungsmodelle auf. Die Konsultation stellt nun öffentlich das Zwei-Säulen-Modell vor. Es gingen über 200 Stellungnahmen bei der OECD ein.

Nach Ende der Konsultationsfrist (März 2019) fand am OECD-Sitz Paris eine diesbezügliche Anhörung mit über 400 Teilnehmern statt.

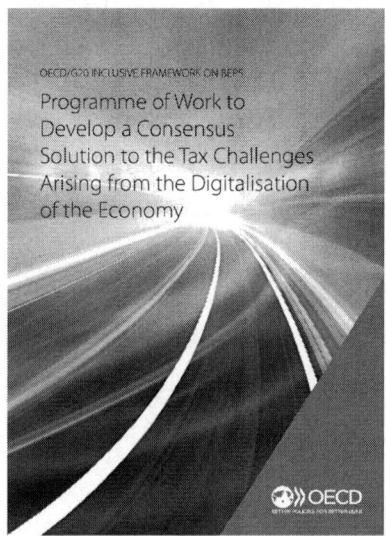

2.2. OECD-Arbeitspapier, Mai 2019[3]

Auf Grundlage des Konsultationspapiers wurde ein Arbeitsdokument erstellt, welches am 28./29. Mai 2019 von den 129 Mitgliedern des OECD „Inclusive Framework"[4] verabschiedet wurde. Dieser vereinbarte Fahrplan wurde vom Generalsekretär der OECD den G20-Finanzministern vorgelegt, die ihn auf ihrem Treffen in Japan am 8./9. Juni 2019 einstimmig billigten.

Das von der OECD skizzierte Modell sieht zwei Säulen vor:

---

3   https://www.oecd.org/tax/BEPS/programme-of-work-to-develop-a-consensus-solution-to-the-tax-challenges-arising-from-the-digitalisation-of-the-economy.pdf.

4   Die Staatengemeinschaft hat die „Task Force on the Digital Economy (TFDE)" als Untergruppe des „Inclusive Framework on BEPS" mit der Suche nach Lösungen beauftragt.

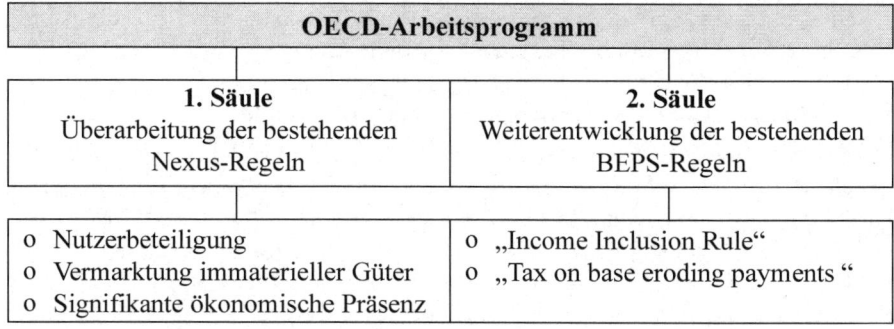

OECD-Arbeitsprogramm	
1. Säule Überarbeitung der bestehenden Nexus-Regeln	**2. Säule** Weiterentwicklung der bestehenden BEPS-Regeln
o Nutzerbeteiligung o Vermarktung immaterieller Güter o Signifikante ökonomische Präsenz	o „Income Inclusion Rule" o „Tax on base eroding payments "

2.2.1. Erste Säule – Überarbeitung der bestehenden Nexus-Regeln

Grundgedanke der ersten Säule ist, dass jene Rechtsordnungen eine Gewinnzuteilung von multinationalen Unternehmen erhalten, die aktiv an ihrem Markt ohne physische Präsenz teilnehmen. Das bedeutet, dass die Besteuerungsrechte hin zu Absatzmärkten (Marktländern) verlagert werden sollten. Dieser Vorschlag wurde insbesondere von Seiten des Vereinigten Königreichs vorangetrieben und ist in seinen Grundzügen an die britische Digital Services Tax angelehnt.

Nutzerbeteiligung

Dieser Vorschlag basiert auf der Idee, dass die aktive Beteiligung der Nutzer eine entscheidende Komponente der Wertschöpfung für bestimmte hochdigitalisierte Unternehmen ist. Die OECD nennt in diesem Zusammenhang insbesondere drei Geschäftsmodelle:

– Social-Media-Plattformen

– Suchmaschinen

– Online-Marktplätze

Der durch diese Nutzerbeteiligung geschaffene Wert kann nicht unter Anwendung des Fremdvergleichsgrundsatzes bestimmt werden. Deshalb wird vorgeschlagen, den Gewinn mittels eines nicht routinemäßigen oder verbleibenden Gewinnsplit-Ansatzes zu berechnen. Dieser soll in folgenden Schritten ermittelt werden:

Erster Schritt: Berechnung des verbleibenden oder nicht routinemäßigen Gewinns eines Unternehmens, dh der Gewinn, der nach Routinetätigkeiten übrigbleibt.

Zweiter Schritt: Zuordnung des in Schritt 1 ermittelten Gewinns auf die Nutzer. Dies könnte auf Basis von Nutzerzahlen oder anhand eines vorab vereinbarten Prozentsatzes erfolgen.

Dritter Schritt: Aufteilung des Gewinns zwischen den Ländern, in denen das Unternehmen Nutzer hat. Dies erfolgt nach Maßgabe eines vorab festgelegten Schlüssels wie beispielsweise nach Umsatzzahlen.

Der Routinegewinn wird weiterhin nach den geltenden Regeln ermittelt.

Da dieser Vorschlag vermutlich zu vermehrten Kontroversen zwischen den beteiligten Staaten führen wird, müsste hier eine starke Streitbeilegungskomponente eingeführt werden, um Doppelbesteuerung zu minimieren.

Die USA haben einen Ansatz vorgelegt, dessen Wirkungskreis über diesen hinausgeht und auch nicht-digitale Geschäftsmodelle miteinbezieht:

Vermarktung immaterieller Güter (marketing intangibles)

Der Grundgedanke: In den bevorzugten Einstellungen des Nutzers zeigen sich Vorlieben für bestimmte Marken und Markennamen (beispielsweise ein Sportoutfit eines bestimmten Herstellers, ein elektronisches Gerät einer bestimmten Marke etc). Darüber hinaus können aus diversen Nutzeraktivitäten (kostenlose Suchdienste, E-Mails oder Speicheraktivitäten) weitere immaterielle Güter wie Kundendaten, Kundenbeziehungen sowie Kundenlisten abgeleitet werden.

Online-Händler beispielsweise, die keine oder nur eine geringe physische Präsenz in einem Land haben, bauen einen großen Benutzer- und Kundenstamm in diesem Land auf und wissen mehr über die Einkaufspräferenz dieser Nutzer und Kunden als etwa ein lokaler Buchhändler um die Ecke. Vertrieb und Marketing können gezielt aus der Ferne durchgeführt werden. Dennoch wird der Begriff „Vermarktung immaterieller Güter" nicht ausreichend definiert (im Gegensatz zu traditionellen immateriellen Gütern wie beispielsweise Patentrechte).

Signifikante ökonomische Präsenz

Dieser Vorschlag wurde von rund 120 Staaten eingebracht. Demnach würde dann eine signifikante ökonomische Präsenz in einem Hoheitsgebiet entstehen, wenn ein nicht-ansässiges Unternehmen eine bedeutende wirtschaftliche Präsenz hat, und zwar wenn eine dauerhafte Interaktion mit dem Hoheitsgebiet mittels digitaler Technologie belegt werden kann. Grundlegender Faktor ist ein nachhaltig erzielter Umsatz. Dieser reicht jedoch nicht aus, um einen Nexus zu begründen. Nur in Kombination mit anderen Faktoren (Vorhandensein einer Nutzerbasis und dazugehörige Daten, Website in lokaler Sprache, Abrechnung in lokaler Währung oder Zahlungsweise, Verantwortung für die Endlieferung von Waren an Kunden oder andere Unterstützungsdienste wie Kundendienst, Reparaturen und Wartung) könnte ein steuerlicher Anknüpfungspunkt gegeben sein. Die Kriterien orientieren sich sowohl am Absatz als auch an Aspekten der Wertschöpfung. Dieser Vorschlag zielt auf ein transparentes, einfach zu handhabendes Verfahren, welches insbesondere auch für Entwicklungsländer geeignet scheint.

2.2.2. Zweite Säule – Weiterentwicklung der bestehenden BEPS-Regelungen

Die zweite Säule sieht eine Verschärfung bzw Weiterentwicklung der bereits bestehenden BEPS-Empfehlungen vor. Dieser Ansatz besteht aus zwei miteinander verbundenen Elementen:

„Income Inclusion Rule" – Einkommensregel

Die Idee, eine globale Mindestbesteuerung auf Unternehmensgewinne einzuführen, stammt ursprünglich von Frankreich und Deutschland. Diese Mindeststeuer soll zu einem internationalen Standard erhoben werden und sieht eine Ergänzung der derzeitigen CFC-Regeln (Hinzurechnungsbesteuerung) vor. Dieser Vorschlag ist an die US-Regelung für die Besteuerung von globalen, immateriellen, niedrig besteuerten Einkünften kontrollierter Tochtergesellschaften auf Ebene des US-Shareholders (GILTI – Global Intangible Low-Taxed Income und BEAT – Base Erosion and Anti-Abuse Tax-Bestimmungen) angelehnt.

„Tax on base eroding payments" – Erodierungsregel

Abzugsbeschränkung:

Aufwendungen, welche im Ausland nicht oder nur mit einem niedrigeren Steuersatz besteuert wurden, sind im Inland (teilweise) nicht abzugsfähig.

Der Ansatz bei dieser Option ist, dass nur dann bestimmte Vorteile gewährt werden, wenn das Einkommen im Tochterstaat ausreichend besteuert wird, dh mit einem effektiven Mindeststeuersatz oder darüber. Hier würde beispielsweise Zahlungen in Niedrigsteuerstaaten der Betriebsausgabenabzug verweigert.

2.3. Konsultationen zum OECD-Arbeitsprogramm

Im Herbst 2019 wurden zwei Konsultationen der Öffentlichkeit vorgestellt. Beide Vorschläge wurden vom OECD-Sekretariat ausgearbeitet und stellen daher nicht die Ansichten des Inclusive Framework oder der OECD-Mitgliedstaaten dar.

2.3.1. Konsultation 1. Säule[5] – Unified Approach, 9. Oktober – 12. November 2019

Das OECD-Sekretariat veröffentlichte eine Konsultation zu einem „einheitlichen Ansatz" – „Unified Approach" – unter der ersten Säule.

Einheitlicher Ansatz deshalb, da die drei Komponenten der ersten Säule nun zu einem einheitlichen Lösungsansatz zusammengefügt worden sind. Diese Kumulation bedeutet wohl eine Absage an eine globale Digitalsteuer und sieht eine umfassende Neugestaltung des internationalen Steuerrechts vor.

Public consultation document

Secretariat Proposal for a "Unified Approach" under Pillar One

9 October 2019 – 12 November 2019

OECD

---

5   https://www.oecd.org/tax/BEPS/public-consultation-document-secretariat-proposal-unified-approach-pillar-one.pdf.

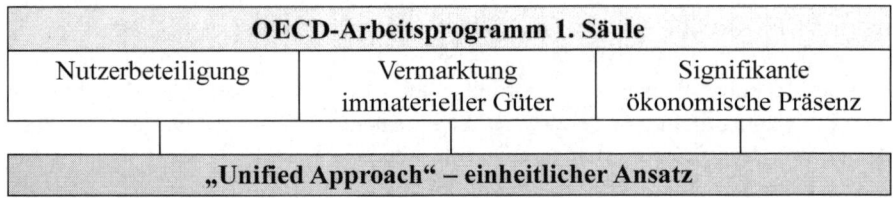

OECD-Arbeitsprogramm 1. Säule		
Nutzerbeteiligung	Vermarktung immaterieller Güter	Signifikante ökonomische Präsenz

„Unified Approach" – einheitlicher Ansatz

Mehr als 300 Stellungnahmen im Ausmaß von rund 2.500 Seiten sind eingegangen. Auch die WKÖ hat dazu eine klare Position erarbeitet und an der Konsultation teilgenommen. Bei der Konferenz am 21. und 22. November bei der OECD in Paris, an der auch WKÖ-Vertreter teilnahmen, konnten unter anderem einige Wirtschaftsbeteiligte ihren Standpunkt darstellen.

Eckpunkte des „einheitlichen Ansatzes"

Scope (Anwendungsbereich)

Mit dem vorliegenden Konsultationspapier sollen nicht nur hochgradig digitalisierte Geschäftsmodelle erfasst werden, sondern darüber hinaus auch Konzerne mit „consumer-facing businesses". Darunter sind jene Konzerne zu subsumieren, welche Umsätze aus der Lieferung von Konsumgütern an Letztverbraucher bzw aus der Erbringung digitaler Dienstleistungen erzielen. Angedacht sind auch Ausnahmen: einerseits betragsmäßig mit 750 Mio Euro pa (diese Grenze gilt auch für das EU-weite Country-by-Country Reporting), andererseits sollen bestimmte Wirtschaftssektoren (wie beispielsweise die Rohstoffindustrie oder Finanzdienstleistungen) von der Anwendung ausgenommen werden.

Neuer Nexus (Steueranknüpfungspunkt)

Derzeit kann ein nicht-ansässiges Unternehmen in einem Staat nur dann besteuert werden, wenn es in diesem Staat zumindest eine Betriebsstätte hat und somit in irgendeiner Art physisch präsent ist. Nach dem vorliegenden Konzept sollen einem Marktstaat, in dem keine physische Betriebsstätte angesiedelt ist, dort jedoch Umsatz generiert wird, nun auch Besteuerungsrechte zufallen. Dieser Punkt soll jedoch nicht die bereits bestehende Regelung in Art. 5 des OECD-Musterabkommens (Betriebsstätte) aushebeln, vielmehr soll sie zusätzlich herangezogen werden. Als neuer Anknüpfungspunkt soll der Umsatz im Marktstaat/in den Verbraucherländern dienen. Es wird auch eine vom Markt abhängige, flexible Umsatzgrenze angedacht.

WKÖ-Position in der Stellungnahme an die OECD vom 12.11.2019:

Zusammenfassung der wesentlichen Punkte: Es sollte eine Einigung bis Ende 2020 erzielt werden, um unilaterale Maßnahmen möglichst zu vermeiden. Jedenfalls ist eine weltweite Akzeptanz zu erzielen, große Staaten wie vor allem die USA und China müssen mitwirken damit das System Sinn macht. Da Säule 1 eine neue Rechtsordnung kreiert, die über das bestehende System gesetzt wird, müssen praktikable Instrumente zur Vermeidung von Doppelbesteuerung entwickelt werden. Zudem ist zu erwarten, dass der Verwaltungsaufwand und die damit verbundenen Befolgungskosten deutlich ansteigen werden. Daher müssen diese bei der Ausgestaltung immer bedacht und so gering wie möglich gehalten werden. Sehr groß ist der Bedarf an genauen Analysen der wirtschaftlichen Auswirkungen bei Einführung beider Säulen-Modelle. Es braucht ein „impact assessment" für die Auswirkungen auf Steuerzahler, Wirtschaftszweige, die Gesamtwirtschaft und einzelne Volkswirtschaften je nach deren Größe. Wir fordern eine Besteuerung von Gewinnen und nicht von Einkommen. In Österreich ist die Zulieferindustrie stark präsent. Die Tatsache, dass nicht bekannt ist, wo ein bestimmtes Produkt im Endeffekt verkauft wird, sollte in diesem Konzept Beachtung finden. Weiters stellt sich die Frage was mit Verlusten geschieht.

2.3.2. Konsultation 2. Säule[6] – GloBE, 8. November – 2. Dezember 2019

Unter dem Titel „Global Anti-Base Erosion Proposal (GloBE) – Pillar Two" hat das Sekretariat der OECD eine weitere Konsultation veröffentlicht. Eine diesbezügliche Konferenz fand am 9. Dezember in Paris statt. Rund 200 Interessierte skizzierten auf über 1.300 Seiten in öffentlichen Kommentaren ihre Standpunkte. Die WKÖ hat an der Konsultation teilgenommen und eine Position zum Entwurf übermittelt.

Wie die erste Säule stellt der GloBE-Vorschlag unter der zweiten Säule eine wesentliche Änderung der internationalen Steuerarchitektur dar. Die Konsultation zur zweiten Säule zielt darauf ab, Gewinne international tätiger Unternehmen einem Mindeststeuersatz zu unterwerfen. Die Einzelheiten des GloBE-Vorschlages sind sehr technisch. Die wesentlichen Details wie der persönliche Anwendungsbereich und die Höhe des globalen Mindeststeuersatzes werden nicht angesprochen.

Da zum Zeitpunkt der Konsultation noch keine Kosten-Nutzen-Analyse vorlag, konnten über die finanziellen Auswirkungen lediglich folgende Aussagen getroffen werden: Ist bei den Vorschlägen zur Säule 1 hauptsächlich mit einer Umverteilung des Steuersubstrats zu rechnen, so könnte es bei Realisierung des vorliegenden Vorschlages zu einem erhöhten globalen Steueraufkommen kommen.

---

6 https://www.oecd.org/tax/BEPS/public-consultation-document-global-anti-base-erosion-proposal-pillar-two.pdf.pdf.

Der GloBE-Vorschlag sieht folgende Regeln vor, welche die Besteuerung sicherstellen sollen:

a) Income Inclusion Rule

Diese Einkommensregel stellt den zentralen Punkt des vorgelegten Modells dar und sieht vor, dass die Einkünfte einer ausländischen Zweigniederlassung oder eines kontrollierten Unternehmens dann einer Mindestbesteuerung unterliegen sollen, wenn dieses Einkommen im Niederlassungssitzstaat niedrig besteuert wird. Dies soll eine Erweiterung bzw Ergänzung der bereits bestehenden CFC-Regeln (Hinzurechnungsbesteuerung) nach dem US-Vorbild der GILTI (Global Intangible Low-Taxed Income) darstellen. Mit dieser Regelung soll sichergestellt werden, dass der Anreiz verringert wird, Gewinne aus steuerlichen Gründen an niedrig besteuerte Jurisdiktionen zu verlagern.

b) Undertaxed Payments Rule

Wenn die Besteuerung nicht zum oder über dem global vereinbarten Mindeststeuersatz erfolgt, können gewisse Abzüge oder Zahlungen verwehrt werden.

c) Switch over Rule

Mit der Umstellungsregel soll sichergestellt werden, dass die Sitzländer anstelle der Befreiungsmethode die Anrechnungsmethode anwenden, wenn die einer Betriebsstätte zurechenbaren Gewinne unter dem global vereinbarten Mindestsatz besteuert werden.

d) Subject to Tax Rule

Diese Abzugsbeschränkung der Betriebsausgaben soll sicherstellen, dass Vertragsleistungen nur dann der Abzug gewährt wird, wenn die Einkünfte im Ausland mit oder über dem Mindeststeuersatz besteuert werden.

Ein Block der Konsultation beschäftigt sich mit der Frage, wie die Steuerbemessungsgrundlage für ausländische Zweigniederlassungen und kontrollierte Unternehmen zu berechnen ist. Es werden Fragen zur Rechnungslegung aufgeworfen sowie zu IFRS (International Financial Reporting Standards) und GAAP (Generally Accepted Accounting Principles).

Blending

Unter „Blending" versteht man im Steuerrecht die Vermischung von niedrig und hoch versteuertem Einkommen.

Hier geht es darum herauszufinden, wie hoch der mit dem Mindeststeuersatz zu vergleichende effektive Steuersatz tatsächlich ist. Das heißt, das Ergebnis ist unterschiedlich, je nachdem wie die Einkommen aus Teilen der Unternehmensgruppe (Zweigniederlassungen, …) zu berücksichtigen sind und wie die Gruppe diese Einkommen mischen darf. Dies ist insofern von Bedeutung, da die Mischung der Ergebnisse auf enger oder breiter Basis erfolgen kann.

– Weltweites Blending

Beim weltweiten Blending würde das gesamte Auslandseinkommen aggregiert werden. Ein global agierender Konzern wäre dann steuerpflichtig, wenn der effektive Steuersatz auf das gesamte ausländische Einkommen unter dem Mindeststeuersatz liegt. Dieser Ansatz ähnelt dem des US-amerikanischen GILTI-Regimes.

– Jurisdiktionenmischung

Sämtliche Einnahmen (und Verluste) werden pro Jurisdiktion zusammengefasst, auch dann, wenn es in einer Jurisdiktion mehrere Tochtergesellschaften oder Zweigniederlassungen gibt.

– Entity-by-Entity-Ansatz / Pro Organisationseinheit-Ansatz

Bei diesem im Konsultationsdokument aufgezeigten Ansatz müsste das multinationale Unternehmen die Erträge und Steuern der einzelnen Unternehmen der Gruppe (sowie die Erträge inländischer Unternehmen, die einer ausländischen Zweigniederlassung zuzurechnen sind) ermitteln. Dieser Ansatz würde wohl den größten administrativen Aufwand für die betroffenen Unternehmen mit sich bringen.

Carve-outs

Ein weiterer Fragenblock ist den möglichen Ausnahmeregelungen gewidmet. Das Arbeitsprogramm fordert die Überprüfung von Ausnahmebestimmungen.

WKÖ-Position in der Stellungnahme an die OECD vom 29.11.2019:

Zusammenfassung der wesentlichen Punkte: Eine abschließende Einschätzung ist nicht möglich, weil wichtige Aspekte wie die Höhe des Mindeststeuersatzes nicht feststehen. Die Einführung von Streitbeilegungsmechanismen ist unbedingt notwendig, weil mit zunehmender Doppelbesteuerung zu rechnen ist. Die Details sollen sorgfältig ausgearbeitet und ein voreiliges Inkrafttreten unbedingt vermieden werden.

Die Vereinbarkeit mit bestehendem EU-Recht, vor allem den 4 Grundfreiheiten muss geprüft werden. Auch hier weisen wir auf die Notwendigkeit von Analysen der wirtschaftlichen Auswirkungen hin. Die Effekte auf Steuerzahler, Regierungen, auf die Höhe und Verteilung von Steuereinnahmen sowie gesamtwirtschaftliche Auswirkungen, vor allem auf Investitionen, Innovation und Wachstum sind zu prüfen.

Säule 2 schließt nicht nur Steuerschlupflöcher, sondern das Konzept geht weit darüber hinaus. Es steht unseres Erachtens in Konkurrenz zu den geltenden CFC-Regeln von BEPS-Aktion 3 und ergänzt sie nicht nur. Auf EU-Ebene wurden durch die ATAD die CFC-Regeln bereits umgesetzt. Weil niedrig besteuertes, passives Einkommen zur Steuerbemessungsgrundlage dazugerechnet werden muss, wird der konsolidierte Gruppengewinn dadurch erhöht. Rechnerisch senkt das den effektiven Steuersatz. Dadurch kann eine Gruppe mit dem effektiven Steuersatz unter die Mindeststeuer fallen. Das löst eine Doppelbesteuerung aus, die besonders auf EU-Ebene auftreten wird. In Österreich werden die bisherigen Vorteile der Gruppenbesteuerung durch das Modell ähnliche negative Auswirkungen haben.

Wir befürworten, auf bestehende „accountig standards" wie IFRS zurückzugreifen und haben eine Präferenz für das weltweite Blending, weil dieses die geringsten Befolgungskosten erwarten lässt. Für die Umsatzschwelle zum Anwendungsbereich fordern wir eine Toleranzregelung, um Härtefälle zu vermeiden. Als Ausnahmen für den Anwendungsbereich schlagen wir die Bereiche Forschung und Umweltschutz vor.

2.4. Statement OECD/G20 Inclusive Framework,[7] 29./30. Jänner 2020

OECD/G20 Base Erosion and Profit Shifting Project

Statement by the OECD/G20 Inclusive Framework on BEPS on the Two-Pillar Approach to Address the Tax Challenges Arising from the Digitalisation of the Economy

As approved by the OECD/G20 Inclusive Framework on BEPS on 29-30 January 2020

Die beiden Konsultationen (Säule 1 und Säule 2) wurden vom OECD-Sekretariat ausgearbeitet, deshalb bedarf es einer Anerkennung durch das Inclusive Framework.

Bei einer Sitzung am 29. und 30. Jänner 2020 haben die 137 Mitglieder des Inclusive Framework beschlossen, das Zwei-Säulen-Modell weiterzuverhandeln, um die steuerlichen Herausforderungen der Digitalisierung anzugehen. Die Teilnehmer dieser Konferenz einigten sich darüber, Verhandlungen über neue Regeln, wo Steuern zu zahlen sind (Nexus-Regeln) und auf welchen Teil des Gewinns die Besteuerung greifen soll (Gewinnverteilungsregeln) auf Grundlage des „einheitlichen Ansatzes" der Säule 1 weiterzuverfolgen. Weiters beschlossen sie, die Diskussionen über die zweite Säule fortzusetzen, um die verbleibenden Probleme der Gewinnverlagerung und der Verringerung der Steuerbemessungsgrundlagen (BEPS) anzugehen und sicherzustellen, dass internationale Unternehmen einem Mindeststeuersatz unterliegen.

Darüber hinaus enthält das Dokument Klarstellungen bezüglich der Konsultationspapiere.

---

7   https://www.oecd.org/tax/BEPS/statement-by-the-oecd-g20-inclusive-framework-on-BEPS.htm.

2.5. Folgenabschätzung[8]

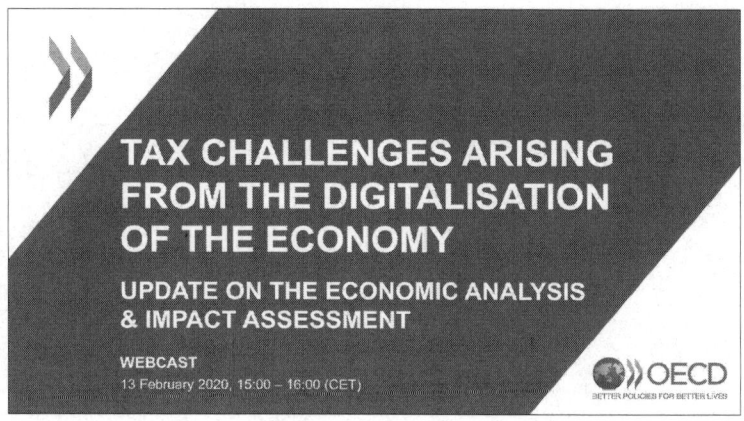

Am 13. Februar 2020 wurde im Rahmen eines Webcast die erste Folgenabschätzung von der OECD zu beiden Säulen präsentiert. Da zu diesem Zeitpunkt noch kein bestätigtes Modell vorlag, ging die OECD von Modellannahmen aus. Die Analyse umfasst Daten aus mehr als 200 Ländern, einschließlich aller Mitglieder des Inclusive Framework sowie mehr als 27.000 multinationalen Gruppen. Als Quelle fungierten unter anderem die aus dem Country-by-Country Reporting gewonnenen Daten. Die Analyse beziffert die Auswirkungen beider Säulen auf ein Plus von bis zu 4 Prozent der weltweiten Körperschaftsteuereinnahmen oder 100 Milliarden US-Dollar jährlich. Die Einnahmengewinne sind, gemessen am Anteil der Körperschaftsteuereinnahmen, in den Volkswirtschaften mit hohem, mittlerem und niedrigem Einkommen weitgehend ähnlich. Die angedachten Reformen dürften zu einer signifikanten Reduktion von Gewinnverlagerung führen.

Hauptaussage ist, dass die umgesetzten Maßnahmen der Säulen 1 und 2 zu einem signifikanten Anstieg an globalen Steuereinnahmen führen werden.

2.6. Blueprints

Am 4. September 2020 wurden zwei Dokument geleakt: Blueprint Säule 1[9] und Blueprint Säule 2[10].

Am 8. und 9. Oktober 2020 wurden diese beiden Dokumente vom Inclusive Framework diskutiert.

---

[8] https://www.oecd.org/tax/BEPS/presentation-economic-analysis-impact-assessment-webcast-february-2020.pdf.

[9] https://www.oecd-ilibrary.org/docserver/beba0634-en.pdf?expires=1632918371&id.

[10] https://www.oecd-ilibrary.org/docserver/abb4c3d1-en.pdf?expires=1632918460&id=id&accname=guest&checksum=570FDEC179F0D5D4CB1F43B0F4F56498.

Ab 12. Oktober (bis 14. Dezember 2020) standen die beiden Blueprints der Öffentlichkeit zur Konsultation zur Verfügung.

Es ist dies die zweite, umfangreiche, detaillierte Konsultation, welche die OECD im Rahmen der Arbeiten zur Besteuerung der digitalen Wirtschaft veröffentlicht. Im Vergleich zur ersten Konsultation aus Oktober 2019 finden sich in diesen Blueprints einige Klarstellungen insbesondere betreffend den Umfang des Anwendungsbereichs. Auch hierzu hat die WKÖ eine Stellungnahme abgegeben.

In diesen Papieren wurde der Anwendungsbereich jenes des Country-by-Country-Reporting gleichgesetzt. Dieser umfasst globale Konzerne mit einem Konzernumsatz von mehr als 750 Mio Euro pa. Betreffend den Anwendungsbereich wurde dahingehend eine Konkretisierung vorgenommen, als für Säule 2 grundsätzlich sämtliche Branchen einbezogen werden. Hingegen sollen unter den Anwendungsbereich der Säule 1 lediglich jene Unternehmen fallen, die automatisierte digitale Dienstleistungen („Automated Digital Services") erbringen sowie verbraucherorientierte Unternehmen („Consumer-Facing Businesses").

Am 14. und 15. Jänner 2021 wurden die Ergebnisse öffentlich diskutiert.

WKÖ-Position in der Stellungnahme an die OECD vom 14.12.2020:

Zusammenfassung der wesentlichen Punkte: Da die beiden Säulen-Modelle koordinierte und aufeinander abgestimmte Konzepte sind und um ihre Effektivität und Ausgewogenheit zu sichern, sollten beide vollständig implementiert werden. Allerdings erwarten wir als kleine, offene Volkswirtschaft bei den Steuereinnahmen einen Rückgang. Nachteile sind deshalb zu erwarten, weil Staaten wie Österreich zu klein sind, um einen Einfluss auf Zinsen und Preise auf dem Weltmarkt zu haben. Staaten wie Österreich unterstützen die Kapitalfreiheit und profitieren von Investitionen und Know-how, der Handel trägt zu einem großen Teil zum BIP (Bruttoinlandsprodukt) bei. Zu diesem Ergebnis kommt auch eine von der ECIPE (European Centre for International Political Economy) erstellte Studie[11]. In Österreich werden vermutlich die passiven Direktinvestitionen, die zur Schaffung von Wohlstand, Innovationen, Arbeitsplätzen und Produktionssteigerungen beitragen, zurückgehen. Ein weiteres Problem sind die großen administrativen Hürden und Befolgungskosten für die betroffenen MNEs, weshalb wir dringend vereinfachende Maßnahmen fordern. Da auch die Finanzverwaltung mit einer deutlichen Zunahme an administrativer Arbeit und Kosten konfrontiert sein wird, richtet sich der genannte Appell auch in diesem Sinne an die Ausgestalter der Bestimmungen. Die Kapazitäten der Finanzverwaltungen müssen ausgebaut werden. Jedenfalls ist die Auslagerung von Aufgaben an Unternehmen inakzeptabel.

Ebenso sollte die Rechtssicherheit als ein wichtiger Punkt gesehen werden. Um diese zu gewährleisten, brauchen wir verbindliche Streitbeilegungsmechanismen, in denen auch die Steuerzahler Gehör finden. Klare Regelungen sollen vorab schon eine effektive Streitvermeidung anstreben.

Weiters regen wir für Säule 1 die Erstellung eines Kommentars an, da das Konzept weit über die bewährten Regelungen zu Verrechnungspreisen hinausgeht und es zunächst keine Erfahrungswerte geben wird.

Zu Säule 2 spricht sich die WKÖ für einen Mindeststeuersatz von maximal 12,5 Prozent aus. Das österreichische Ertragssteuerrecht sieht Investitionsbegünstigungen und Förderungen von Investitionen in Forschung und Entwicklung vor, womit Investitionen angeregt werden sollen. Dadurch entwickelt sich Österreich im Bereich der Innovationen sehr dynamisch. Durch die Schmälerungen der Bemessungsgrundlage besteht aber die Gefahr, zu früh mit dem effektiven Steuersatz unter einen Mindeststeuersatz zu fallen. Es ist jedenfalls wichtig, dass Österreich ein wettbewerbsfähiger und attraktiver Wirtschafsstandort bleibt. Zudem hat die Covid-19-Krise gezeigt, dass es jederzeit zu einem wirtschaftlichen Abschwung kommen kann. Speziell in Krisenzeiten ist es daher wichtig, dass Jurisdiktionen bei der Gewährung von Steuererleichterungen flexibel bleiben können, ohne dass es durch die globale Mindeststeuer zu steuerlichen Verschiebungen kommt.

2.7. Rund 130 Staaten einigen sich auf das 2-Säulen-Modell, 1. Juli 2021 – Der Durchbruch

Am 1. Juli 2021 trafen sich die G20- Finanzminister und Zentralbankengouverneure unter italienischem G20-Vorsitz in Venedig.

130 Staaten des Inclusive Framework einigten sich auf das 2-Säulen-Modell für eine umfassende Reform der internationalen Unternehmensbesteuerung.

Die Abschlusserklärung, die wesentlich detaillierter ist als die auf dem G7-Gipfel Mitte Juni erzielte Vereinbarung, wurde von allen G20-Staaten unterzeichnet, darunter die USA, Frankreich, Deutschland, China, Indien, Russland und die Türkei. Keine Unterschrift leisteten die drei EU-Mitgliedstaaten Irland, Ungarn und Estland.

---

[11] „Unintended and Undesired Consequences: The Impact of OECD Pillar I and Pillar II Proposals on Small Economies (by *Matthias Bauer*, Senior Economist at ECIPE).“

Ebenfalls nicht unterzeichnet haben Kenia, Nigeria, Peru, Sri Lanka, Barbados und St. Vincent sowie die Grenadinen.

Säule 1 wird multinationale Unternehmen mit einem weltweiten Umsatz von mehr als 20 Mrd Euro pa und einer Rentabilität von mehr als 10 Prozent abdecken. Vom Anwendungsbereich ausgenommen sind die extraktiven Industrien und regulierte Finanzdienstleistungen. Die neue Nexus-Regel ermöglicht es, den Betrag A einem Marktstaat zuzuweisen, wenn das erfasste MNE mindestens 1 Mio Euro Umsatz in dieser Jurisdiktion aufweist. Für kleinere Jurisdiktionen mit einem BIP von weniger als 40 Mrd Euro wird die Schwelle für die Auslösung des Steueranknüpfungspunktes auf 250.000 Euro festgelegt. Wenn die verbleibenden Gewinne eines erfassten Unternehmens bereits in einem Marktland besteuert werden, wird eine Schutzregelung (Safe-Harbour-Regelung) die aus Marke-

ting- und Vertriebstätigkeiten dem Marktland zugerechneten verbleibenden Gewinne begrenzen. Die OECD geht davon aus, dass mit Säule 1 Rechte zur Besteuerung von Gewinnen in Höhe von mehr als 100 Mrd Dollar jährlich auf die Marktstaaten übergehen.

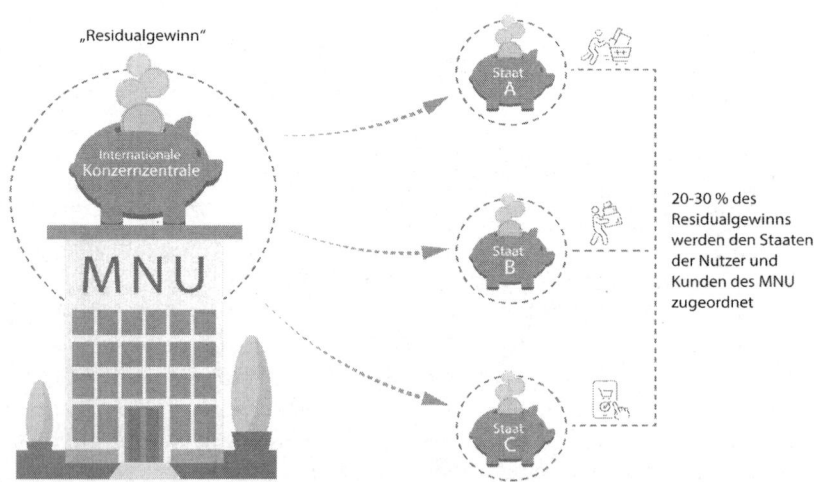

Quelle: OECD/G20-Projekt Gewinnverkürzung und Gewinnverlagerung. Lösungen für die steuerlichen Herausforderungen der digitalen Wirtschaft, Juli 2021

Ebenso erfolgte eine Einigung über die Einführung einer globalen Mindeststeuer – **Säule 2**. Die Regeln werden für multinationale Unternehmen mit einem Umsatz von mindestens 750 Millionen Euro gelten. Der Mindeststeuersatz wird bei „mindestens 15 %" liegen und soll laut OECD weltweit etwa 150 Milliarden Dollar an zusätzlichen Steuereinnahmen pro Jahr generieren. Die Erklärung sieht bereits einen Carve-out vor, der einen Einkommensbetrag ausschließt, der mindestens 5 % des Buchwerts der Sachanlagen und der Lohnsumme ausmacht.

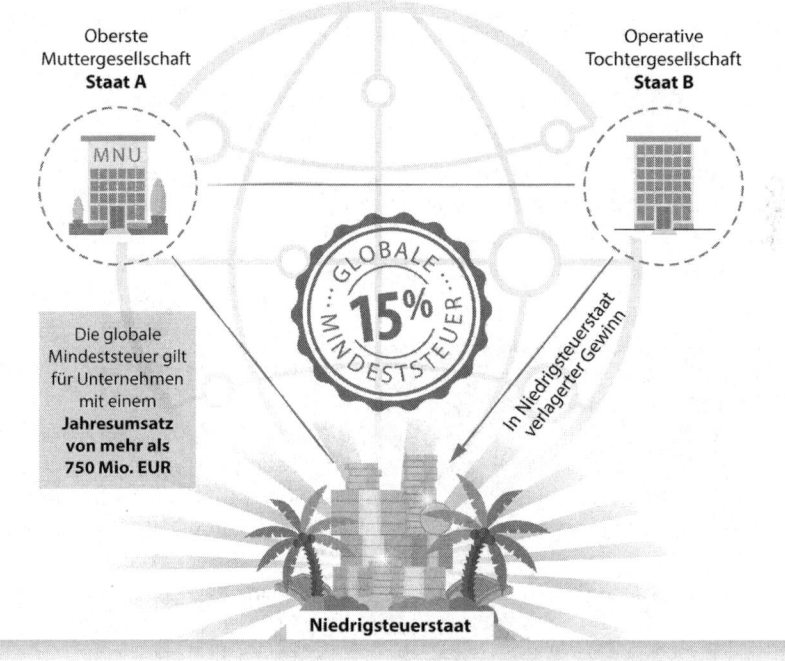

Quelle: OECD/G20-Projekt Gewinnverkürzung und Gewinnverlagerung. Lösungen für die steuerlichen Herausforderungen der digitalen Wirtschaft, Juli 2021

2.8. Europäische Kommission verschiebt Richtlinienvorschlag zur Digitalsteuer, 12. Juli 2021

Ursprünglich wollte die EU-Kommission im Laufe des Juli Vorschläge zur Ausgestaltung einer Digitalsteuer vorlegen. Diesbezügliche Richtlinienvorschläge aus dem Jahr 2018 fanden keine Zustimmung und Verhandlungen darüber wurden nicht weitergeführt. Die Einnahmen aus einer Digitalsteuer sollen als neue Eigenmittel in den EU-Haushalt fließen. Dies wurde bereits im Rahmen des EU-Corona-Aufbaufonds vereinbart. Die Abgabe sollte zur Finanzierung der Kredite, welche dem Wiederaufbaufonds zugeflossen sind, dienen.

2.9. Statement des Inclusive Framework, 8. Oktober 2021 – Zustimmung von Irland, Estland und Ungarn[12]

OECD/G20 Base Erosion and Profit Shifting Project

Statement on a Two-Pillar Solution to Address the Tax Challenges Arising from the Digitalisation of the Economy

8 October 2021

Das Inclusive Framework hat sich auf einen endgültigen Wortlaut der Erklärung bezüglich einer 2-Säulen-Lösung zur Bewältigung der steuerlichen Herausforderungen aufgrund der Digitalisierung der Wirtschaft geeinigt und einen detaillierten Umsetzungsplan für diese Lösung veröffentlicht.

Im Juli haben noch nicht alle EU-Staaten dem OECD-Vorschlag zugestimmt. Estland, Ungarn und Irland schließen sich dem Abkommen „Erklärung zur Zwei-Säulen-Lösung zur Bewältigung der steuerlichen Herausforderungen" an. Irland kündigt an, dass es den Steuersatz für Unternehmen mit einem Umsatz von mehr als 750 Mio Euro pa von 12,5 auf 15 Prozent erhöhen wird.

Das Inclusive Framework hat ein Statement veröffentlicht, dem 136 von 140 Staaten zugestimmt haben. Vier Länder – Kenia, Nigeria, Pakistan und Sri Lanka – sind dem Abkommen noch nicht beigetreten. Der EU-Mitgliedstaat Zypern hat sich an den Verhandlungen nicht beteiligt und ist somit auch kein Mitglied des Inclusive Framework.

---

[12] https://www.oecd.org/tax/BEPS/statement-on-a-two-pillar-solution-to-address-the-tax-challenges-arising-from-the-digitalisation-of-the-economy-october-2021.pdf.

Gegenüber dem Juli-Statement konnten folgende Konkretisierungen erzielt werden:

Säule 1:

– Unilaterale Maßnahmen

Regelung betreffend nationale Digitalsteuern: „Alle Digital Services Taxes und ähnliche relevante Maßnahmen sind abzuschaffen und in Zukunft nicht einzuführen. Im Zeitraum von 8.10.2021 bis 31.12.2023 (oder dem Inkrafttreten der multilateralen Abkommen) dürfen keine neuen Digitalabgaben oder ähnliche Maßnahmen eingeführt werden. Sowohl die Abschaffung der Digitalsteuern als auch die genaue Definition von anderen ähnlichen Maßnahmen wird noch koordiniert."

– Quantum: Der an die Marktstaaten zu verteilende Anteil nach dem Residualgewinn wird mit 25 % festgesetzt.

– Bestimmten Entwicklungsländern wird ein freiwilliger Streitbeilegungsmechanismus zur Verfügung stehen (Betrag A).

Säule 2:

– War im Juli-Statement noch die Rede von „mindestens 15 Prozent", wurde der Mindeststeuersatz nun mit genau 15 Prozent festgeschrieben.

– Ausnahmeregelungen betreffend den Anwendungsbereich.

– De-minimis-Ausnahme.

2.10. Gemeinsame Erklärung Abschaffung von unilateralen Digitalsteuern,[13] 21. Oktober 2021

Joint Statement from the United States, Austria, France, Italy, Spain, and the United Kingdom, Regarding a Compromise on a Transitional Approach to Existing Unilateral Measures During the Interim Period Before Pillar 1 is in Effect

U.S. DEPARTMENT OF THE TREASURY

In einem gemeinsamen Statement erklären Österreich, Spanien, das Vereinigte Königreich, Italien und Frankreich in einem Kompromiss mit den Vereinigten Staaten die Abschaffung ihrer bereits eingeführten Digitalsteuern (Digital Services Taxes,

---

[13] Joint Statement from the United States, Austria, France, Italy, Spain, and the United Kingdom, regarding a Compromise on a Transitional Approach to Existing Unilateral Measures During the Interim Period Before Pillar 1 is in Effect | U.S. Department of the Treasury: https://home.treasury.gov/news/press-releases/jy0419.

DST) während der sogenannten Übergangsfrist, dh bis zur vollständigen Umsetzung der Säule 1.

Die DST bleibt bis zur für 2023 geplanten Umsetzung der Säule 1 bestehen. Jedoch wird ein sogenanntes Anrechnungssystem eingeführt. Im Gegenzug werden die USA alle (geplanten) Handelssanktionen aussetzen und sich verpflichten, keine weiteren Handelssanktionen zu verhängen.

2.11. G20-Gipfel Rom – endgültige politische Einigung über das 2-Säulen-Modell, 30./31. Oktober 2021

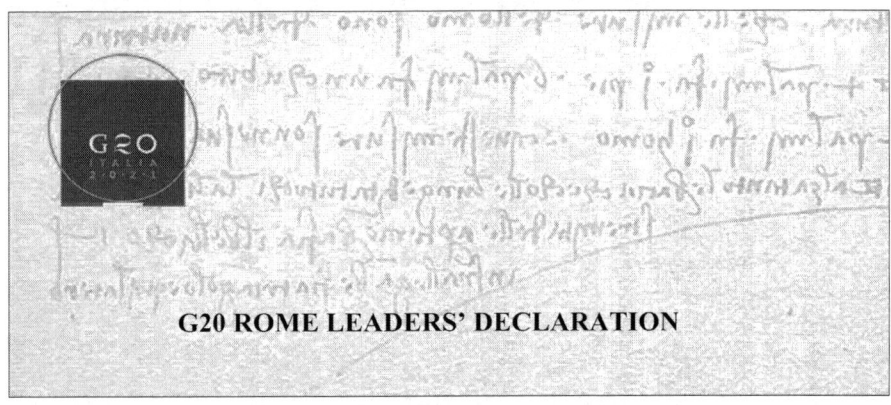

Beim G20-Gipfel in Rom haben die Staats- und Regierungschefs nun offiziell ihre Unterstützung zur Zwei-Säulen-Lösung gegeben, die sich aus der Digitalisierung der Wirtschaft ergibt. Nach jahrelangen Verhandlungen haben sich nun 136 der 140 Mitglieder des OECD/G20 Inclusive Framework on BEPS der „Erklärung über die Zwei-Säulen-Lösung für die steuerlichen Herausforderungen der Digitalisierung der Wirtschaft" angeschlossen. Diese Vereinbarung wird von allen Mitgliedern der OECD und G20 getragen, da auch Estland, Irland und Ungarn zugestimmt haben. Vier Länder – Kenia, Nigeria, Pakistan und Sri Lanka – haben sich der Vereinbarung noch nicht angeschlossen.

Die Länder beabsichtigen im Jahr 2022 ein multilaterales Abkommen zu unterzeichnen, das 2023 umgesetzt werden soll.

3. Die Umsetzung zur Säule 2

3.1. OECD Model Rules zur 2. Säule

Die OECD hat am 20. Dezember 2021 die abgestimmten Model Rules veröffentlicht, welche detaillierte Regelungen zur Implementierung einer globalen Mindestbesteuerung enthalten.

Es bedarf einheitlicher Regeln, damit die einzelnen Staaten auf nationaler Ebene die sogenannte Top-up Tax erheben können. Diese Model Rules lehnen sich stark an die Ausführungen des Pillar Two Blueprint an. Die Einhebung der Mindeststeuer erfolgt insbesondere über die IIR (Income Inclusion Rule), subsidiär, falls diese nicht über die IIR eingehoben werden kann, mittels der UTPR (Undertaxed Payments Rule). Die IIR soll ab 2023, die UTPR ab 2024 eingeführt werden.

Insbesondere wird darin beschrieben:

— welche multinationalen Unternehmen dem Anwendungsbereich der globalen Mindestbesteuerung unterworfen sind,

— die länderweise Ermittlung der effektiven Steuerbelastung,

— wie die Mindeststeuer zu berechnen ist.

Laut OECD sollen diese Model Rules eine Vorlage bieten, die den einzelnen Staaten eine Übernahme in nationales Recht ermöglicht. Dies ist insofern notwendig, als die GloBE-Regeln als gemeinsamer Ansatz konzipiert sind, dh die Mitglieder des Inclusive Framework sind nicht verpflichtet diese Regeln zu übernehmen.

Die Regelungen im Überblick, wie sie in 10 Kapiteln erläutert werden:

1. Anwendungsbereich
2. Income Inclusion Rule, Undertaxed Payments Rule
3. bis 5. Ermittlung der effektiven Steuerlast
6. Sondervorschriften für den Anwendungsbereich (750 Mio Euro bei Fusionen)
7. Sondervorschriften für die Berechnung der effektiven Steuerlast
8. und 9. Verwaltungsvereinfachungen und Übergangsregelungen
10. Begriffsbestimmungen

Die Europäische Union betrachtete somit die technischen Arbeiten auf OECD-Ebene zur Säule 2 als abgeschlossen. Die Mindestbesteuerung bedarf nun einer Umsetzung in den Unterzeichnerstaaten des Inclusive Framework. Die Umsetzung für die Mitgliedstaaten der Europäischen Union sollte durch eine Richtlinie erfolgen.

3.2. Richtlinienvorschlag der Europäischen Union zur Mindestbesteuerung

EUROPÄISCHE
KOMMISSION

Brüssel, den 22.12.2021
COM(2021) 823 final

2021/0433 (CNS)

Vorschlag für eine

RICHTLINIE DES RATES

**zur Gewährleistung einer globalen Mindestbesteuerung für multinationale
Unternehmensgruppen in der Union**

{SWD(2021) 580 final}

Die Europäische Union präsentierte einen Tag nach Veröffentlichung der OECD Model Rules einen Richtlinienvorschlag[14] zur Umsetzung der 2. Säule des OECD/G20-Vorschlags zur Lösung für die steuerlichen Herausforderungen der Digitalisierung der Wirtschaft. Grundsätzlich orientiert sich dieser Richtlinienvorschlag an den Model Rules der OECD. Auch dieses rund 70 Seiten umfassende Dokument gliedert sich in 10 Kapitel:

1. Allgemeine Bestimmungen
2. Income Inclusion Rule und Undertaxed Payments Rule (Anwendung der Ertragseinbeziehungsregelung und der umgekehrten Ertragseinbeziehungsregelung)
3. Berechnung der maßgeblichen Erträge oder Verluste
4. Berechnung der angepassten erfassten Steuern
5. Berechnung des effektiven Steuersatzes und der Ergänzungssteuer (sog Top-up Tax)
6. Besondere Vorschriften für Fusionen und Übernahmen
7. Regelungen für Steuerneutralität und Ausschüttungssteuersysteme
8. Verwaltungsvorschriften
9. Übergangsbestimmungen

---

[14] COM (2021) 823 final vom 22.12.2021 „Vorschlag für eine RICHTLINIE DES RATES zur Gewährleistung einer globalen Mindestbesteuerung für multinationale Unternehmensgruppen in der Union".

10. Spezifische Anwendung der IIR auf große inländische Gruppen (sog Large-scale Domestic Groups)

Wie das OECD-Papier verbindet der Richtlinienvorschlag die Income Inclusion Rule (IIR) und die Undertaxed Payments Rule (UTPR). Nicht Gegenstand dieses Richtlinienvorschlags ist hingegen eine Subject-to-tax Regel, welche einer abkommensrechtlichen Regelung auf Ebene der Doppelbesteuerungsabkommen bedarf.

GloBE – Global Anti-Base Erosion Rules			
IIR Income Inclusion Rule	**UTPR** Undertaxed Payments Rule	**STTR** Subject to tax Rule	**SOR** Switch-Over Rule
Nachbesteuerung der niedrig besteuerten Einkünfte einer MNE bei der Mutter	Versagung von Betriebsausgabenabzügen falls keine IIR	Gestattet Quellenstaaten eine begrenzte Quellensteuer auf bestimmte Zahlungen an verbundene Unternehmen zu erheben, die unter 15 % besteuert wurden.	Von der Befreiungs- zur Anrechnungsmethode; wenn Besteuerung Betriebsstätte effektiv unter 15 % liegt→
→ Umsetzung EU-Richtlinie		→ zwischenstaatlich	

Wie die GloBE-Regelungen sieht der Richtlinienvorschlag eine globale effektive Mindestbesteuerung von 15 % vor und soll für alle multinationalen Unternehmen mit einem globalen Umsatz von mehr als 750 Mio Euro pa zur Anwendung kommen. Die Berechnung des effektiven Steuersatzes erfolgt länderweise und unter Verwendung gemeinsamer Definitionen der erfassten Steuern und der heranzuziehenden Steuerbemessungsgrundlage, die auf den Ergebnissen der Finanzbuchhaltung basieren.

Der Richtlinienvorschlag orientiert sich eng an den im Inclusive Framework vereinbarten Regelungen, enthält jedoch notwendige Anpassungen, um die Einhaltung des EU-Rechts zu gewährleisten. Es fallen auch rein nationale Konzerne in den Anwendungsbereich der Richtlinie, während der Anwendungsbereich der Säule 2 der OECD nur auf multinationale Unternehmensgruppen beschränkt ist.[15] Weiters sieht der Richtlinienvorschlag vor, dass im Mitgliedstaat der obersten Muttergesellschaft auch die inländischen Tochtergesellschaften von der Income Inclusion Rule erfasst

---

[15]   Die Ausweitung des Anwendungsbereichs wird damit begründet, dass dies eine unionskonforme Umsetzung gewährleistet. Voraussetzung ist, dass eine richtlinienkonforme Umsetzung der OECD Model Rules die im EU- und EWR-Vertrag verankerten Grundfreiheiten nicht verletzen darf. Insbesondere muss die Niederlassungsfreiheit gewährleistet sein. Vgl Cadburry-Schweppes-Entscheidung, mit der der EuGH (C-196/04 ECLI: EU:C:2006:544 vom 12.9.2006) festlegte, unter welchen Bedingungen ein Mitgliedstaat Gewinne von Tochtergesellschaften in niedrig besteuerten ausländischen Staaten bei der Bemessung der Körperschaftsteuer hinzurechnen darf.

sind, während eine oberste Muttergesellschaft laut den OECD-Regelungen nur ihre ausländischen Tochtergesellschaften dieser unterwirft. Überdies sieht der EK-Vorschlag die in der OECD-Einigung enthaltene Option vor, eine qualifizierte nationale Mindeststeuer anzuwenden („qualified domestic top up tax"). Durch diese Option kann die von den Tochtergesellschaften eines multinationalen Konzerns geschuldete Top-up Tax lokal im jeweiligen Mitgliedstaat statt auf Ebene der Muttergesellschaft erhoben werden.

3.3. OECD-Kommentar zur Mindestbesteuerung

OECD/G20 BASE EROSION AND PROFIT SHIFTING PROJECT

Tax Challenges Arising from the Digitalisation of the Economy – Commentary to the Global Anti-Base Erosion Model Rules (Pillar Two)

INCLUSIVE FRAMEWORK ON BEPS

Die OECD veröffentlichte am 14. März 2022 einen Kommentar[16] sowie Anwendungsbeispiele[17] zu den OECD Model Rules zur Mindestbesteuerung.

OECD/G20 BASE EROSION AND PROFIT SHIFTING PROJECT

Tax Challenges Arising from the Digitalisation of the Economy – Global Anti-Base Erosion Model Rules (Pillar Two) Examples

INCLUSIVE FRAMEWORK ON BEPS

---

[16]   https://www.oecd.org/tax/BEPS/tax-challenges-arising-from-the-digitalisation-of-the-economy-global-anti-base-erosion-model-rules-pillar-two-commentary.pdf.

[17]   https://www.oecd.org/tax/BEPS/tax-challenges-arising-from-the-digitalisation-of-the-economy-global-anti-base-erosion-model-rules-pillar-two-examples.pdf.

Der Kommentar zu den GloBE-Regeln soll multinationalen Unternehmen und Regierungen detaillierte und umfassende technische Leitlinien für die regelkonforme Anwendung bieten.

Weiters ruft die OECD zu einer öffentlichen Konsultation (15. März bis 11. April 2022) auf. Der Schwerpunkt liegt auf der Einrichtung von Mechanismen, die sicherstellen, dass Steuerverwaltungen und multinationale Unternehmen die GloBE-Regeln auf konsistente und koordinierte Weise umsetzen und anwenden können, während die Befolgungskosten minimiert werden.

ECOFIN vom 17. Juni 2022

Polen hat, nach den ersten Widerständen in vorhergehenden ECOFIN-Sitzungen, dem mit Änderungen der französischen Präsidentschaft versehenen Richtlinienvorschlag zur Mindestbesteuerung zugestimmt. Allerdings hat Ungarn seine Zustimmung verweigert. Als Gründe wurden genannt, dass der Krieg in der Ukraine und die hohe Inflation Sorgen insbesondere hinsichtlich der Wettbewerbsfähigkeit der EU in den Vordergrund rücken. Die Einführung der Mindeststeuer stelle einen Wettbewerbsnachteil dar.

Der französische Vorsitz begrüßte die Zustimmung Polens und bedauerte die Ablehnung durch Ungarn. Der Vorsitz unterstrich noch seine (persönliche) Meinung, dass das Prinzip der Einstimmigkeit in Steuerdossiers aufzugeben sei, da man sonst nur schwer Beschlüsse fassen könne.

WKÖ-Position zur Einstimmigkeit in Steuerfragen auf EU-Ebene:

Haushalts- und Steuerpolitik gehören zu den Kernkompetenzen jedes Mitgliedstaates. Die Steuern dienen als Einnahmen der Staatsfinanzierung und sind damit unabdingbar für jede politische Maßnahme. Deshalb bedeutet Einfluss auf die Steuerpolitik zugleich Einfluss auf das gesamte politische Geschehen. Die Steuersouveränität ist ein besonders wichtiger Bestandteil staatlicher Souveränität. Für den einzelnen Mitgliedstaat stellt das Steuerrecht einen wesentlichen Standortfaktor dar. Fällt das Einstimmigkeitsprinzip, fürchten viele Staaten ihre nationalen Interessen nicht durchsetzen zu können. Kein Mitgliedstaat dürfte in steuerpolitischen Fragen überstimmt werden.

Mehrheitsentscheidungen sind in der Steuerpolitik für den Zusammenhalt der EU hochriskant, weil eine Mehrheit von Ländern der unterlegenen Minderheit hohe Kosten aufbürden könnte und somit diese Entscheidungen zu weniger Akzeptanz in den Mitgliedstaaten führen würden.

Das Aufgeben des Prinzips der Einstimmigkeit wäre nicht nur ein Rückschritt beim Zusammenhalt der Mitgliedstaaten. Dies könnte schlimmstenfalls dazu führen, dass sich nach dem Vereinigten Königreich weitere Mitgliedstaaten von der EU abwenden, wenn sie in wichtigen Steuerfragen überstimmt würden.

12. Dezember 2022 – Verabschiedung der Richtlinie

Auch beim letzten ECOFIN unter tschechischem Vorsitz am 6. Dezember 2022 konnte keine einstimmige Einigung zum vorliegenden Richtlinienvorschlag über die Einführung einer Mindestbesteuerung erzielt werden. Der Durchbruch fand am 12. Dezember 2022 auf EU-Botschafterebene statt wo nach zähen Verhandlungen beschlossen wurde, dem Rat zu empfehlen, die Richtlinie zur Säule 2 formal anzunehmen und damit die OECD-Reform der internationalen Besteuerung auf EU-Ebene umzusetzen.

Der einstimmige, informelle Beschluss wurde möglich, nachdem Ungarn seine Blockadehaltung im Rahmen eines komplexen Interessensabtauschs aufgegeben hatte.[18]

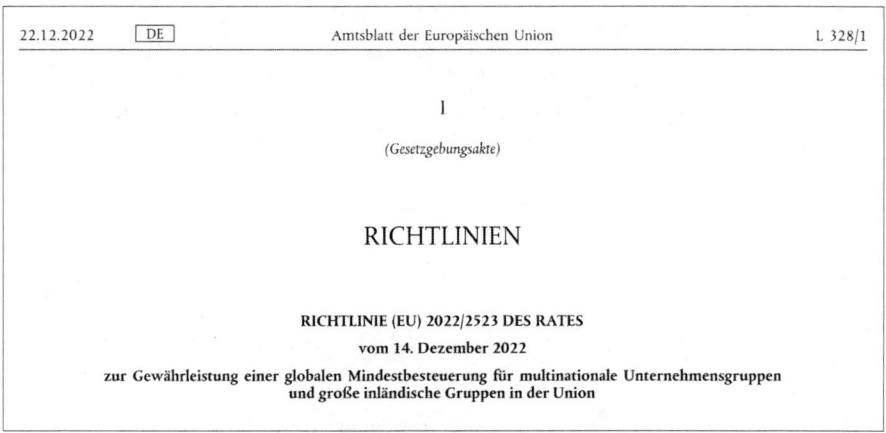

Quelle: Publications Office (europa.eu)

Artikel 56 der verabschiedeten Richtlinie sieht vor, dass die Mitgliedstaaten die Rechts- und Verwaltungsvorschriften setzen, die erforderlich sind, um dieser Richtlinie bis zum 31. Dezember 2023 nachzukommen.

Sie wenden diese Vorschriften auf Geschäftsjahre, die ab dem 31. Dezember 2023 beginnen, an.

---

[18] Nachdem die Mitgliedstaaten den Plänen Ungarns für die Verwendung von EU-Hilfsgeldern in Höhe von rund 5,8 Mrd Euro zustimmten, hob die Regierung Ungarns ihre Blockade auf. Hintergrund war die Sorge, dass EU-Hilfen in Ungarn wegen unzureichender Maßnahmen gegen Korruption nicht ordnungsgemäß verwendet werden. Die Gelder sollen allerdings erst dann ausgezahlt werden, wenn Ungarn 27 Voraussetzungen erfüllt.

Globale Mindestbesteuerung (*Pillar Two*): Von den GloBE-Mustervorschriften der OECD/G20 über die EU-Richtlinie zur nationalen Ergänzungssteuer

Martin Riedler

1. Einleitung

Im Dezember 2021 wurden im Rahmen des bereits damals mehr als 135[1] Staaten bzw (Steuerhoheits-)Gebiete umfassenden *OECD*[2]*/G20*[3] *Inclusive Framework on BEPS* (Inclusive Framework)[4] die *Global Anti-Base Erosion-Mustervorschriften* (GloBE-MV)[5] beschlossen, deren Umsetzung eine globale Mindestbesteuerung der größten internationalen Konzerne mit einem Effektivsteuersatz von 15 % gewähr-

---

[1] Inzwischen umfasst das Inclusive Framework bereits 142 Staaten und Gebiete (Stand Dezember 2022).

[2] *Organisation für wirtschaftliche Zusammenarbeit und Entwicklung* (engl: *Organization for Economic Co-operation and Development, OECD*). Die 38 Mitgliedstaaten der OECD sind Australien, Belgien, Chile, Costa Rica, Dänemark, Deutschland, Estland, Finnland, Frankreich, Griechenland, Irland, Island, Israel, Italien, Japan, Kanada, Kolumbien, Lettland, Litauen, Luxemburg, Mexiko, Neuseeland, Niederlande, Norwegen, Österreich, Polen, Portugal, Schweden, Schweiz, Slowakei, Slowenien, Spanien, Südkorea, Tschechien, Türkei, Ungarn, Vereinigtes Königreich, Vereinigte Staaten.

[3] *Gruppe der Zwanzig.* Mitglieder sind Argentinien, Australien, Brasilien, China, Deutschland, Europäische Union, Frankreich, Indien, Indonesien, Italien, Japan, Kanada, Mexiko, Russland, Saudi-Arabien, Südafrika, Südkorea, Türkei, Vereinigtes Königreich, Vereinigte Staaten.

[4] Das *OECD/G20 Inclusive Framework on Base Erosion and Profit Shifting* ist eine Kooperation der OECD mit den G20 und soll die teilnehmenden Staaten vor allem bei der Implementierung von Anti-BEPS-Maßnahmen (Maßnahmen zur Bekämpfung von Gewinnverkürzung und Gewinnverlagerung) unterstützen sowie neue Maßnahmen gegen aggressive Steuerplanung internationaler Konzerne erarbeiten. Das Inclusive Framework startete im Juni 2016 mit einem ersten Meeting in Tokio und 82 Mitgliedern. Inzwischen sind 142 Staaten und Gebiete Teil des Inclusive Framework (Stand Dezember 2022).

[5] *OECD (2021)*, Tax Challenges Arising from the Digitalisation of the Economy – Global Anti-Base Erosion Model Rules (Pillar Two), OECD/G20 Inclusive Framework on BEPS. Im März 2023 wurde auch eine deutsche Sprachfassung veröffentlicht: *OECD (2023)*, Steuerliche Herausforderungen der Digitalisierung der Wirtschaft – GloBE-Mustervorschriften (Säule 2), OECD/G20 Inclusive Framework on BEPS.

leisten soll. Die vorbereitenden fachlichen Arbeiten fanden im Rahmen der *OECD Working Party on Aggressive Tax Planning*[6] durch die Delegierten der teilnehmenden Staaten und Mitarbeiter der OECD statt. Der Inhalt der GloBE-MV wurde von der Europäischen Kommission – mit nur wenigen unionsrechtlich bedingten Anpassungen – in einen Richtlinienvorschlag übernommen, der mit 14. Dezember 2022 von den EU-Mitgliedstaaten angenommen wurde[7] und nun von diesen bis Ende 2023 verpflichtend in nationales Recht umzusetzen ist. Dieser Beitrag gibt einen Überblick über Entstehung und Inhalt der GloBE-MV und der Richtlinie und stellt abschließend erste Überlegungen zu einer etwaigen nationalen Ergänzungssteuer im Einklang mit diesen Vorschriften an.

2. Historie

Als Teil der Säule 2 (*Pillar Two*)[8] des Projekts zur Besteuerung der digitalen Wirtschaft des Inclusive Framework starteten die Arbeiten an den GloBE-MV Mitte 2019. Die fachlichen Arbeiten schritten in der Folge trotz teilweise beinharter Verhandlungen und zähem Ringen um für alle am Inclusive Framework teilnehmenden Staaten akzeptable Lösungen, mit erstaunlicher Geschwindigkeit voran. Schon im Oktober 2020 konnte der sog „*Pillar Two Blueprint*"[9] veröffentlicht werden, der bereits die inhaltliche Grundkonzeption der späteren GloBE-MV in Berichtsform wiedergab.[10] Nur etwa ein Jahr später wurde nach den notwendigen politischen Einigungen[11] die

---

[6] Die *OECD Working Party No 11 on Aggressive Tax Planning* setzt sich aus ständigen Delegierten der am Inclusive Framework teilnehmenden Staaten zusammen und wurde 2013 zur Ausarbeitung von Maßnahmen im Rahmen des BEPS-Projekts der OECD/G20 als ständige Arbeitsgruppe eingerichtet. Seit Mitte 2019 hat sie im Rahmen der „Säule 2" („*Pillar Two*") des Projekts zur Besteuerung der digitalen Wirtschaft des Inclusive Framework ua die GloBE-MV, den dazu von der OECD veröffentlichten Kommentar sowie Administrative Guidance zu den einzelnen Vorschriften erarbeitet.

[7] Richtlinie (EU) 2022/2523 des Rates vom 14.12.2022 zur Gewährleistung einer globalen Mindestbesteuerung für multinationale Unternehmensgruppen und große inländische Gruppen in der Union, ABl L 328 vom 22.12.2022, S 1.

[8] Neben den GloBE-Vorschriften ist noch die – jedoch noch im Rahmen des Inclusive Framework in Ausarbeitung befindliche – *Subject to Tax Rule* (STTR) Teil von *Pillar Two*. Die STTR soll durch Abänderung bestehender Doppelbesteuerungsabkommen erreichen, dass hinsichtlich bestimmter Zahlungen an verbundene Unternehmen, die im Empfängerstaat niedrig besteuert sind, dem die Zahlungen leistenden Unternehmen die Abkommensvorteile verwehrt werden.

[9] *OECD (2020)*, Tax Challenges Arising from Digitalisation – Report on Pillar Two Blueprint, OECD/G20 Inclusive Framework on BEPS.

[10] Vgl dazu: *Englisch*, GloBE – Der 2020 Blueprint für eine internationale effektive Mindeststeuer, FR 2021, 1; *Hey*, The 2020 Pillar Two Blueprint, Intertax 2021, 7; *Riedler*, Pillar Two – Die Global Anti-Base Erosion (GloBE)-Regeln als Konzept einer Mindestbesteuerung internationaler Konzerne, ÖStZ 2021/16, 42.

[11] Vgl dazu *Bendlinger*, Das internationale Steuerrecht wird neu geschrieben, SWI 2021, 554; *Benecke/Rieck*, Pillar Two: Zwischen Oktober-2020-Blaupause und Oktober-2021-

Endfassung der GloBE-MV von der *OECD Working Party on Aggressive Tax Planning* an das Inclusive Framework übermittelt und von diesem am 14. Dezember 2021 angenommen. Die schnelle Einigung ist umso erstaunlicher als im Rahmen des Inclusive Framework so unterschiedliche Interessenslagen wie die von westlichen Industrienationen, Entwicklungs- und Schwellenländern oder auch klassischen Niedrigsteuerstaaten aufeinandertrafen und bei den Beschlüssen zu manchen Themen weit über 100 Delegierte an den abschließenden Arbeitsgruppensitzungen – zumindest virtuell – teilnahmen.

Bereits wenige Tage nach der Veröffentlichung der GloBE-MV durch die OECD wurde von der Europäischen Kommission, der im Rahmen der Arbeiten des Inclusive Framework Beobachterstatus zukam, ein Entwurf einer Richtlinie zur Gewährleistung einer globalen Mindestbesteuerung in der Union veröffentlicht.[12] Der Entwurf übernahm mit einigen unionsrechtlich bedingten Anpassungen inhaltlich die GloBE-MV. Nach einer äußerst kurz gehaltenen Überarbeitungsphase und den daraus resultierenden punktuellen Änderungen wurde der Richtlinienvorschlag von der damaligen französischen Ratspräsidentschaft in den zuständigen europäischen Gremien zur Abstimmung gebracht. Die Annahme der Richtlinie scheiterte jedoch aufgrund der dafür notwendigen Einstimmigkeit vorerst. Erst Ende 2022 wurde schließlich unter der tschechischen Ratspräsidentschaft eine politische Einigung erzielt und der Richtlinienvorschlag mit 14. Dezember 2022 durch die EU-Mitgliedstaaten als Richtlinie (EU) 2022/2523 des Rates angenommen.

Parallel zu den Entwicklungen auf europäischer Ebene wurden die Arbeiten im Rahmen des Inclusive Framework fortgesetzt und bereits im März 2022 wurde von der OECD ein über 200 Seiten umfassender Kommentar zu den GloBE-MV[13] sowie einige illustrierende Beispiele[14] veröffentlicht. Im Verlauf des Jahres 2022 wurden des Weiteren Ausführungen zu den in den GloBE-MV noch nicht im Detail enthaltenen Safe Harbours[15] sowie Administrative Guidance[16] zu den unterschiedlichsten Themenbereichen iZm den GloBE-MV erarbeitet und im Dezember 2022

Ergebnissen, IStR 2021, 692; *Fehling/Koch*, Einigung beim Zwei-Säulen-Projekt, IStR 2021, 561; *Mayr,* Die Eckwerte der globalen Steuerreform, RdW 2021, 503; *Riedler,* Globale Mindeststeuer: Einigung auf Ebene der OECD, SWK 20/21/2021, 1034.

[12] *Europäische Kommission*, Vorschlag für eine Richtlinie des Rates zur Gewährleistung einer globalen Mindestbesteuerung für multinationale Unternehmensgruppen in der Union, COM/2021/823 final (22.12.2021).

[13] *OECD (2022)*, Tax Challenges Arising from the Digitalisation of the Economy – Commentary to the Global Anti-Base Erosion Model Rules (Pillar Two), OECD/G20 Inclusive Framework on BEPS.

[14] *OECD (2022)*, Tax Challenges Arising from the Digitalisation of the Economy – Global Anti-Base Erosion Model Rules (Pillar Two) Examples, OECD/G20 Inclusive Framework on BEPS.

[15] *OECD (2022)*, Safe Harbours and Penalty Relief: Global Anti-Base Erosion Rules (Pillar Two), OECD/G20 Inclusive Framework on BEPS.

[16] *OECD (2023)*, Tax Challenges Arising from the Digitalisation of the Economy – Administrative Guidance on the Global Anti-Base Erosion Model Rules (Pillar Two), OECD/G20 Inclusive Framework on BEPS.

und Februar 2023 veröffentlicht. Der Kommentar und die veröffentlichten Administrative Guidance und Safe Harbours bilden gemeinsam mit den GloBE-MV das Regelwerk der GloBE-Vorschriften, das die Qualität eines „Common Approach" hat. Es wurde daher keine zwingende Übernahme der Regeln in nationales Recht vereinbart. Die teilnehmenden Staaten haben sich aber (politisch) verpflichtet im Falle einer nationalen Umsetzung der GloBE-Vorschriften die gemeinsam beschlossenen Regeln zu respektieren bzw einzuhalten.

Inzwischen wurden bereits in mehreren Staaten Gesetzesentwürfe zur Implementierung der GloBE-Vorschriften in nationales Recht veröffentlicht.[17] Südkorea ist der erste Staat, in dem der Legistikprozess bereits abgeschlossen ist. Im Dezember 2022 beschloss das südkoreanische Parlament die nationale Umsetzungsgesetzgebung zu den GloBE-Vorschriften.

3. Besonderheiten der EU-Richtlinie

Relevant für die nationale Implementierung in Österreich ist in erster Linie die zwingend umzusetzende EU-Richtlinie (RL). Diese sieht jedoch in ihren Erwägungsgründen vor, dass die GloBE-MV und die dazu veröffentlichten Erläuterungen und Beispiele zu Auslegungszwecken heranzuziehen sind,[18] weshalb – vorausgesetzt, dass sie nicht in eindeutigem Widerspruch zu EU-Recht stehen – die Bestimmungen der GloBE-MV, gemeinsam mit dem Kommentar und den Administrative Guidance, faktisch ebenfalls verbindlich sind. Noch stärker ist der Konnex bei den Safe Harbours, hinsichtlich derer Art 32 RL in Bezugnahme auf die Arbeiten im Rahmen des Inclusive Framework festlegt, dass für einen Safe Harbour die Bedingungen „eines maßgeblichen internationalen Abkommens über Safe Harbours" erfüllt sein müssen. Der Begriff „maßgebliches internationales Abkommen über Safe Harbours" wird im zweiten Unterabsatz von Art 32 RL definiert als „eine Reihe internationaler Regeln und Bedingungen, denen alle Mitgliedstaaten zugestimmt haben und die den unter diese Richtlinie fallenden Gruppen die Möglichkeit einräumen, in einem Steuerhoheitsgebiet[19] einen oder mehrere Safe Harbours in Anspruch zu nehmen".[20]

---

[17] Vgl die veröffentlichten Gesetzesentwürfe in Deutschland, dem Vereinigten Königreich, Japan, den Niederlanden ua.

[18] Vgl Erwägungsgrund 24 der RL.

[19] Sowohl die GloBE-MV als auch die RL stellen generell nicht auf „Staaten", sondern auf „Steuerhoheitsgebiete" (engl: „*jurisdictions*") ab, um auch formal nicht unabhängige Gebiete, die aber über ein eigenes unabhängiges Rechtssystem verfügen (zB die britischen Überseegebiete), als eigenständige territoriale Einheiten zu behandeln.

[20] Da die Republik Zypern als einziger EU-Mitgliedstaat nicht Teil des Inclusive Framework ist, bedarf es zusätzlich zur Annahme der Safe Harbours durch das Inclusive Framework wohl noch einer Zustimmung durch die Republik Zypern, um die vom Inclusive Framework ausgearbeiteten Safe Harbours auch innerhalb der Europäischen Union in Geltung zu setzen. Auf welche Art und Weise oder in welchem Rahmen diese Zustimmung erfolgen muss, legt die RL jedoch nicht (ausdrücklich) fest.

Es gibt jedoch auch deutliche Abweichungen der RL von den GloBE-MV. Diese sind unionsrechtlich begründet und finden sich bei der *Income Inclusion Rule* (IIR, Primärergänzungssteuerregelung[21]), die – anders als die *Undertaxed Profit Rule*[22] (UTPR, Sekundärergänzungssteuerregelung) oder die optionale nationale Ergänzungssteuer (*Qualified Domestic Top-up Tax*, QDTT[23]) – in der RL einen verglichen mit den GloBE-MV etwas weiteren Anwendungsbereich hat. Um eine gegen die Grundfreiheiten verstoßende Diskriminierung zu vermeiden, verpflichtet die RL die EU-Mitgliedstaaten die IIR auch für reine Inlandssachverhalte vorzusehen. Es fallen daher nicht nur multinationale Unternehmensgruppen, sondern auch große inländische Gruppen in den Anwendungsbereich der RL (mit Auswirkungen lediglich bei der IIR). Des Weiteren haben in der Union gelegene Muttergesellschaften, wenn sie Muttergesellschaft einer großen inländischen Gruppe sind oder wenn sie die IIR auf im Ausland gelegene Geschäftseinheiten ihrer multinationalen Unternehmensgruppe anzuwenden haben, im Falle einer Niedrigbesteuerung in dem EU-Mitgliedstaat, in dem sie selbst gelegen sind, die IIR (auch) auf sich selbst und auf die anderen in diesem Mitgliedstaat gelegenen Geschäftseinheiten anzuwenden.

Die IIR dürfte für reine Inlandssachverhalte allerdings wenig praktische Relevanz erlangen, weil ihr bei entsprechender Umsetzung der vorrangig anzuwendenden nationalen Ergänzungssteuer idR kein Anwendungsbereich verbleiben wird.[24]

4. Inhalt der Regelungen zur globalen Mindestbesteuerung (*Pillar Two*)[25]

4.1. Grundkonzeption

Pillar Two soll Lösungsansätze für die verbleibenden BEPS-Herausforderungen liefern und dabei sicherstellen, dass international operierende Konzerne ein Min-

---

[21] Da sich die in der deutschen Sprachfassung der Richtlinie verwendeten Begriffe „Primärergänzungssteuerregelung" und „Sekundärergänzungssteuerregelung" bislang noch nicht durchgesetzt haben, werden in der Folge die englischsprachigen Bezeichnungen „IIR" und „UTPR" verwendet.

[22] Die UTPR war in der ersten Phase der Arbeiten im Rahmen des Inclusive Framework noch als Regel, die niedrig besteuerte Zahlungen als Anwendungsbereich hat, konzipiert, weshalb die Bezeichnung „*Undertaxed Payment Rule*" gewählt wurde. Nach der inhaltlichen Neuausrichtung der Regel wurde in der Folge nur noch das Kürzel „UTPR" verwendet. In der englischen Sprachfassung der RL steht „UTPR" für „*Undertaxed Profit Rule*".

[23] Der für „nationale Ergänzungssteuer" in der englischen Sprachfassung der RL verwendete Begriff weicht mit „*Qualified Domestic Top-up Tax*" (QDTT) vom in der englischen (Original-)Fassung der GloBE-MV verwendeten Begriff: „*Qualified Domestic Minimum Top-up Tax*" (QDMTT) geringfügig ab.

[24] Näher zur nationalen Ergänzungssteuer Kapitel 4.7.

[25] Im Folgenden werden vorrangig die Begriffsbezeichnungen aus der deutschen Sprachfassung der RL verwendet und nur bei erstmaliger Verwendung des Begriffs die Bezeichnungen aus der englischen (Original-)Fassung der GloBE-MV zusätzlich in Klammern angeführt. Lediglich wenn die Begriffsbezeichnungen der RL unüblich bzw im Kontext

destmaß an Steuern zu entrichten haben, unabhängig davon in welchem Staat sie ihre Konzernzentrale ansiedeln oder in welchen Staaten sie tätig sind. Die Zielsetzung von *Pillar Two* ist es nicht den Standortwettbewerb zwischen den Staaten im Bereich der Unternehmensbesteuerung gänzlich zu beenden, es soll jedoch das in den letzten Jahrzehnten erfolgte beständige Absinken des effektiven Besteuerungsniveaus durch Einziehen einer Untergrenze eingebremst und auf einem für alle Staaten vertretbaren Niveau stabilisiert werden. Gleichzeitig sollen die im Rahmen von *Pillar Two* erarbeiteten Regelungen ermöglichen künstliche Gewinnverschiebungen multinationaler Unternehmensgruppen zu unterbinden bzw zumindest einzuschränken.[26]

Der globale Mindeststeuersatz, mit dem die vorgenannten Ziele erreicht werden sollen, beträgt 15 %. Es handelt sich nicht um einen Nominalsteuersatz, sondern um einen Effektivsteuersatz; dh es ist nicht auf den jeweils anzuwendenden gesetzlichen Steuersatz abzustellen, sondern die effektive Steuerbelastung des Einkommens der in den Anwendungsbereich von *Pillar Two* bzw der GloBE-Vorschriften fallenden Unternehmen ist zu ermitteln. Für diese Zwecke ist für jedes Steuerhoheitsgebiet der Effektivsteuersatz (*effective tax rate*) der jeweils zu besteuernden Unternehmensgruppe zu ermitteln, wofür die der Finanzbuchhaltung zu entnehmenden und für Zwecke von *Pillar Two* anzupassenden Gewinne oder Verluste sämtlicher Geschäftseinheiten der Unternehmensgruppe im jeweiligen Steuerhoheitsgebiet sowie die darauf entfallenden (gewinnabhängigen) Steuern heranzuziehen sind. Für jedes Steuerhoheitsgebiet, in dem Geschäftseinheiten einer in den Anwendungsbereich fallenden Unternehmensgruppe gelegen sind, ist daher ein eigener Effektivsteuersatz zu berechnen, der wiedergibt wie hoch die effektive Steuerbelastung der maßgeblichen Gewinne und Verluste sämtlicher Geschäftseinheiten der Unternehmensgruppe in diesem Steuerhoheitsgebiet ist. Unterschreitet dieser Effektivsteuersatz den Mindeststeuersatz, kommt es zur Vorschreibung der globalen Mindeststeuer. Bemessungsgrundlage sind dabei jedoch nicht die gesamten für die Berechnung des Effektivsteuersatzes heranzuziehenden Gewinne und Verluste, sondern diese sind noch um einen anhand einer fixen Formel für das jeweilige Steuerhoheitsgebiet zu berechnenden Substanzfreibetrag[27] (*substance-based income exclusion*) zu vermindern. Erst für den danach verbleibenden Übergewinn[28] (*excess profit*) ist zu ermitteln wie hoch der Betrag an Ergänzungssteuer (*top-up tax*) sein muss, um die effektive Steuerbelastung auf das vorgesehene Mindestniveau zu bringen. Mithilfe des Ergänzungssteuerprozentsatzes (*top-up tax percentage*), der Differenz zwischen Mindeststeuersatz (15 %) und Effektivsteuersatz, wird der benö-

---

missverständlich sind, wird von diesem Prinzip abgewichen und es werden andere Begriffsbezeichnungen verwendet.

[26] Vgl ua das „Cover Statement by the OECD/G20 Inclusive Framework on BEPS on the Reports on the Blueprints of Pillar One and Pillar Two" in *OECD*, Pillar Two Blueprint, 10 ff.

[27] In der deutschen Sprachfassung der RL als „substanzbasierte Freistellung von Gewinnen" bezeichnet.

[28] In der deutschen Sprachfassung der RL als „Gewinnüberschuss" bezeichnet.

tigte Betrag an Ergänzungssteuer, in einem ersten Schritt für das gesamte Steuerhoheitsgebiet und in einem weiteren Schritt für die einzelnen in diesem Steuerhoheitsgebiet gelegenen Geschäftseinheiten, berechnet. Lediglich in Fällen verhältnismäßig geringer Gewinne und Umsatzerlöse einer Unternehmensgruppe in einem Steuerhoheitsgebiet (De-minimis-Ausnahme)[29] oder im Falle eines Safe Harbour[30] ist der Ergänzungssteuerbetrag der Unternehmensgruppe für das Steuerhoheitsgebiet automatisch mit null anzusetzen. Ist jedoch ein (positiver) Ergänzungssteuerbetrag berechnet, hängt es in der Folge von der jeweils anzuwendenden Regel (IIR, UTPR oder nationale Ergänzungssteuer) ab, welche Geschäftseinheiten in der Unternehmensgruppe aufgrund der Niedrigbesteuerung steuerpflichtig werden und welcher Anteil am berechneten Ergänzungssteuerbetrag von ihnen zu entrichten ist.

4.2. Anwendungsbereich

Erfasst von den GloBE-Vorschriften sind Geschäftseinheiten multinationaler Unternehmensgruppen, bei denen im Konzernabschluss der obersten Muttergesellschaft (*Ultimate Parent Entity*, UPE) in mindestens zwei der vier vorangegangenen Geschäftsjahre ein jährlicher Umsatzerlös von mindestens 750 Mio EUR ausgewiesen ist. Der Anwendungsbereich der RL umfasst zusätzlich auch rein inländische Unternehmensgruppen, welche die Umsatzgrenze überschreiten. Die Grenze von 750 Mio EUR entspricht der Umsatzgrenze beim *Country by Country Reporting* (CbCR).[31]

4.3. Berechnung des Effektivsteuersatzes

4.3.1. Hintergründe zur (steuerhoheits)gebietsbezogenen Berechnung des Effektivsteuersatzes (*Jurisdictional Blending*)

Im Verlaufe der Arbeiten zu den GloBE-MV wurden mehrere Varianten diskutiert auf welcher Ebene der für die Beurteilung einer etwaigen Niedrigbesteuerung entscheidende Effektivsteuersatz berechnet werden soll. Neben „*Global Blending*", bei dem ausschließlich die für die gesamte Unternehmensgruppe berechnete effektive Steuerbelastung relevant gewesen wäre und „*Entity Blending*", bei dem die effektive Steuerbelastung jeder einzelnen Geschäftseinheit für sich genommen zum Anfall der globalen Mindeststeuer hätte führen können, stand „*Jurisdictional Blending*" zur Diskussion, dem schließlich der Vorzug gegeben wurde. Das sogenannte „*Blending*", das Vermengen bzw Saldieren der Gewinne und Verluste sowie der Steuern unterschiedlicher Geschäftseinheiten, findet beim *Jurisdictional Blending* pro Steuerhoheitsgebiet statt.

---

[29] Art 30 RL bzw Art 5.5. GloBE-MV.

[30] Art 32 RL bzw Art 8.2. GloBE-MV.

[31] Vgl *OECD (2015)*, Transfer Pricing Documentation and Country-by-Country Reporting, Action 13 – 2015 Final Report, OECD/G20 Base Erosion and Profit Shifting Project.

Jurisdictional Blending hat im Vergleich zu dem ebenfalls diskutierten *Entity Blending* für die betroffenen Unternehmensgruppen den Vorteil, dass eine bei Einzelbetrachtung zu niedrige Besteuerung einzelner Geschäftseinheiten nicht automatisch zu einem Anfall von globaler Mindeststeuer führen muss, weil nach unten abweichende Einzelergebnisse von den im selben Steuerhoheitsgebiet erzielten Ergebnissen anderer Geschäftseinheiten „geglättet" werden können. Dieser durch das Blending auftretende „Glättungseffekt" wäre beim *Global Blending*, bei dem es zu einem weltweiten Ausgleich des von den Geschäftseinheiten der Unternehmensgruppe erzielten Einkommens und der darauf entfallenden Steuern gekommen wäre, noch weitreichender gewesen, hätte aber in dieser Ausgestaltungsvariante auch zu kontraproduktiven Effekten führen können. Für Unternehmensgruppen, die aus wirtschaftlichen Gründen auch in Hochsteuerstaaten tätig sind, hätten in noch stärkerem Ausmaß als bisher Anreize bestanden, den mobilen Teil ihrer Unternehmensgewinne in Niedrigsteuerstaaten zu verschieben, solange die über die gesamte Unternehmensgruppe gerechnete Steuerbelastung noch über dem vorgesehenen Mindestniveau gelegen wäre. Zugleich wäre auf Niedrigsteuerstaaten, die bereits bislang mithilfe extrem niedriger Steuersätze oder besonderer Besteuerungsregime mobile Unternehmensgewinne aus anderen Staaten abgezogen haben, keinerlei Druck ausgeübt worden, ihr Besteuerungsniveau anzuheben bzw das Anbieten von über einen fairen Steuerwettbewerb hinausgehenden Steuervorteilen einzustellen. Es wurde daher *Jurisdictional Blending* der Vorzug gegeben. Anders als beim *Global Blending* wird mE beim *Jurisdictional Blending* nicht nur durch die (steuerhoheits)gebietsbezogene Berechnung des Effektivsteuersatzes das tatsächliche effektive Besteuerungsniveau der einzelnen Steuerhoheitsgebiete besser sichtbar gemacht, sondern auch Druck auf Niedrigsteuerstaaten aufgebaut, ihre effektive Besteuerung auf das Mindestniveau anzuheben. Denn Gewinne in ein Steuerhoheitsgebiet mit einer Besteuerung unter dem Mindestniveau zu verschieben, bietet Unternehmensgruppen beim *Jurisdictional Blending* insofern keine steuerlichen Vorteile mehr, als die auf das Mindestniveau fehlende Steuer, die im Niedrigsteuerstaat nicht anfällt, durch einen anderen Staat in Form der globalen Mindeststeuer vorgeschrieben wird.[32]

4.3.2. Für die Berechnung des Effektivsteuersatzes maßgebliche Gewinne oder Verluste

Der Effektivsteuersatz eines Steuerhoheitsgebietes ergibt sich aus der Summe der maßgeblichen Gewinne oder Verluste aller in einem Steuerhoheitsgebiet gelegenen Geschäftseinheiten einerseits und den auf diese Gewinne oder Verluste entfallenden Steuern andererseits. Für die daher notwendige Ermittlung der maßgeblichen Gewinne oder Verluste der einzelnen Geschäftseinheiten ist der Jahresüberschuss oder -fehlbetrag, der für eine Geschäftseinheit bei der Erstellung des Konzernabschlusses der obersten Muttergesellschaft ermittelt wurde (*financial accounting net*

---

[32] Vgl *Riedler*, ÖStZ 2021/16, 42 (44).

income or loss)[33], heranzuziehen und in der Folge nach Maßgabe der Art 15 bis 19 RL bzw Art 3 GloBE-MV anzupassen. Etwaige Konsolidierungsbuchungen für gruppeninterne Transaktionen sind dabei nicht zu berücksichtigen. Da anzuwendender Rechnungslegungsstandard – von den Fällen der Art 15 Abs 2 bis 6 RL bzw Art 3.1.3. GloBE-MV abgesehen – der Rechnungslegungsstandard der obersten Muttergesellschaft ist, sollten in den meisten Fällen die in einer „Handelsbilanz II" der jeweiligen Geschäftseinheit auszuweisenden Werte als Ausgangspunkt für die Berechnung verwendet werden können.[34] Dies sollte eine deutliche adminstrative Vereinfachung im Vergleich zur Alternative einer völlig eigenständigen Gewinnermittlung darstellen. Vorzunehmende Anpassungen sind ua das Neutralisieren von Aufwendungen und Erträgen iZm bestimmten Dividenden, Beteiligungen, Neubewertungsergebnissen oder Steuern,[35] eine Befreiung für Erträge aus dem internationalen Seeverkehr[36] sowie Zurechnungsregeln für Betriebsstätten[37] und transparente Einheiten.[38]

4.3.3. Für die Berechnung des Effektivsteuersatzes zu erfassende Steuern

Die zweite für die Berechnung des Effektivsteuersatzes relevante Größe sind die zu erfassenden Steuern (*covered taxes*), die auf die maßgeblichen Gewinne oder Verluste der einzelnen Geschäftseinheiten entfallen und nach Maßgabe der Art 20 bis 25 RL bzw Art 4 GloBE-MV anzupassen sind (angepasste erfasste Steuern, *adjusted covered taxes*). Zu erfassende Steuern sind Steuern vom Einkommen und Ertrag, Steuern auf ausgeschüttete Gewinne, anstelle einer allgemein geltenden Körperschaftsteuer erhobene Steuern sowie Steuern auf nicht ausgeschüttete Gewinne bzw Eigenkapitalbestandteile.[39] Ausgangspunkt für die Berechnung der „angepassten erfassten Steuern" ist der iZm diesen Steuern im Jahresüberschuss oder -fehlbetrag berücksichtigte laufende Steueraufwand, der aber noch umfangreichen Anpassungen zu unterziehen ist. Steuern, die voraussichtlich nicht innerhalb von drei Jahren beglichen werden, sind beispielsweise auszuscheiden.[40] Hingegen sind die Auswirkungen latenter Steuern im Zuge der vorzunehmenden Anpassungen grundsätzlich zu berücksichtigen. Sofern der zu Grunde liegende lokale Steuersatz aber höher als der Mindeststeuersatz von 15 % ist, sind die latenten Steuern anhand des Mindeststeuersatzes neu zu berechnen und finden nur in Höhe des neuberechneten

---

[33]   In der deutschen Sprachfassung der RL als „bilanzielle Nettoerträge oder -verluste" bezeichnet.

[34]   Vgl dazu *Brugger/Melcher/Wosak*, Globale Mindestbesteuerung: Ermittlung des GloBE-Einkommens, SWK 13/14/2022, 596; *Zöchling/Marchgraber*, Globale Mindestbesteuerung: Ausblick und Umsetzungsüberlegungen, SWK 17/2022, 728 (730 f).

[35]   Art 16 RL bzw Art 3.2. GloBE-MV.

[36]   Art 17 RL bzw Art 3.3. GloBE-MV.

[37]   Art 18 RL bzw Art 3.4. GloBE-MV.

[38]   Art 19 RL bzw Art 3.5. GloBE-MV.

[39]   Art 20 RL bzw Art 4.2.1. GloBE-MV.

[40]   Art 21 Abs 3 lit e RL bzw Art 4.1.3. lit e GloBE-MV.

Betrags in die Kalkulation Eingang.[41] Die Berücksichtigung latenter Steuern soll ua vermeiden, dass ausschließlich temporäre Unterschiede zwischen lokalem Steuerrecht und anzuwendendem Rechnungslegungsrecht den Effektivsteuersatz beeinflussen. Eine latente Steuerschuld, die nicht binnen der fünf folgenden Geschäftsjahre aufgelöst oder beglichen wird, ist – von den in Art 22 Abs 8 RL bzw Art 4.4.5. GloBE-MV taxativ aufgezählten Ausnahmen abgesehen – allerdings nachzuversteuern.[42] Abgesehen von den hier angeführten Anpassungen des erfassten Steueraufwands sehen die Art 20 bis 25 RL bzw Art 4 GloBE-MV noch weitere, teilweise umfangreiche Anpassungen vor, die für die Ermittlung der in die Berechnung des Effektivsteuersatzes einfließenden „angepassten erfassten Steuern" notwendig sind.[43]

4.4. Berechnung des Ergänzungssteuerbetrages anhand des Ergänzungssteuerprozentsatzes und des nach Abzug des Substanzfreibetrages verbleibenden Übergewinns

Nach Berechnung des Effektivsteuersatzes sind für die Ermittlung des aufgrund der Niedrigbesteuerung in einem Steuerhoheitsgebiet (maximal)[44] zu entrichtenden Betrags an Ergänzungssteuer noch der Ergänzungssteuerprozentsatz (Mindeststeuersatz iHv 15 % minus Effektivsteuersatz)[45] und das Einkommen, auf das der Ergänzungssteuerprozentsatz anzuwenden ist, zu berechnen. Letzteres ergibt sich, wenn man die bereits für die Berechnung des Effektivsteuersatzes ermittelte Summe der maßgeblichen Gewinne oder Verluste der Geschäftseinheiten in dem Steuerhoheitsgebiet um den nach einer fixen Formel zu berechnenden Substanzfreibetrag (*substance-based income exclusion*) vermindert.[46] Der Substanzfreibetrag entspricht – nach einer Übergangsperiode mit zunächst höheren und in der Folge kontinuierlich absinkenden Prozentsätzen[47] – der Summe von 5 % des Buchwerts der im jeweiligen Steuerhoheitsgebiet in den Geschäftseinheiten der Unternehmensgruppe vorhandenen materiellen Vermögenswerte (*carrying value of eligible tangible assets*) und 5 % der im jeweiligen Steuerhoheitsgebiet in den Geschäftseinheiten der Unternehmensgruppe anfallenden Lohnkosten (*costs of eligible employees*).[48] Der nach

---

[41] Art 22 Abs 2 RL bzw Art 4.4.1. GloBE-MV.

[42] Art 22 Abs 7 RL bzw Art 4.4.4. GloBE-MV.

[43] Vgl zur Anpassung der erfassten Steuern: *Brugger/Melcher/Wosak*, Globale Mindestbesteuerung: Ermittlung des GloBE-Steueraufwands, SWK 15/2022, 657; *Dziurdz/Marchgraber* in FS Zöchling (2022), Die Berechnung der effektiven Steuerbelastung bei Pillar II aus österreichischer Perspektive, 369 (373 ff);

[44] Ob der gesamte für das Steuerhoheitsgebiet berechnete Ergänzungssteuerbetrag von der Unternehmensgruppe zu entrichten ist oder nur ein Teil davon, hängt von den jeweils anzuwendenden Regeln (IIR, UTPR oder nationale Ergänzungssteuer) ab (siehe dazu näher Kapitel 4.6 und 4.7).

[45] Art 27 Abs 2 RL bzw Art 5.2.1. GloBE-MV.

[46] Art 27 Abs 4 RL bzw Art 5.2.2. GloBE-MV.

[47] Art 48 RL bzw Art 9.2. GloBE-MV.

[48] Art 28 RL bzw Art 5.3. GloBE-MV.

Abzug des Substanzfreibetrages verbleibende Übergewinn (*excess profit*) ist mit dem Ergänzungssteuerprozentsatz zu multiplizieren und ergibt nach Hinzurechnung eines etwaigen zusätzlichen Ergänzungssteuerbetrages gemäß Art 29 RL bzw Art 5.4. GloBE-MV den Betrag an Ergänzungssteuer, der notwendig ist, um die effektive Steuerbelastung der Übergewinne in diesem Steuerhoheitsgebiet auf das vorgesehene Mindestniveau zu bringen.[49] In der Folge ist der für das gesamte Steuerhoheitsgebiet berechnete Ergänzungssteuerbetrag noch auf die einzelnen Geschäftseinheiten im Verhältnis ihrer maßgeblichen Gewinne und Verluste aufzuteilen, so dass für jede der Geschäftseinheiten in dem Steuerhoheitsgebiet feststeht, wie hoch der auf sie entfallende Ergänzungssteuerbetrag ist.[50]

4.5. Safe Harbours

4.5.1. Allgemeines

Als Ergänzung der GloBE-MV wurden im Dezember 2022 im Rahmen des Inclusive Framework erarbeitete Ausführungen zu Safe Harbours (sowie einem temporären „*penalty relief*"-Regime[51]) von der OECD veröffentlicht. Safe Harbours sollen es den Unternehmensgruppen ermöglichen angesichts des doch beträchtlichen Verwaltungsaufwands, den die diversen aufgrund der GloBE-Vorschriften vorzunehmenden Detailberechnungen bedeuten, in Fällen, in denen das Risiko einer Niedrigbesteuerung sehr gering erscheint, das Erreichen des Mindestbesteuerungsniveaus in bestimmten Steuerhoheitsgebieten auch mit vereinfachten Berechnungen nachzuweisen bzw glaubhaft zu machen. Die Funktionsweise der Safe Harbours ist so gestaltet, dass wenn eine Unternehmensgruppe die Inanspruchnahme eines der Safe Harbours für ihre Geschäftseinheiten in einem bestimmten Steuerhoheitsgebiet erklärt und die Bedingungen erfüllt, der Ergänzungssteuerbetrag der Unternehmensgruppe für dieses Steuerhoheitsgebiet automatisch mit null anzusetzen ist.[52] In dem von der OECD zu den Safe Harbours veröffentlichten Dokument sind ein temporärer Safe Harbour sowie die Grundprinzipien eines noch im Detail auszuarbeitenden permanenten Safe Harbour beschrieben. Außerdem werden weitere Arbeiten an einem zusätzlichen Safe Harbour iZm nationalen Ergänzungssteuern angekündigt.[53]

Nach der derzeit vorherrschenden Rechtsmeinung sind sowohl die bereits veröffentlichten als auch die noch im Rahmen des Inclusive Framework auszuarbei-

---

[49] Ist der Ergänzungssteuerbetrag aufgrund der Anwendung einer IIR oder UTPR zu berechnen, so verringert sich der für das Steuerhoheitsgebiet zu entrichtende Betrag noch gegebenenfalls um den aufgrund einer nationalen Ergänzungssteuer anzurechnenden Betrag.

[50] Art 27 Abs 5 RL bzw Art 5.2.4. GloBE-MV.

[51] Zum „*penalty-relief*"-Regime, das für Geschäftsjahre umgesetzt werden soll, die vor dem 1. Jänner 2027 beginnen und spätestens am 30. Juni 2028 enden, vgl *OECD*, Safe Harbours and Penalty Relief: Global Anti-Base Erosion Rules (Pillar Two), Tz 112 ff.

[52] Art 32 RL bzw Art 8.2.1. GloBE-MV.

[53] Zum angedachten Safe Harbour iZm nationalen Ergänzungssteuern siehe auch Kapitel 4.7.

tenden Regelungen zu Safe Harbours aufgrund eines allgemeinen Verweises in Art 32 RL auf „maßgebliche internationale Abkommen über Safe Harbours" von den EU-Mitgliedstaaten in nationales Recht zu übernehmen.

4.5.2. Temporärer Safe Harbour

Der temporäre Safe Harbour[54] soll nur für Geschäftsjahre gelten, die vor dem 1. Jänner 2027 beginnen und spätestens am 30. Juni 2028 enden und stützt sich aus Vereinfachungsgründen größtenteils auf Daten aus qualifizierten CbC-Reports. Ein „qualifizierter CbC-Report" wird für Zwecke des Safe Harbour definiert als CbC-Report, der unter Verwendung „qualifizierter Jahresabschlüsse"[55] erstellt und eingereicht wird.

Der temporäre Safe Harbour kann auf drei verschiedene Arten erreicht werden:

De-minimis-Test:

Der Test orientiert sich an der auch im allgemeinen Regelwerk vorgesehenen De-minimis-Ausnahme[56]. Weist die Unternehmensgruppe in ihrem qualifizierten CbC-Report für ein Steuerhoheitsgebiet Umsatzerlöse (*total revenue*) von weniger als 10 Mio EUR und einen Gewinn vor Ertragsteuern (*profit/loss before income tax*) von weniger als 1 Mio EUR für das jeweilige Geschäftsjahr aus, sind die Bedingungen für den Safe Harbour erfüllt und der Ergänzungssteuerbetrag der Unternehmensgruppe für das Steuerhoheitsgebiet ist für das betroffene Geschäftsjahr mit null anzusetzen.

Effektivsteuersatz-Test:

Es ist der Effektivsteuersatz mithilfe einer vereinfachten Berechnung anhand des einem Steuerhoheitsgebiet zuordenbaren qualifizierten[57] Steueraufwands laut Rech-

---

54 Zum temporären Safe Harbour vgl *OECD*, Safe Harbours and Penalty Relief: Global Anti-Base Erosion Rules (Pillar Two), Tz 9 ff.

55 Als „qualifizierter Jahresabschluss" gelten für Zwecke des Safe Harbour:
  – die Konten, die zur Erstellung des Konzernabschlusses der obersten Muttergesellschaft verwendet werden;
  – die Einzelabschlüsse der Geschäftseinheiten, sofern sie entweder in Übereinstimmung mit einem „anerkannten Rechnungslegungsstandard" (gemäß Art 3 Z 25 RL bzw Art 10.1. GloBE-MV) oder einem „zugelassenen Rechnungslegungsstandard" (gemäß Art 3 Z 26 RL bzw Art 10.1. GloBE-MV) erstellt werden und die in den Abschlüssen enthaltenen Informationen auf der Grundlage dieses Rechnungslegungsstandards fortgeführt werden und zuverlässig sind; oder
  – im Fall einer Geschäftseinheit, die nur wegen ihrer Größe oder aus Wesentlichkeitsgründen nicht in den (geprüften) Konzernabschluss der Unternehmensgruppe einbezogen wird, der Jahresabschluss, der für die Erstellung des CbC-Report der Unternehmensgruppe verwendet wird.

56 Art 30 RL bzw Art 5.5. GloBE-MV.

57 Näher zu den Voraussetzungen: *OECD*, Safe Harbours and Penalty Relief: Global Anti-Base Erosion Rules (Pillar Two), Tz 20 ff.

nungslegung[58] (*income tax expense*) einerseits und dem im qualifizierten CbC-Report für das Steuerhoheitsgebiet ausgewiesenen Gewinn vor Ertragsteuern andererseits zu ermitteln. Beträgt der so (vereinfacht) berechnete Effektivsteuersatz in Geschäftsjahren, die 2023 oder 2024 beginnen, mindestens 15 %, in Geschäftsjahren, die 2025 beginnen, mindestens 16 % oder in Geschäftsjahren, die 2026 beginnen, mind 17 %, sind die Bedingungen für den Safe Harbour erfüllt und der Ergänzungssteuerbetrag der Unternehmensgruppe für das Steuerhoheitsgebiet ist für das betroffene Geschäftsjahr mit null anzusetzen.

Routinegewinn-Test:

Es ist für das jeweilige Steuerhoheitsgebiet nach den allgemeinen Regeln in den GloBE-MV der Substanzfreibetrag für das betroffene Geschäftsjahr zu berechnen. Welche Geschäftseinheiten in die Berechnung einzubeziehen sind, richtet sich jedoch nicht nach den GloBE-MV, sondern danach welche Geschäftseinheiten im qualifizierten CbC-Report als im Steuerhoheitsgebiet ansässig ausgewiesen sind. Ist der Substanzfreibetrag gleich hoch oder höher als der im qualifizierten CbC-Report für das betroffene Geschäftsjahr ausgewiesene Gewinn vor Ertragsteuern, sind die Bedingungen für den Safe Harbour erfüllt und der Ergänzungssteuerbetrag der Unternehmensgruppe für das Steuerhoheitsgebiet ist für das betroffene Geschäftsjahr mit null anzusetzen.

4.5.3. Permanenter Safe Harbour

Der permanente Safe Harbour[59] entspricht insoweit dem temporären Safe Harbour als er mittels eines De-minimis-Tests, eines Effektivsteuersatz-Tests (erreicht werden müssen 15 %) oder eines Routinegewinn-Tests erreicht werden kann. Es kann dabei jedoch nicht mehr auf CbCR-Daten zurückgegriffen werden, sondern sämtliche Berechnungen haben grundsätzlich entsprechend den allgemeinen Regelungen in den GloBE-MV zu erfolgen. Diese werden jedoch bei der Ermittlung der Umsatzerlöse, des Gewinns oder Verlusts bzw der angepassten erfassten Steuern teilweise durch vereinfachte Berechnungen ersetzt.

Die vereinfachten Berechnungen stehen jedoch bis auf eine Ausnahme betreffend Geschäftseinheiten, die nur wegen ihrer Größe oder aus Wesentlichkeitsgründen nicht in den (geprüften) Konzernabschluss der multinationalen Unternehmensgruppe einbezogen werden (*non-material constituent entities*)[60], noch nicht fest. Sie sollen zukünftig als Teil weiterer Administrative Guidance im Rahmen des In-

---

[58] Für Zwecke des Steueraufwands wird nicht auf CbCR-Daten zurückgegriffen, weil im CbCR latente Steuern nicht berücksichtigt werden, weshalb eine Verwendung des im CbCR ausgewiesenen Steueraufwands in manchen Fällen zu extrem verzerrten Ergebnissen führen würde.

[59] Zum permanenten Safe Harbour vgl *OECD*, Safe Harbours and Penalty Relief: Global Anti-Base Erosion Rules (Pillar Two), Tz 75 ff.

[60] Vgl dazu *OECD*, Safe Harbours and Penalty Relief: Global Anti-Base Erosion Rules (Pillar Two), Tz 92 ff.

clusive Framework erarbeitet und kontinuierlich nach Fertigstellung veröffentlicht werden.

4.6. IIR (Primärergänzungssteuerregelung) und UTPR (Sekundärergänzungssteuerregelung)

4.6.1. IIR

Ist für ein Steuerhoheitsgebiet ein Ergänzungssteuerbetrag berechnet und auf die in dem Steuerhoheitsgebiet gelegenen Geschäftseinheiten aufgeteilt, hängt es von der jeweils anzuwendenden Regel (IIR, UTPR oder nationale Ergänzungssteuer) ab, welche Geschäftseinheiten in der Unternehmensgruppe aufgrund der festgestellten Niedrigbesteuerung steuerpflichtig werden. Nachgelagert zu etwaigen anerkannten nationalen Ergänzungssteuern, jedoch vorrangig zur Anwendung der UTPR, ist die IIR von an niedrig besteuerten Geschäftseinheiten unmittelbar oder mittelbar beteiligten Muttergesellschaften auf diese anzuwenden. Die Anwendung der IIR folgt dabei grundsätzlich einem „Top-down-Ansatz", dh die oberste Muttergesellschaft einer Unternehmensgruppe hat vorrangig vor den anderen Geschäftseinheiten der Unternehmensgruppe die IIR auf niedrig besteuerte Geschäftseinheiten der Unternehmensgruppe anzuwenden. Sie unterliegt dadurch der globalen Mindeststeuer in Höhe des ihr – abhängig vom Ausmaß ihrer Beteiligung an der niedrig besteuerten Geschäftseinheit – zuzurechnenden Anteils am für die jeweilige niedrig besteuerte Geschäftseinheit berechneten Ergänzungssteuerbetrag.[61] Hat die oberste Muttergesellschaft keine IIR anzuwenden, weil im Steuerhoheitsgebiet, in dem sie gelegen ist, keine anerkannte IIR in Geltung steht oder weil sie vom Anwendungsbereich der GloBE-Vorschriften bzw der RL ausgenommen ist (*excluded entity*)[62], so wandert die Verpflichtung die IIR anzuwenden von der obersten Muttergesellschaft Ebene für Ebene im Konzernorganigramm nach unten bis eine oder mehrere zwischengeschaltete Muttergesellschaften (*Intermediate Parent Entities*, IPEs) die IIR auf die niedrig besteuerte Geschäftseinheit anzuwenden haben.[63] Dieser Top-down-Ansatz wird nur durchbrochen, wenn sich in der Beteiligungskette zwischen oberster Muttergesellschaft und niedrig besteuerter Geschäftseinheit eine im Teileigentum (der Unternehmensgruppe) stehende Muttergesellschaft (*Partially Owned Parent Entity*, POPE) befindet. Als im Teileigentum stehende Muttergesellschaft werden Muttergesellschaften definiert, deren (einen Gewinnanspruch vermittelnde) Anteile zu mehr als 20 % von Eigentümern gehalten werden, die nicht Teil der Unternehmensgruppe sind.[64] Im Teileigentum stehende Muttergesellschaften haben die IIR vorrangig vor allen anderen Geschäftseinheiten – auch der obersten Mut-

---

[61] Art 5 iVm Art 9 RL bzw Art 2.1.1. iVm Art 2.2. GloBE-MV.

[62] Art 2 Abs 3 RL bzw Art 1.5. GloBE-MV enthalten eine taxative Liste der vom Anwendungsbereich von *Pillar Two* ausgenommenen Einheiten (staatliche Einheiten, internationale Organisationen, Non-Profit-Organisationen, Pensionfonds etc).

[63] Art 6 und Art 7 RL bzw Art 2.1.2. iVm Art 2.1.3. GloBE-MV.

[64] Art 3 Z 22 RL bzw Art 10.1. GloBE-MV.

tergesellschaft – anzuwenden („*split-ownership*"-Regeln).[65] Damit soll erreicht werden, dass in Sachverhalten, in denen ohne „*split-ownership*"-Regeln die IIR von einer obersten Muttergesellschaft mit einer mittelbaren Beteiligung an der niedrig besteuerten Geschäftseinheit von unter 80 % anzuwenden wäre, als globale Mindeststeuer nicht nur der relativ geringe Anteil am für die niedrig besteuerte Geschäftseinheit berechneten Ergänzungssteuerbetrag zu entrichten ist, welcher der obersten Muttergesellschaft zuzurechnen wäre, sondern der Anteil am Ergänzungssteuerbetrag, welcher der im Teileigentum stehenden Muttergesellschaft aufgrund ihrer im Vergleich mit der obersten Muttergesellschaft höheren Beteiligung zuzurechnen ist. Dadurch schließen die „*split-ownership*"-Regeln bis zu einem gewissen Grad ansonsten bestehende Besteuerungslücken im Anwendungsbereich der IIR.

4.6.2. UTPR

Die UTPR kommt nur insoweit zur Anwendung als der zu entrichtende Ergänzungssteuerbetrag nicht bereits aufgrund einer nationalen Ergänzungssteuer oder einer IIR[66] zu entrichten ist. Für Sachverhalte, in denen sämtliche Beteiligungen der obersten Muttergesellschaft an einer niedrig besteuerten Geschäftseinheit unmittelbar oder mittelbar von einer oder mehreren Muttergesellschaften gehalten werden, die für das betroffene Geschäftsjahr eine IIR auf die niedrig besteuerte Geschäftseinheit anzuwenden haben, ist außerdem vorgesehen, dass der aufgrund der UTPR einzuhebende Ergänzungssteuerbetrag mit null anzusetzen ist.[67] Die UTPR dient daher hauptsächlich als „Backstop" zu den anderen Regeln. Sie kann wahlweise als Betriebsausgabenabzugsverbot oder – wie die IIR – als zusätzliche Steuer ausgestaltet werden.[68]

Bei Anwendung der UTPR erfolgt eine Aufteilung der Summe sämtlicher für die niedrig besteuerten Geschäftseinheiten der gesamten Unternehmensgruppe berechneter (und nicht aufgrund einer nationalen Ergänzungssteuer oder IIR entrichteter) Ergänzungssteuerbeträge zwischen den Steuerhoheitsgebieten, in denen eine UTPR in Geltung steht und sich Geschäftseinheiten der Unternehmensgruppe befinden. Welcher Geschäftseinheit oder welchen Geschäftseinheiten im jeweiligen Steuerhoheitsgebiet aufgrund der UTPR im Ausmaß des dem Steuerhoheitsgebiet zuzurechnenden (UTPR-)Ergänzungssteuerbetrages zusätzliche Steuer vorzuschreiben (bzw der Abzug einer Betriebsausgabe in entsprechender Höhe zu versagen) ist, ist nicht geregelt und bleibt der nationalen Umsetzungsgesetzgebung überlassen. Der bei der Aufteilung zwischen den Steuerhoheitsgebieten zur Anwendung kommende Verteilungsschlüssel hat zwei Faktoren: die Zahl der Beschäftigten aller Geschäftseinheiten in einem Steuerhoheitsgebiet und den Gesamtwert der materiellen Vermögenswerte aller Geschäftseinheiten in einem Steuerhoheitsgebiet. Diese beiden Faktoren werden jeweils mit 50 % gewichtet. Die bei der Verteilung des Ergän-

---

[65] Art 8 iVm Art 10 RL bzw Art 2.1.4. GloBE-MV.

[66] Art 14 Abs 4 RL bzw Art 2.5.3. GloBE-MV.

[67] Art 14 Abs 3 RL bzw Art 2.5.2. GloBE-MV.

[68] Art 12 und 13 RL bzw Art 2.4. GloBE-MV.

zungssteuerbetrages zwischen den Steuerhoheitsgebieten zur Anwendung kommende Formel lautet:[69]

$$50\,\%\,x\ \frac{\text{Zahl der Beschäftigten}}{\text{im Steuerhoheitsgebiet}}{\text{Zahl der Beschäftigten in allen}}\ + 50\,\%\,x\ \frac{\text{Gesamtwert der materiellen}}{\text{Vermögenswerte im Steuerhoheitsgebiet}}{\text{Gesamtwert der materiellen Vermögenswerte}}$$

Zahl der Beschäftigten
im Steuerhoheitsgebiet
Zahl der Beschäftigten in allen
Steuerhoheitsgebieten mit UTPR

Gesamtwert der materiellen
Vermögenswerte im Steuerhoheitsgebiet
Gesamtwert der materiellen Vermögenswerte
in allen Steuerhoheitsgebieten mit UTPR

4.7. Nationale Ergänzungssteuer
(*Qualified Domestic Minimum Top-up Tax*)

Die nationale Ergänzungssteuer war ein „Spätstarter" in den Verhandlungen zu den GloBE-MV. Erst im letzten Drittel der Arbeiten im Rahmen des Inclusive Framework kam die Idee einer Steuer auf, die inhaltlich in etwa den bereits erarbeiteten Regeln (insbesondere der IIR) entsprechen, sich aber nur auf die Geschäftseinheiten beziehen sollte, die im jeweiligen die nationale Ergänzungssteuer erhebenden Steuerhoheitsgebiet gelegen sind. Aufgrund der engen inhaltlichen Anlehnung an die bereits bestehenden Regelungen sollte sie im System der GloBE-Vorschriften insofern bevorzugt behandelt werden als sie nicht – wie zB eine Körperschaftsteuer – als „erfasste Steuer" zu behandeln sein sollte, sondern den sonst mittels IIR oder UTPR zu erhebenden Ergänzungssteuerbetrag 1:1 vermindern sollte.[70] Anfänglich wurde die nationale Ergänzungssteuer nicht als Teil der GloBE-Vorschriften ieS betrachtet und es ist weder in den GloBE-MV, noch in der RL viel mehr als die Definition einer „anerkannten" („*qualified*")[71] nationalen Ergänzungssteuer[72] sowie die direkte Verminderung des (für Zwecke der IIR oder UTPR berechneten) Ergänzungssteuerbetrages durch die nationale Ergänzungssteuer geregelt. Lediglich in der RL ist darüber hinaus ein Safe Harbour iZm nationalen Ergänzungssteuern vorgesehen, die bestimmte zusätzliche Erfordernisse erfüllen.[73] Der Safe Harbour soll bewirken, dass Unternehmensgruppen, die diesen nationalen Ergänzungssteuern unterworfen sind, aus dem Anwendungsbereich der IIR und UTPR ausgenommen sind[74] und daher zusätzlich zu den für die nationale Ergänzungssteuer vorzunehmenden Kalkulationen keine weiteren Berechnungen und Datenermittlungen aufgrund der IIR oder UTPR anderer Staaten vornehmen müssen. So begrü-

---

[69] Art 14 RL bzw Art 2.6. GloBE-MV.

[70] Art 11 Abs 2 erster Unterabsatz iVm Art 27 Abs 3 RL bzw Art 5.2.3. GloBE-MV.

[71] In den GloBE-Vorschriften bzw der RL wird der Terminus „anerkannt" (engl: „qualified") immer verwendet, wenn ausgedrückt werden soll, dass die nachfolgend angeführten Regelungen den Vorgaben der GloBE-Vorschriften bzw der RL entsprechen.

[72] Art 3 Z 28 RL bzw Art 10.1. GloBE-MV.

[73] Art 11 Abs 2 zweiter Unterabsatz iVm Art 3 Z 28 RL.

[74] Dies soll erreicht werden, indem im Falle eines Safe Harbour kein Ergänzungssteuerbetrag für Zwecke der IIR und UTPR für die Geschäftseinheiten im betroffenen Steuerhoheitsgebiet berechnet wird.

ßenswert ein Safe Harbour iZm nationalen Ergänzungssteuern – bei entsprechender Ausgestaltung – ist, so problematisch ist es, dass die RL hinsichtlich des Safe Harbours iZm nationalen Ergänzungssteuern – anders als bei allen anderen inhaltlichen Themen iZm der globalen Mindestbesteuerung – den Arbeiten im Rahmen des Inclusive Framework bereits vorgegriffen hat. Das Inclusive Framework hat zwar Arbeiten zu einem Safe Harbour iZm nationalen Ergänzungssteuern angekündigt, jedoch bis zum heutigen Tag weder einen solchen beschlossen, noch Details einer geplanten Regelung veröffentlicht. Die allgemeine Erwartungshaltung ist zwar, dass im zweiten Halbjahr 2023 ein solcher Safe Harbour im Rahmen des Inclusive Framework beschlossen werden wird, sollten die Anforderungen für den Safe Harbour aber in den Teilbereichen, zu denen es bereits Regelungen in der RL gibt, von diesen abweichen, wären größere Koordinierungsprobleme zwischen den Staaten, mit all den für die Unternehmensgruppen damit verbundenen Nachteilen, die Folge. Abseits des angedachten Safe Harbour hat die OECD als Teil der im Februar 2023 veröffentlichten Administrative Guidance inzwischen erste Ausführungen zu den allgemeinen inhaltlichen Anforderungen an eine anerkannte nationale Ergänzungssteuer veröffentlicht. [75]

Dem Vernehmen nach beabsichtigt der weitaus größte Teil aller Staaten, die eine baldige nationale Umsetzung der GloBE-Vorschriften anstreben, auch eine nationale Ergänzungssteuer einzuführen. Einige Entwicklungs- und Schwellenländer sowie klassische Niedrigsteuerstaaten planen zudem die Einführung einer nationalen Ergänzungssteuer ohne die Umsetzung der übrigen Regeln (IIR und UTPR). [76] Der schnelle Erfolg des Konzepts der nationalen Ergänzungssteuer ist nur auf den ersten Blick überraschend. Kann eine Niedrigbesteuerung doch in Einzelfällen selbst bei Unternehmensgruppen in Hochsteuerstaaten auftreten. Die nationale Ergänzungssteuer dient somit allen Staaten zur Sicherung ihrer Besteuerungsrechte hinsichtlich der ansässigen Unternehmsgruppen. Der durch die Einführung einer nationalen Ergänzungssteuer für die Unternehmen zusätzlich entstehende Verwaltungsaufwand sollte sich zudem in Grenzen halten, weil die detaillierten Berechnungen zur Ermittlung des Ergänzungssteuerbetrages ohnehin zum Zwecke der IIR und UTPR vorgenommen werden müssen. Diese Verpflichtung könnte für die Unternehmensgruppen nur entfallen, wenn die nationale Ergänzungssteuer einen Safe Harbour auslöst und die Geschäftseinheiten im betroffenen Steuerhoheitsgebiet daher nicht mehr in den Anwendungsbereich der IIR oder UTPR anderer Staaten fallen. Um die Anforderungen an einen solchen Safe Harbour zu erfüllen, muss im Rahmen der nationalen Ergänzungssteuern aber die zu entrichtende Steuer im Wesentlichen gleich zu berechnen sein wie es in der RL bzw den GloBE-Vorschriften

---

[75] *OECD*, Administrative Guidance on the Global Anti-Base Erosion Model Rules (Pillar Two), 5.1. Qualified Domestic Minimum Top-up Taxes.

[76] Vgl zur beabsichtigten Umsetzung einer nationalen Ergänzungssteuer zB den in Deutschland veröffentlichten Gesetzesentwurf zur Umsetzung der RL inkl einer nationalen Ergänzungssteuer, die bereits erfolgte Umsetzung einer nationalen Ergänzungssteuer in Kolumbien, die entsprechenden öffentlichen Ankündigungen der Regierungen in Kanada, der Schweiz etc.

für die anderen Regeln vorgesehen ist.[77] Auch wenn die bisherige Administrativ Guidance des Inclusive Framework zu den nationalen Ergänzungssteuern eine gewisse Offenheit für punktuelle Abweichungen von den in den GloBE-Vorschriften ansonsten vorgesehenen Detailberechnungen erkennen lässt, wäre es nicht überraschend, wenn das Inclusive Framework zwar eine höhere Flexibilität hinsichtlich der Anforderungen daran, was als nationale Ergänzungssteuer gelten kann, vorsieht, hinsichtlich eines Safe Harbour jedoch in den noch zu veröffentlichenden Administrative Guidance eine ähnlich starke Anlehnung der nationalen Ergänzungssteuern an die für die anderen Regeln geltenden Vorschriften verlangt, wie es etwa der reine Wortlaut der RL schon für die Anerkennung einer nationalen Ergänzungssteuer an sich nahelegt.

Die OECD hat bereits angekündigt, dass die geplanten „*peer reviews*", in denen überprüft werden soll, ob die nationalen Umsetzungen der Regeln den GloBE-Vorschriften entsprechen, auch die Überprüfung etwaiger nationaler Ergänzungssteuern mitumfassen werden. Ein negativ verlaufender „*peer review*" hätte zur Folge, dass – zumindest wenn keine Korrekturen an den nationalen Regelungen vorgenommen werden – keine iSd GloBE-Vorschriften „anerkannten" Regeln vorliegen, was Auswirkungen auf die Besteuerung der betroffenen Unternehmensgruppen durch andere Staaten hätte. Auch die Europäische Kommission wird überprüfen, ob die Umsetzung der RL und damit auch der nationalen Ergänzungssteuer entsprechend ihrem Verständnis der Vorschriften erfolgt.

5. Fazit

Nach Ausarbeitung der GloBE-Vorschriften im Rahmen des Inclusive Framework und der Annahme des Richtlinienvorschlags zur Gewährleistung einer globalen Mindestbesteuerung in der Union durch die EU-Mitgliedstaaten kommt nun die Phase der nationalen Umsetzungen der Vorschriften zu *Pillar Two*, wobei den Staaten hinsichtlich der Umsetzung der nationalen Ergänzungssteuer noch die meisten Entscheidungsspielräume verbleiben. Als letzte der Regeln beschlossen, bestehen in ihrem Bereich auch noch die meisten inhaltlichen Unsicherheiten. Was bereits feststeht, ist jedoch, dass das zusätzliche Steueraufkommen, das aufgrund der GloBE-Vorschriften erwartet wurde, nun zum großen Teil auf nationale Ergänzungssteuern entfallen wird. Da jedoch nicht die Erhöhung des Steueraufkommens der die GloBE-Vorschriften umsetzenden Staaten im Fokus von *Pillar Two* steht, sondern vielmehr Ziel ist, das effektive Besteuerungsniveau im Bereich der Unternehmensbesteuerung weltweit auf einem Mindestniveau zu stabilisieren und dabei weitere Anti-BEPS-Maßnahmen zu setzen, dürfte die nationale Ergänzungssteuer sogar einen Beschleuniger der beabsichtigten Entwicklungen darstellen. War doch erwartet worden, dass die Niedrigsteuerstaaten erst mittelfristig – nach einer ersten Phase, in der mittels der GloBE-Vorschriften die Niedrigbesteuerung in diesen Staa-

---

[77] Vgl etwa die Anforderungen an eine anerkannte nationale Ergänzungssteuer in Art 3 Z 28 RL bzw Art 10.1. GloBE-MV.

ten ausgeglichen wird – beginnen ihre extrem niedrigen Effektivsteuersätze, mithilfe derer sie in den vergangenen Jahren mobile Unternehmensgewinne aus anderen Staaten abgezogen haben, anzuheben. Diese Entwicklung scheint jetzt aber aufgrund der von vielen Staaten geplanten Einführung einer nationalen Ergänzungssteuer bereits wesentlich früher begonnen zu haben.

Bei den weiteren Arbeiten im Rahmen des Inclusive Framework sowie bei den nationalen Umsetzungen der Vorschriften wird es nun wichtig sein, auch darauf zu achten, dass der nicht unbeträchtliche zusätzliche Verwaltungsaufwand der durch *Pillar Two* für die Unternehmensgruppen, aber auch für die Finanzverwaltungen, entsteht, nicht noch unnötig vergrößert wird. Eine Umsetzung der nationalen Ergänzungssteuer, die eng genug an die bestehenden Vorgaben angelehnt ist, um nicht nur zu gewährleisten, dass sie von der Europäischen Kommission und dem Inclusive Framework als „anerkannte nationale Ergänzungssteuer" qualifiziert wird, sondern auch gegenüber anderen Staaten einen Safe Harbour für die der Steuer unterworfenen Unternehmensgruppen auslöst, sollte dabei essentiell sein. Leider sind dadurch aber die Möglichkeiten des nationalen Gesetzgebers bei der Umsetzung der nationalen Ergänzungssteuer auch Erleichterungen bei den teils aufwändigen Berechnungen vorzusehen, ganz beträchtlich eingeschränkt. Aufgrund der fortdauernden Arbeiten an Safe Harbours und vereinfachten Berechnungen im Rahmen des Inclusive Framework ist jedoch zu hoffen, dass es von dieser Seite noch administrative Erleichterungen für die Unternehmen gibt.

Pillar Two: IIR/UTPR und österreichisches Konzernsteuerrecht

Sabine Kirchmayr / Christoph Schlager / Stella Müller

Die OECD will durch die Umsetzung von *Pillar Two* sicherstellen, dass international operierende Konzerne ein Mindestmaß an Steuern entrichten, unabhängig davon, in welchem Staat die Konzernzentrale angesiedelt oder tätig ist. Durch die Einführung einer globalen Mindeststeuer sollen niedrig besteuerte Gewinne auf das Mindeststeuerniveau von 15 % durch eine Ergänzungssteuer hochgeschleust werden. Die Frage, ob eine ausreichende Besteuerung der Unternehmensgewinne vorliegt, wird anhand der effektiven Steuerbelastung des Einkommens der von *Pillar Two* erfassten Unternehmen beantwortet und erfolgt länderweise. Die Diskussion über die globale Mindeststeuer betrifft auf den ersten Blick primär Steueroasen. Ein „Hochsteuerland" wie Österreich rückt zunächst kaum in den Fokus der Niedrigbesteuerung.

1. Einleitung

Die globale Mindestbesteuerung soll durch die GloBE (Global Anti-Base Erosion) Model Rules[1] erreicht werden, die durch die EU-Richtlinie zur Gewährleistung einer globalen Mindestbesteuerung für multinationale Unternehmensgruppen und große inländische Gruppen in der Union[2] umgesetzt werden. Bereits am 22.12.2021 lag der Richtlinienentwurf der EU-Kommission zur Umsetzung der Regelungen innerhalb der EU vor. Eine politische Einigung konnte erst im Dezember 2022 erzielt werden. Die EU-Richtlinie wurde am 22.12.2022 im Amtsblatt der Europäischen Union

---

[1]   OECD, Tax Challenges Arising from the Digitalisation of the Economy – Global Anti-Base Erosion Model Rules (Pillar Two): Inclusive Framework on BEPS (2022), im Folgenden: OECD Model Rules; OECD, Tax Challenges Arising from the Digitalisation of the Economy – Commentary to the Global Anti-Base Erosion Model Rules (Pillar Two) (2022).

[2]   RL 2022/2523/EU des Rates vom 14.12.2022 zur Gewährleistung einer globalen Mindestbesteuerung für multinationale Unternehmensgruppen und große inländische Gruppen in der Union, ABl L 328/1, im Folgenden: EU-Richtlinie.

veröffentlicht und ist von den Mitgliedstaaten bis 31.12.2023 in nationales Recht umzusetzen. Die Vorschriften sind grundsätzlich auf Geschäftsjahre, die ab 31.12. 2023 beginnen, anzuwenden.[3]

Die OECD Model Rules sollen auf Grundlage der Income Inclusion Rule (IIR) oder der Undertaxed Profits Rule (UTPR)[4] gewährleisten, dass niedrigbesteuerte Geschäftseinheiten (Constituent Entities, CEs) durch Erhebung einer Ergänzungssteuer (Top-up Tax) auf Ebene der obersten Muttergesellschaft (Ultimate Parent Entity, UPE) einer Mindestbesteuerung von 15 % unterliegen.[5] Liegt der effektive Steuersatz (Effective Tax Rate, ETR) unter der Mindestbesteuerung, dann wird bis zu dessen Höhe die Ergänzungssteuer erhoben.[6] Optional sehen die GloBE-Regelungen vor, eine nationale Ergänzungssteuer anzuwenden.[7]

Wird von der globalen Mindeststeuer gesprochen, wird Österreich auf den ersten Blick kaum in den Fokus der Niedrigbesteuerung rücken. Selbst mit dem ab dem Jahr 2024 geltenden Körperschaftsteuersatz von 23 % liegt der Nominalsteuersatz in Österreich immer noch deutlich über dem geplanten globalen Mindeststeuersatz von 15 %. Ebenso wenig lassen die bereits bestehenden Vorschriften zur Zinsschranke, das Abzugsverbot von Zins- und Lizenzaufwendungen oder die Hinzurechnungsbesteuerung den Verdacht aufkommen, Österreich sei ein Niedrigsteuerland.[8] Doch *Pillar Two* knüpft nicht an den Nominalsteuersatz an, sondern sieht eine an das Steuerrecht und an die Rechnungslegung anknüpfende Berechnung des Effektivsteuersatzes vor. Diese Berechnung, die für die Beantwortung der Frage, ob eine ausreichende Besteuerung der Unternehmensgewinne vorliegt, heranzuzie-

---

[3] Art 56 EU-RL; jene Vorschriften, die erforderlich sind, um der Undertaxed Profits Rule nachzukommen, sind auf Wirtschaftsjahre, die ab dem 31.12.2024 beginnen, anzuwenden. Art 50 Abs 1 EU-Richtlinie sieht eine Erleichterung für Mitgliedstaaten, in denen höchstens zwölf oberste Muttergesellschaften von unter die EU-Richtlinie fallenden Gruppen gelegen sind, vor: diese können sich dafür entscheiden, die IIR und UTPR ab 31.12.2023 für sechs aufeinanderfolgende Geschäftsjahre nicht anzuwenden. Mitgliedstaaten, die diese Option in Anspruch nehmen, müssen dies der Kommission bis 31.12.2023 mitteilen.

[4] Die Income Inclusion Rule wird im deutschen EU-Richtlinientext mit „Primärergänzungssteuerregelung" (PES) und die Undertaxed Profits Rule mit „Sekundärergänzungssteuerregelung" (SES) übersetzt; Art 1 Abs 1 EU-Richtlinie. Der Langtitel „Undertaxed Profits Rule" wird in den OECD Model Rules nicht mehr verwendet; lediglich in der englischsprachigen Version der EU-Richtlinie wird dieser erwähnt. Die ursprüngliche Bezeichnung „Undertaxed Payments Rule" ist nicht mehr korrekt, weil die nunmehrige Ausgestaltung der UTPR nicht mehr vorsieht, die ermittelte Top-up Tax anhand konzerninterner Zahlungen im Wege einer Quellensteuer zu erheben oder die Abzugsfähigkeit solcher Zahlungen zu verweigern; vgl *Bendlinger*, Die OECD Model Rules für ein globales Mindestbesteuerungsregime, SWI 2022, 8 und *Bernhofer/Petutschnig*, Globale Mindestbesteuerung: Eine Abschätzung der Auswirkungen auf österreichische Unternehmen, ÖStZ 2023, 53.

[5] Art 5.1 OECD Model Rules; Art 3 Z 15 EU-Richtlinie.

[6] Art 5.2 OECD Model Rules; Art 27 EU-Richtlinie.

[7] Art 1 Abs 2 EU-Richtlinie.

[8] *Dziurdź/Marchgraber/Strimitzer*, Globale Mindestbesteuerung: Ist Österreich ein Niedrigsteuerland? SWK 2022, 564.

hen ist, hat stets länderweise zu erfolgen (Jurisdictional Blending).[9] Der vorliegende Beitrag zeigt die Rolle der nationalen Steuern bei *Pillar Two* auf und beantwortet die Fragen, inwieweit nationale Steuern in diesem Konzept berücksichtigt werden und wie sich konkrete österreichische Regelungen auswirken.

2. Grundsätze der IIR/UTPR

2.1. Anwendungsbereich

Kernstück von *Pillar Two* ist die Income Inclusion Rule, in deren Anwendungsbereich multinationale Unternehmensgruppen fallen, die laut ihrem konsolidierten Konzernabschluss in mindestens zwei der vier Geschäftsjahre, die dem geprüften Geschäftsjahr unmittelbar vorausgehen, einen jährlichen Gesamtumsatz von mindestens 750 Mio Euro erzielen.[10] Ausgangspunkt ist ein Effektivsteuersatz (und kein Nominalsteuersatz), weswegen nicht der jeweils anzuwendende gesetzliche Steuersatz heranzuziehen ist, sondern die effektive Steuerbelastung des Einkommens der erfassten Unternehmen zu berechnen ist. Unterschreitet diese den Mindeststeuersatz, kommt es zur Vorschreibung der globalen Mindeststeuer.[11]

Grundsätzlich soll die Ergänzungssteuer von der obersten Muttergesellschaft erhoben werden. Der Ansässigkeitsstaat der UPE hat zu diesem Zweck die IIR in nationales Recht umzusetzen.[12] Bei der Prüfung, ob eine Niedrigbesteuerung (Unterschreitung des 15%igen Effektivsteuersatzes) vorliegt, wird, anders als bei der Hinzurechnungsbesteuerung, nicht auf eine niedrigbesteuerte Körperschaft abgestellt, sondern länderweise ermittelt. Folglich werden pro Land die Einkünfte aller dort tätigen Geschäftseinheiten und Betriebsstätten berücksichtigt.[13]

Ein weiterer wichtiger Bestandteil von *Pillar Two* ist die UTPR mit subsidiärer Anwendung bei Ansässigkeit der obersten Muttergesellschaft in einem (Niedrigsteuer-)Staat, der die IIR nicht anwendet oder bei Niedrigbesteuerung der UPE.[14] Die UTPR ergänzt die IIR und soll nur insoweit zur Anwendung kommen, als die Top-up Tax nicht durch die IIR erhoben werden kann. Die auf Ebene der UPE errechnete restliche Ergänzungssteuer wird anteilsmäßig jenen Jurisdiktionen zugeordnet, in denen sich CEs der jeweiligen Unternehmensgruppe befinden, sofern diese eine UTPR im nationalen Recht umgesetzt haben.[15]

---

[9] Art 5.1 OECD Model Rules; Art 27 EU-Richtlinie.

[10] Art 1.1.1 OECD Model Rules; Art 2 EU-Richtlinie.

[11] *Riedler,* Globale Mindeststeuer: Einigung auf Ebene der OECD, SWK 2021, 1034 (1037).

[12] Art 2.1.1 OECD Model Rules; Art 5 EU-Richtlinie; *Dziurdź/Marchgraber,* Die Berechnung der effektiven Steuerbelastung bei Pillar II aus österreichischer Perspektive in *Fraberger/Plott/Walter* (Hrsg), Gegenwart und Zukunft des Konzernsteuerrechts, FS Zöchling (2022) 369.

[13] *Dziurdź,* Income Inclusion Rule im Vergleich zur Hinzurechnungsbesteuerung – Funktionsweise, Zweck und Auswirkungen, SWI 2022, 564.

[14] Art 2.4 OECD Model Rules; Art 12 und 13 EU-Richtlinie.

[15] Art 2.5.2 und Art 2.6.1 ff OECD Model Rules; *Bendlinger,* SWI 2022, 8.

Es besteht auch die Möglichkeit, im innerstaatlichen Recht eine Ergänzungssteuer vorzusehen, wonach diese auf den Gewinnüberschuss aller niedrig besteuerten CEs in einem Steuerhoheitsgebiet berechnet wird. Eine anerkannte nationale Ergänzungssteuer dient dazu, die inländische Steuerschuld in Bezug auf den inländischen Übergewinn für das Steuerhoheitsgebiet und die Geschäftseinheiten in einem Geschäftsjahr auf den Mindeststeuersatz anzuheben.[16] Deutschland hat von dieser Möglichkeit im Entwurf zum Mindestbesteuerungsrichtlinie-Umsetzungsgesetz Gebrauch gemacht.[17]

2.2. Berechnung der ETR

Die Berechnung der Effective Tax Rate, die für die Beantwortung der Frage, ob eine ausreichende Besteuerung der Unternehmensgewinne vorliegt, heranzuziehen ist, hat stets länderweise zu erfolgen. Bei der Beurteilung, ob der jeweiligen multinationalen Unternehmensgruppe eine Top-up Tax aufgrund der Unterschreitung des Mindestbesteuerungssatzes vorzuschreiben ist, kommt es zu einer Betrachtung sämtlicher von den Mitgliedern einer multinationalen Unternehmensgruppe in einem Staat erzielten Einkünfte.[18] Das Verhältnis der Adjusted Covered Taxes zum Net GloBE Income/maßgeblichen Nettogewinn (maßgebliche Nettoerträge oder -verluste = maßgebliche Erträge der Geschäftseinheiten minus maßgebliche Verlust der Geschäftseinheiten) ergibt den effektiven Steuersatz, der mit dem Mindeststeuersatz von 15 % zu vergleichen ist.[19]

$$ETR = \frac{\textbf{Adjusted Covered Taxes}}{\textbf{Net GloBE Income}}$$

2.2.1. Ergebnis gemäß Handelsbilanz II als Ausgangsbasis

Ausgangspunkt für die Berechnung der Top-up Tax ist der anzupassende Gewinn oder Verlust, der in der Handelsbilanz II der jeweiligen Konzerngesellschaft ausgewiesen ist. Die Handelsbilanz II ist der konsolidierungsfähige und an konzerneinheitliche Ansatz- und Bewertungsregeln angeglichene Einzelabschluss vor Kon-

---

[16] Art 1 Abs 2 EU-Richtlinie; Art 10.1.1 EU-Richtlinie Stichwort „Anerkannte nationale Mindestergänzungssteuer".

[17] Siehe § 79 des deutschen Entwurfes eines Gesetzes für die Umsetzung der Richtlinie zur Gewährleistung einer globalen Mindestbesteuerung für multinationale Unternehmensgruppen und große inländische Gruppen in der Union (Entwurf Mindestbesteuerungsrichtlinie-Umsetzungsgesetz).

[18] *Riedler*, Pillar Two – Die Global Anti-Base Erosion (GloBE)-Regeln als Konzept einer Mindestbesteuerung internationaler Konzerne, ÖStZ 2021, 42.

[19] Art 5.1 f OECD Model Rules; Art 26 f EU-Richtlinie; *Dahlke/Rapp,* Ermittlung der Effective Tax Rate bei Einführung einer globalen Mindeststeuer, BB 2022, 683.

solidierungsanpassungen und Zwischenergebniseliminierungen[20], also das nach dem Konzernrechnungslegungsstandard der obersten Muttergesellschaft ermittelte Ergebnis jeder Gesellschaft vor etwaigen Konsolidierungsanpassungen.[21]

Die Gewinnermittlung einer Geschäftseinheit erfolgt daher grundsätzlich nach dem Rechnungslegungsstandard des Konzernabschlusses der obersten Muttergesellschaft.[22] Um die Rechnungslegungsstandards, die von der obersten Muttergesellschaft für die Erstellung des konsolidierten Konzernabschlusses verwendet werden, auch für die Ermittlung der GloBE-Bemessungsgrundlage heranziehen zu können, muss es sich dabei um iSd GloBE-Regeln zulässige Rechnungslegungsstandards handeln. Als anerkannte Rechnungslegungsstandards bezeichnen die OECD Model Rules die International Financial Reporting Standards (IFRS) sowie den IFRS vergleichbare Rechnungslegungsstandards. Als den IFRS vergleichbare Rechnungslegungsstandards werden ausdrücklich die Rechnungslegungsstandard von Australien, Brasilien, den Mitgliedstaaten der Europäischen Union, den Mitgliedern des Europäischen Wirtschaftsraums, von Hongkong (China), Japan, Kanada, Mexiko, Neuseeland, der Republik Indien, der Republik Korea, Russland, der Schweiz, Singapur, dem Vereinigten Königreich, den Vereinigten Staaten von Amerika und der Volksrepublik China bezeichnet.[23] Als Vereinfachung sieht Art 3.1.3 OECD Model Rules bzw Art 15 Abs 2 EU-Richtlinie die Möglichkeit vor, andere anerkannte/zugelassene Rechnungslegungsstandards zu bestimmen, wenn eine Anpassung des jeweiligen Einzelabschlusses an den Rechnungslegungsstandard des Konzerns „nach vernünftigem Ermessen nicht praktikabel" ist.

Primäres Ziel der IFRS ist die Entwicklung von einheitlichen und weltweit anerkannten Rechnungslegungsstandards und die Herbeiführung einer Konvergenz von nationalen Standards mit den IFRS.[24] Da die Ausarbeitung dem privaten Standardsetter IASB[25] obliegt, stellen die IFRS grundsätzlich privat gesetzte Regelungen ohne normativ verbindlichen Charakter dar, für die in der EU ein Endorsement-Verfahren geschaffen wurde.[26]

---

[20] In der Handelsbilanz I werden die Einzelabschlüsse an einheitliche Rechnungslegungsgrundsätze angepasst. Zur Definition der Handelsbilanz II siehe § 7 Abs 10 des deutschen Entwurfes eines Gesetzes für die Umsetzung der Richtlinie zur Gewährleistung einer globalen Mindestbesteuerung für multinationale Unternehmensgruppen und große inländische Gruppen in der Union.

[21] *Störk/Kliem/Walkenbach* in *Grottel/Justenhoven/Schubert/Störk*, Beck'scher Bilanz-Kommentar[13] (2022) § 300 HGB Rn 21; *Andorfer/Miklos*, Ausgewählte Aspekte der globalen Mindestbesteuerung und deren Herausforderungen für österreichische Unternehmen, VWT 2022, 188 (189).

[22] Art 3.1.1 und 3.1.2 OECD Model Rules; Art 15 Abs 1 EU-Richtlinie.

[23] Art 10.1.1 OECD Model Rules Stichwort „Anerkannter Rechnungslegungsstandard".

[24] *IFRS Foundation*, Constitution (2021) Rn 2(a).

[25] Der IASB ist eine private Institution ohne rechtsstaatliche Kompetenz.

[26] Um die Rechnungslegungsstandards nicht zur Gänze einem privaten Standardsetter zu überlassen und weil es rechtlich nicht möglich ist, eine private Organisation, die demokratisch dafür an sich nicht legitimiert ist und in der die EU keinen Einfluss hat, vorbe-

Für die Ermittlung der GloBE-Bemessungsgrundlage wird auf die tatsächlichen, nach IFRS erstellten Abschlüsse abgestellt. Da die EU die IFRS zuerst anerkennen muss, damit diese Rechtsverbindlichkeit erlangen, steht Art 3 Z 25 EU-Richtlinie in einem Spannungsverhältnis zum Legalitätsprinzip. Art 3 Z 25 EU-Richtlinie sieht vor, dass als anerkannte Rechnungslegungsstandards die IFRS *oder* von der Union angenommene IFRS gemäß der VO (EG) 1606/2002 des Europäischen Parlaments und des Rates vom 19.7.2002 betreffend die Anwendung internationaler Rechnungslegungsstandards, ABl L 243/1, gelten. Fraglich ist, ob die IFRS zur Ermittlung der GloBE-Bemessungsgrundlage an einen bestimmten zeitlichen Stand gebunden werden können oder ob eine Bindung an anerkannte IFRS in der EU notwendig ist.

Um den maßgeblichen Nettogewinn und die angepassten erfassten Steuern ermitteln zu können, sind zahlreiche Anpassungen des in der Handelsbilanz II ausgewiesenen Ergebnisses vorzunehmen. Herangezogen wird nicht die jeweilige lokale handelsrechtliche Gewinnermittlung, sondern das Einkommen vor Ertragsteuern laut Handelsbilanz II.[27]

2.2.2. Anpassungen des Ergebnisses zur Ermittlung der maßgeblichen Gewinne oder Verluste

Zur Ermittlung des maßgeblichen Gewinnes oder Verlustes ist das bilanzielle Ergebnis unter anderem um folgende Posten anzupassen:

- Nettosteueraufwand,
- ausgenommene Dividenden,
- ausgenommene Eigenkapitalgewinne oder -verluste,
- nach der Neubewertungsmethode berücksichtigte Gewinne oder Verluste,
- gemäß Art 35 EU-Richtlinie ausgenommene Gewinne oder Verluste aus der Veräußerung von Vermögenswerten und Verbindlichkeiten,
- asymmetrische Wechselkursgewinne und -verluste,
- grundsätzlich unzulässige Aufwendungen,

---

haltlos und unwiderruflich mit der Ausarbeitung und Verabschiedung von Rechnungslegungsregelungen zu betrauen, wurde in der EU das Endorsement-Verfahren geschaffen. Im Wege dieses Verfahrens werden die IFRS in den Rang von EU-Sekundärrecht erhoben, um diese innerhalb der Europäischen Union vom unverbindlichen Charakter zu befreien. Das bedeutet, um in der EU angewandt werden zu können, Rechtsverbindlichkeit und dabei Legitimation zu erlangen, durchlaufen die IFRS ein mehrstufiges Anerkennungsverfahren; *Heuser/Theile,* IFRS Handbuch[4] (2009) Rz 50; *Knospe/Luckner/Kaczmarek,* Wird die internationale Standardsetzung von der EU dominiert? IRZ 2015, 357; *Driesch* in *Brune/Driesch/Schulz-Danso/Senger,* Beck'sches IFRS-Handbuch[6] (2020) § 1 Rn 27; *Wagenhofer,* Bilanzierung und Bilanzanalyse[15] (2022) 146; *Fröhlich/Haberer* in *U. Torggler,* Unternehmensgesetzbuch Kommentar[3] (2019) § 245a Rz 16 ff. Zum Endorsement-Verfahren siehe VO (EG) 1606/2002 des Europäischen Parlaments und des Rates vom 19.7.2002 betreffend die Anwendung internationaler Rechnungslegungsstandards, ABl L 243/1.

[27] *Dahlke/Rapp,* BB 2022, 683.

– Fehler aus der Vorperiode und Änderungen der Rechnungslegungsgrundsätze und

– aufgelaufene Vorsorgeaufwendungen.[28]

Dieser Katalog an Anpassungen soll insbesondere permanenten Differenzen zwischen den Steuerrechtsordnungen und den Rechnungslegungsvorschriften Rechnung tragen.[29] Diese Korrekturen sind losgelöst von der Behandlung im lokalen Steuerrecht, das für die jeweilige Geschäftseinheit zur Anwendung kommt, vorzunehmen. Dies trifft bspw auf die Hinzurechnung des Nettosteueraufwandes zu, der das bilanzielle Ergebnis kürzt, aber steuerlich nicht abzugsfähig ist. Daher soll bei Ermittlung des GloBE Income der Nettosteueraufwand wieder hinzugerechnet werden.[30]

2.2.3. Anpassungen des Ergebnisses zur Ermittlung der Covered Taxes

Ausgangspunkt der Adjusted Covered Taxes einer Geschäftseinheit ist der im Jahresüberschuss oder -fehlbetrag ausgewiesene laufende Steueraufwand unter Berücksichtigung latenter Steuern.

Der laufende Steueraufwand wird um folgende Beträge angepasst:

– Nettobetrag der Hinzurechnungen und Kürzungen zu den bzw der erfassten Steuern für das Geschäftsjahr,

– Gesamtbetrag der Anpassung der latenten Steuern und

– jede Zu- oder Abnahme der erfassten Steuern, die als Eigenkapital oder sonstige Erträge iZm Beträgen verbucht werden, die bei der Berechnung der gemäß den örtlichen Steuervorschriften steuerpflichtigen maßgeblichen Gewinne oder Verluste berücksichtigt werden.[31]

2.2.4. Top-up Tax

Unterschreitet die ETR in einer Jurisdiktion das vorgesehene Mindestniveau von 15 %, so ist zu ermitteln, wie viel Top-up Tax notwendig ist, um die effektive Steuerbelastung auf das vorgesehene Mindestniveau zu bringen. Für die Ermittlung der Top-up Tax ist zunächst die Differenz zwischen dem Mindeststeuersatz von 15 % und der ETR des jeweiligen Steuerhoheitsgebietes zu ermitteln. Der so berechnete Steuersatz wird multipliziert mit dem Gewinnüberschuss der jeweiligen Jurisdiktion. Der Gewinnüberschuss ergibt sich aus der Summe der maßgeblichen Nettogewinne abzüglich einer substanzbasierten Freistellung von Gewinnen.[32]

---

[28] Art 3.2.1 OECD Model Rules; Art 16 Abs 2 EU-Richtlinie.

[29] OECD, Commentary to the GloBE Model Rules, Art 3 Tz 17.

[30] *Brugger/Melcher/Wosak*, Globale Mindestbesteuerung: Ermittlung des GloBE-Einkommens, SWK 2022, 596 (600).

[31] Art 4.1.1 OECD Model Rules; Art 21 Abs 1 EU-Richtlinie; *Eberhartinger/Winkler*, Pillar One & Pillar Two: Die Internationalisierung der umgekehrten Maßgeblichkeit? RWZ 2022, 145.

[32] Art 27 Abs 2 bis Abs 4 EU-Richtlinie.

Die Ergänzungssteuer für ein Steuerhoheitsgebiet ist anteilig auf die CEs, die in diesem Steuerhoheitsgebiet belegen sind, aufzuteilen, weil eine Ergänzungssteuer für eine CE der UPE nur im Ausmaß ihrer Beteiligung an dieser CE zugewiesen wird. Ist daher bspw die oberste Muttergesellschaft nur zu 90 % (direkt oder indirekt) an einer Konzerngesellschaft beteiligt, werden ihr nur 90 % der dieser Konzerngesellschaft zurechenbaren Top-up Tax zugewiesen. Die Höhe der Ergänzungssteuer ergibt sich durch die Summe der auf die einzelnen CEs entfallenden Ergänzungssteuern, die im Wege der IIR, aber nur in Höhe des Beteiligungsausmaßes erhoben wird.[33] Bei der IIR erfolgt diese Besteuerung idR bei der obersten Muttergesellschaft.[34] Für Ergänzungssteuern, die nicht im Wege der IIR erhoben werden, stellt die UTPR sicher, dass diese auf andere Weise entrichtet werden.[35] Alternativ besteht die Möglichkeit, eine nationale Ergänzungssteuer einzuführen und mittels dieser jene Ergänzungssteuern zu erheben, die auf CEs im jeweiligen Steuerhoheitsgebiet entfallen.[36]

3. ETR-beeinflussende steuerliche Regelungen in Österreich

Für die Beantwortung der Frage, ob in einem bestimmten Staat ansässige Gesellschaften Gefahr laufen, die Mindeststeuergrenze von 15 % zu unterschreiten, ist primär zu untersuchen, welche Differenzen sich aus dem jeweiligen Steuerrecht im Vergleich zum Rechnungslegungsrecht ergeben und ob sich diese positiv oder negativ auf den effektiven Steuersatz auswirken. Permanente Differenzen erhöhen bzw reduzieren die laufende Körperschaftsteuerbelastung und somit den Steueraufwand und die Adjusted Covered Taxes, ohne sich im GloBE Income korrespondierend niederzuschlagen. Permanente Differenzen werden sich idR auswirken, insbesondere werden reine Steuerbegünstigungen, die sich in der Rechnungslegung auch nicht in den latenten Steuern auswirken, zu einem niedrigeren effektiven Steuersatz führen (zB Freibeträge, Tax Holidays etc). Temporäre Differenzen, die idR zum Ansatz latenter Steuern führen, lassen dagegen den Effektivsteuersatz unberührt.[37]

Steuerliche Regelungen in Österreich, die Gefahr laufen, eine Niedrigbesteuerung und Ergänzungssteuer auszulösen, sind zB die Forschungsprämie und der Investitionsfreibetrag (vgl zur österreichischen Forschungsprämie, Investitionsfreibetrag, Beteiligungserträgen und Verlusten aus ausländischen Gruppenmitgliedern ausführlich *Dziurdź/Marchgraber/Strimitzer*, SWK 2022, 564).

---

[33] Art 9 und Art 27 Abs 1 EU-Richtlinie; *Marchgraber,* Die Erhebungsformen der Globalen Mindestbesteuerung, SWK 2023, 337; *Bernhofer/Petutschnig,* ÖStZ 2023, 53.

[34] Art 5.4 OECD Model Rules; Art 27 EU-Richtlinie; *Riedler,* ÖStZ 2021, 42.

[35] Art 12 EU-Richtlinie.

[36] Art 11 EU-Richtlinie.

[37] *Dziurdź/Marchgraber/Strimitzer,* SWK 2022, 564 (565).

4. Zusammenspiel mit bestehenden Anti-BEPS-Regelungen

Bislang wurde in Österreich in Umsetzung der Vorgaben der EU-Richtlinie zur Bekämpfung von Steuervermeidungspraktiken[38] (ATAD) in § 10a KStG die Hinzurechnungsbesteuerung und in § 12a KStG die Zinsschranke gesetzlich verankert. Mit einer ähnlichen Zielsetzung, aber außerhalb der ATAD-Richtlinie sind in § 12 Abs 1 Z 10 KStG Abzugsverbote für niedrig besteuerte Zinsen und Lizenzgebühren vorgesehen. Nun werden ab dem Jahr 2024 IIR und UTPR als weitere Maßnahme zur Bekämpfung von internationalen Steuervermeidungspraktiken eingeführt.[39]

4.1. Hinzurechnungsbesteuerung nach § 10a KStG

Trotz der Ähnlichkeit sollen Hinzurechnungsbesteuerung und IIR Anwendung finden,[40] wobei – bei Vorliegen der Tatbestandsvoraussetzungen (§ 10a KStG) – die Hinzurechnung primär zum Tragen kommt.[41] Die aus der Hinzurechnung passiver Einkünfte einer niedrig besteuerten Tochtergesellschaft resultierende Steuer fällt zwar auf Ebene der übergeordneten Gesellschaft (direkte oder indirekte Muttergesellschaft) an. Diese Steuerbelastung wird – im Rahmen der IIR – der betreffenden (niedrig besteuerten) Geschäftseinheit zugerechnet und erhöht daher die Steuerquote dieser Einheit.[42]

Hinzurechnungsbesteuerung und IIR unterscheiden sich:

Die Hinzurechnungsbesteuerung setzt eine Beherrschung iS einer qualifizierten (direkten oder indirekten) Beteiligung von mehr als 50 % der Stimmrechte, des Kapitals oder der Gewinnbeteiligung der niedrigbesteuerten Körperschaft voraus (vgl § 10a Abs 4 Z 2 KStG). Die Anwendung der IIR stellt hingegen auf den (grundsätzlichen) Einbezug der Geschäftseinheit in den Konzernabschluss ab.[43]

Während von den GloBE-Regeln lediglich multinationale Unternehmensgruppen mit einer Umsatzgrenze von 750 Mio Euro erfasst sind, ist § 10a KStG auf Ebene aller unbeschränkt steuerpflichtigen Körperschaften und der mit einer inländischen Betriebsstätte beschränkt steuerpflichtigen Körperschaften anwendbar. Davon abge-

---

[38] Siehe Richtlinie 2016/1164 des Rates vom 12.7.2016 mit Vorschriften zur Bekämpfung von Steuervermeidungspraktiken mit unmittelbaren Auswirkungen auf das Funktionieren des Binnenmarkts, ABl L 193/1.

[39] Art 2.1 ff OECD Model Rules; Art 5 bis Art 10 und Art 12 bis Art 14 EU-Richtlinie; *Dziurdź*, SWI 2022, 564.

[40] Siehe OECD, Tax Challenges Arising from Digitalisation – Report on Pillar Two Blueprint (2020) Tz 411: „The IIR operates in a way that is similar to a CFC rule".

[41] OECD, Tax Challenges Arising from Digitalisation – Report on Pillar Two Blueprint (2020), Art 4.3.2. Tz 45; *Polatzky/Michelberger*, Die Umsetzung der globalen Mindestbesteuerung in Deutschland im Lichte der Hinzurechnungsbesteuerung nach dem AStG, IStR 2023, 90.

[42] Art 24 Abs 3 EU-Richtlinie; vgl auch *Polatzky/Michelberger*, IStR 2023, 89 f.

[43] *Polatzky/Michelberger*, IStR 2023, 89 f.

sehen erfolgt die Besteuerung bei der IIR grundsätzlich nur bei der obersten Muttergesellschaft, hingegen greift die Hinzurechnungsbesteuerung auch auf allen Zwischenebenen, sobald eine österreichische Körperschaft oder Betriebsstätte vorliegt.

Bei Anwendung der IIR wird nicht auf eine niedrigbesteuerte Körperschaft (auf stand alone Basis) abgestellt, sondern die Niedrigbesteuerung wird länderweise ermittelt. Das bedeutet, dass pro Jurisdiktion die Einkünfte aller dort tätigen CEs berücksichtigt werden müssen. Da bei der IIR (anders als bei der Hinzurechnungsbesteuerung) keine Unterscheidung zwischen Aktiv- und Passiveinkünften erfolgt, können alle Arten von Einkünften der IIR unterliegen. Bei der Hinzurechnungsbesteuerung kommt dieser Unterscheidung eine zentrale Bedeutung zu, weil Anwendungsvoraussetzung ist, dass mehr als ein Drittel der gesamten Einkünfte Passiveinkünfte sind.

Da bei der IIR vorrangig auf Rechnungslegungsstandards abgestellt und das Ergebnis vor Steuern Anpassungen unterzogen wird, erfolgt keine Umrechnung der ausländischen Ergebnisse auf das österreichische Steuerrecht. Zuletzt ist ein grundlegender Unterschied der Hinzurechnungsbesteuerung gegenüber der IIR, dass bei § 10a KStG niedrig besteuerte Auslandsgewinne auf die KöSt iHv 25 % (für das Kalenderjahr 2023: 24 %; ab 2024: 23 %) hochgeschleust werden, während die IIR die Steuerbelastung „nur" auf das Mindestniveau von 15 % hebt.[44]

IIR	§ 10a KStG
Länderweise Ermittlung der Steuerbelastung	Ermittlung gesondert für niedrigbesteuerte Körperschaften
Keine Unterscheidung zwischen Aktiv- und Passiveinkünften	Nur Passiveinkünfte erfasst
MNE Groups mit 750 Mio € Umsatzgrenze	Anwendung unabhängig von 750 Mio € Umsatzgrenze
Besteuerung auf Ebene der UPE	Greift auch auf allen Zwischenebenen, sobald eine österreichische Körperschaft/Betriebsstätte vorliegt
Adaptiertes unternehmensrechtliches Ergebnis	Forderung einer Gewinnermittlung nach steuerlichen Grundsätzen
Besteuerung auf Ebene der UPE in Form der 15%igen Top-up Tax	Niedrig besteuerte Auslandsgewinne werden auf die KöSt iHv 25 % (2023: 24 %; ab 2024: 23 %) hochgeschleust

---

[44] *Dziurdź*, SWI 2022, 564 (565).

4.2. Abzugsverbote für niedrig besteuerte Zinsen und Lizenzgebühren nach § 12 Abs 1 Z 10 KStG

Das Abzugsverbot für niedrig besteuerte Zinsen und Lizenzgebühren nach § 12 Abs 1 Z 10 KStG kommt neben der IIR zu Anwendung. Der mit § 12 Abs 1 Z 10 KStG verbundene Steuereffekt „bleibt" bei der unmittelbar vom Abzugsverbot betroffenen Körperschaft (idR im „Hochsteuerland"). Dasselbe gilt auch für die UTPR.

Auch die UTPR unterscheidet sich wesentlich vom Abzugsverbot für niedrig besteuerte Zinsen und Lizenzgebühren: Zunächst wird die UTPR idR nicht als Abzugsverbot ausgestaltet sein, während § 12 Abs 1 Z 10 KStG den Abzug zur Gänze versagt. Die UTPR hebt die Steuerbelastung auf das Mindestniveau von 15 %. Die Abzugsverbote für niedrig besteuerte Zinsen und Lizenzgebühren berücksichtigen nicht, in welcher Höhe der Abzug versagt werden müsste, um eine bestimmte effektive Steuerbelastung zu erreichen. Die UTPR knüpft außerdem direkt an den für die IIR relevanten Effektivsteuersatz an, während das – aus Ebene des Verpflichteten/Zahlers wirkende – Abzugsverbot nach § 12 Abs 1 Z 10 KStG auf die eine Steuerbelastung (beim Empfänger) von max 10 % abstellt.[45]

UTPR	§ 12 Abs 1 Z 10 KStG
Nicht als Abzugsverbot ausgestaltet	Versagt Abzug zur Gänze
Hebt die Steuerbelastung auf Mindestniveau iHv 15 %	Berücksichtigt nicht, in welcher Höhe der Abzug versagt werden müsste, um effektive Steuerbelastung zu erreichen
Knüpft direkt an den für die IIR relevanten Effektivsteuersatz an	Stellt auf eine Steuerbelastung von max 10 % ab

4.3. Zinsschranke nach § 12a KStG

Die Zinsschranke zeigt ebenfalls grundlegende Unterschiede zur UTPR auf: Während die UTPR nicht zwingend als Abzugsverbot ausgestaltet ist, versagt § 12a KStG die Abzugsfähigkeit des Zinsüberhanges, der 30 % des steuerlichen EBITDA übersteigt. Weiters knüpfen die Zinsschranke und die UTPR auf unterschiedlichen Ebenen an: die UTPR bei den Verhältnissen beim ausländischen Empfänger, die Zinsschranke bei den Verhältnissen beim Zahlenden. Sowohl die UTPR als auch die Zinsschranke erfassen auch nicht missbräuchliche Gestaltungen.

---

45 *Dziurdź*, SWI 2022, 564 (571).

UTPR	§ 12a KStG
Nicht zwingend als Abzugsverbot ausgestaltet	Versagung der Abzugsfähigkeit des Zinsüberhanges, der 30 % des steuerlichen EBITDA übersteigt
Verhältnisse beim ausländischen Empfänger	Verhältnisse beim Zahlenden

5. Erklärungspflichten

Zur Überprüfung der Einhaltung der *Pillar Two* Regelungen sind die betroffenen Konzerngesellschaften verpflichtet, innerhalb von 15 Monaten nach Ablauf eines jeden Wirtschaftsjahres eine sogenannte Ergänzungssteuer-Erklärung einzureichen.[46] Die Übermittlung der Daten einer österreichischen Geschäftseinheit kann direkt von dieser Geschäftseinheit an die österreichische Finanzverwaltung erfolgen. Alternativ besteht die Möglichkeit, die Daten gesammelt von einer vertretenden Geschäftseinheit (insbesondere der obersten Muttergesellschaft) an die für diese andere Geschäftseinheit zuständige ausländische Finanzverwaltung zu übermitteln. In solch einem Fall werden die Daten der österreichischen Geschäftseinheit von der ausländischen Finanzverwaltung an die österreichische Finanzverwaltung weitergegeben.[47] Letzteres wird der Regelfall sein.[48]

Die Mitgliedstaaten legen außerdem Vorschriften für Sanktionen bei Verstößen gegen die Ergänzungssteuer-Erklärungspflicht fest.[49]

6. Schlussstrich

Die Einführung der globalen Mindestbesteuerung bringt sowohl für die betroffenen Unternehmen als auch für die nationale Finanzverwaltung große Herausforderungen mit sich. Die GloBE-Regelungen unterscheiden sich erheblich vom österreichischen Körperschaftsteuersystem. Einerseits ist die Ausgangsbasis nicht das natio-

---

[46] Art 8.1.6 OECD Model Rules; Art 44 Abs 7 EU-Richtlinie; *Zöchling/Dziurdź/Marchgraber*, Globale Mindestbesteuerung: Welche Unternehmen sind betroffen? SWK 2022, 508 (511).

[47] Art 8.1.1 OECD Model Rules; Art 44 Abs 2 EU-Richtlinie; *Brugger/Melcher/Wosak*, SWK 2022, 596.

[48] OECD, Commentary to the GloBE Model Rules, Art 8 Tz 10.

[49] Art 46 EU-Richtlinie; während der EU-Richtlinienentwurf ein Verwaltungsbußgeld iHv 5 % des Umsatzes des betreffenden Geschäftsjahres der jeweiligen Geschäftseinheit bei fehlender, nicht fristgerechter oder unzutreffender Ergänzungssteuer-Erklärung vorsah, sind in der veröffentlichten EU-Richtlinie keine Vorgaben bezüglich der Sanktionen vorgesehen.

nale Unternehmensrecht, sondern jener Rechnungslegungsstandard, der dem Konzernabschluss zugrunde liegt (im Einzelfall das UGB; idR aber vermutlich die IFRS). Für die länderweise Beantwortung der Frage, ob eine Niedrig- oder ausreichende Besteuerung der Unternehmensgewinne vorliegt, ist der effektive Steuersatz (und kein Nominalsteuersatz) zu ermitteln. Es erfordert aber einen beträchtlichen Arbeitsaufwand, um den effektiven Steuersatz berechnen zu können. Dieser fällt aufgrund der jährlich einzureichenden Ergänzungssteuer-Erklärung unabhängig davon an, ob eine Ergänzungssteuer anfällt. Ob für Gesellschaften die Gefahr der Unterschreitung des Mindeststeuersatzes besteht, kann vor allem daran geprüft werden, welche permanenten Differenzen sich aus dem nationalen Steuerrecht im Vergleich zum Rechnungslegungsrecht ergeben und inwieweit sich diese auf den effektiven Steuersatz auswirken.

GloBE / Pillar II: Praktische Auswirkungen auf Unternehmen in Österreich

Christoph Marchgraber / Kasper Dziurdź / Hans Zöchling

Übersicht:

Am 20. Dezember 2021 hat die OECD die *Pillar II*-Musterregelungen vorgestellt.[1] Zwei Tage später veröffentlichte die Europäische Kommission einen Richtlinien-Vorschlag zur Umsetzung dieser Regelungen in der Europäischen Union. Nicht ganz ein Jahr später einigten sich die EU-Mitgliedstaaten am 15. Dezember 2022 darauf, eine angepasste Version dieses Richtlinienvorschlags zu verabschieden.[2] Daher steht nunmehr fest, dass Konzerne, die einen effektiven Steuersatz (*effective tax rate, ETR*) von weniger als 15 % aufweisen, für Wirtschaftsjahre, die nach dem 30. Dezember 2023 beginnen, Gefahr laufen, eine Ergänzungssteuer (*top-up tax*) entrichten zu müssen. Für betroffene Unternehmen besteht nur wenig Zeit, sich mit diesen neuen Regeln zu beschäftigen und rechtzeitig die praktischen Auswirkungen zu analysieren. In diesem Beitrag wollen wir untersuchen, inwieweit österreichische Unternehmen von diesem neuen Steuerregime erfasst sein könnten und welche Vorbereitungshandlungen solche Unternehmen setzen sollten.

1. Entwicklung und derzeitiger Stand von *GloBE / Pillar II*

Seit fast zehn Jahren sind zahlreiche wesentliche gesetzliche Änderungen im Konzernsteuerrecht auf das BEPS-Projekt der OECD zurückzuführen. Im österreichischen Körperschaftsteuerrecht hat dies bisher vor allem in Form der Hinzurechnungsbesteuerung (§ 10a KStG), der Zinsschranke (§ 12a KStG) und der Vorschriften über hybride Gestaltungen (§ 14 KStG) Niederschlag gefunden. Die bisherigen Regelungen sind nach der Ansicht der OECD aber noch nicht ausreichend, um die von der Digitalisierung der Wirtschaft und von BEPS ausgehenden Herausforde-

---

[1] https://www.oecd.org/newsroom/oecd-releases-pillar-two-model-rules-for-domestic-implementation-of-15-percent-global-minimum-tax.htm.

[2] Doc 15506/22, FISC 246, ECOFIN 1270, CO EUR-PREP 32, 4 f.

rungen zu bewältigen.[3] Daher wurden Mitte 2019 zwei Säulen vorgestellt, die verbleibende Lücken schließen sollen:[4]

- Mit *Pillar I* soll ein neues System für die Verteilung von Besteuerungsrechten sowie ein neuer steuerlicher Nexus geschaffen werden.
- Der Fokus von *Pillar II* besteht hingegen darin, *„remaining BEPS issues"* zu adressieren, indem eine globale Mindestbesteuerung sichergestellt werden soll.

Bereits im Oktober 2020 wurden die ersten Berichte zur Konzeption von *Pillar I*[5] und *Pillar II*[6] vorgelegt.[7] Mitte 2021 folgte das politische Bekenntnis zum „Zwei-

---

[3]   OECD, Programme of Work to Develop a Consensus Solution to the Tax Challenges Arising from the Digitalisation of the Economy (2019) Rz 5 (*„remaining BEPS risks and the question of how taxing rights on income generated from cross-border activities in the digital age"*).

[4]   OECD, Programme of Work to Develop a Consensus Solution to the Tax Challenges Arising from the Digitalisation of the Economy (2019) Rz 7 (*„Pillar One focuses on the allocation of taxing rights, and seeks to undertake a coherent and concurrent review of the profit allocation and nexus rules; Pillar Two focuses on the remaining BEPS issues and seeks to develop rules that would provide jurisdictions with a right to ‚tax back' where other jurisdictions have not exercised their primary taxing rights or the payment is otherwise subject to low levels of effective taxation."*); vgl dazu *V. Bendlinger*, Minimum Taxation – Ergebnisse der Konsultationen zum GloBE Proposal der OECD, SWI 2020, 16 (16 ff).

[5]   OECD, Tax Challenges Arising from Digitalisation – Report on Pillar One Blueprint (2020); vgl dazu *Anderwald*, Vom Ansässigkeitsstaat zum Marktstaat – der Vorschlag der OECD zum Paradigmenwechsel der internationalen Unternehmensbesteuerung, SWI 2021, 248 (248 ff); *Beitl*, Implementierung des neuen Besteuerungsrechts, ÖStZ 2021, 40 (40 ff); *Daurer*, Die Ermittlung der Bemessungsgrundlage von Amount A und die formelhafte Gewinnzuordnung, ÖStZ 2021, 24 (24 ff); *Daurer/Turcan*, Die Vermeidung der Doppelbesteuerung und das Problem der Doppelberücksichtigung, ÖStZ 2021, 27 (27 ff); *Daurer*, Amount B – Vereinfachte Verrechnungspreisermittlung bei Basis-Marketing- und Vertriebsaktivitäten, ÖStZ 2021, 31 (31 ff); *Schmidjell-Dommes*, Der Geltungsbereich des Pillar One – Scope, ÖStZ 2021, 13 (13 ff); *Orzechowski/Turcan*, Steuersicherheit und Streitbeilegung, ÖStZ 2021, 33 (33 ff); *Turcan*, Das Nexus-Konzept (Steuerlicher Anknüpfungspunkt), ÖStZ 2021, 16 (16 ff); *Turcan*, Umsatzzuordnungsregeln (Revenue Sourcing Rules), ÖStZ 2021, 20 (20 ff).

[6]   OECD, Tax Challenges Arising from Digitalisation – Report on Pillar Two Blueprint (2020); vgl dazu *Englisch*, GloBE – Der 2020 Blueprint für eine internationale effektive Mindeststeuer, FR 2021, 1 (1 ff); *Hey*, The 2020 Pillar Two Blueprint: What Can the GloBE Income Inclusion Rule Do That CFC Legislation Can't Do? Intertax 2021, 7 (7 ff); *Jirousek*, Pillar Two – Die subject to tax rule (STTR), ÖStZ 2021, 55 (55 ff); *Riedler*, Pillar Two – Die Global Anti-Base Erosion (GloBE)-Regeln als Konzept einer Mindestbesteuerung internationaler Konzerne, ÖStZ 2021, 42 (42 ff); *Schwarz*, Report on Pillar Two Blueprint – Endlich mehr Klarheit zur Income Inclusion Rule und zur Switch-Over-Klausel, IStR 2021, 158 (159 ff).

[7]   Vgl dazu *S. Bendlinger*, Die G20 beschließen eine neue Weltsteuerordnung ab 2023, VWT 2021, 282 (282 ff); *Mayr*, Besteuerung der digitalen Wirtschaft: Die beiden Blueprints als Grundlage für die angestrebte finale Einigung, ÖStZ 2021, 6 (6 ff); *Wolf*, Eine Analyse der ökonomischen Wirkungsabschätzung, ÖStZ 2021, 9 (9 ff).

Säulen-Modell" durch die G7[8] sowie die G20[9]. Im engen zeitlichen Zusammenhang damit wurden die Eckpfeiler, über die politische Einigung erzielt wurde, von der OECD präsentiert.[10] Kurz vor Ende des Jahres 2021 wurden schließlich die OECD-Musterregelungen der zweiten Säule (*Pillar II*) veröffentlicht (in weiterer Folge: OECD-Musterregelungen).[11] Nur zwei Tage später legte die Europäische Kommission einen darauf basierenden Vorschlag für eine EU-Richtlinie zur Umsetzung dieser Musterregelungen in der EU vor.[12] Mitte März 2022 ist sodann ein Kommentar der OECD zu den Musterregelungen samt illustrativer Beispiele veröffentlicht worden.[13]

Die zunächst rasche Entwicklung der Regelungen mündete in Folge in einen schwierigen politischen Prozess. Es fanden vor allem politische Diskussionen über die Verabschiedung des EU-Richtlinienentwurfs statt, die ein besonders Anliegen der französischen Ratspräsidentschaft gewesen sein dürfte.[14] Die Verabschiedung scheiterte im ECOFIN wechselseitig an der Zustimmung Ungarns und Polens.[15]

---

[8] G7 Finance Ministers and Central Bank Governors, Communiqué (5.6.2021).

[9] G20 Rome Leader's Declaration, Rz 32 (31.10.2021).

[10] OECD, Statement on a Two-Pillar Solution to Address the Tax Challenges Arising From the Digitalisation of the Economy (2021); vgl dazu *S. Bendlinger*, Das internationale Steuerrecht wird neu geschrieben – Eckdaten des Zwei-Säulen-Konzepts der OECD, SWI 2021, 554 (554 ff); *Fehling/Koch*, Einigung beim Zwei-Säulen-Projekt – die Reform der internationalen Unternehmensbesteuerung, IStR 2021, 561 (561 ff); *Mayr*, Die Eckwerte der globalen Steuerreform, RdW 2021, 503 (503 ff); *Riedler*, Globale Mindeststeuer: Einigung auf Ebene der OECD, SWK 2021, 1034 (1034 ff); *Schmidjell-Dommes/S. Bendlinger*, Update zum internationalen Steuerrecht – die Highlights, RdW 2021, 802 (802 ff); *Verlinden/van West/de Baets*, Recent Developments on the Two-Pillar Approach, TPI 2021, 236 (236 ff).

[11] OECD, Tax Challenges Arising from the Digitalisation of the Economy Global Anti-Base Erosion Model Rules (Pillar Two) (2021); vgl dazu *Benecke/Rieck*, Pillar Two: Zwischen Oktober-2020-Blaupause und Oktober-2021-Ergebnissen, IStR 2021, 692 (692 ff); *V. Bendlinger*, Die OECD Model Rules für ein globales Mindestbesteuerungsregime, SWI 2022, 2 (2 ff).

[12] Proposal for a Council Directive on ensuring a global minimum level of taxation for multinational groups in the Union, COM(2021) 823 final (22.12.2021).

[13] OECD, Tax Challenges Arising from the Digitalisation of the Economy – Commentary to the Global Anti-Base Erosion Model Rules (Pillar Two) (2022); OECD, Tax Challenges Arising from the Digitalisation of the Economy – Global Anti-Base Erosion Model Rules (Pillar Two) Examples (2022).

[14] Die französische Ratspräsidentschaft hat im Vorfeld des ECOFIN-Meetings am 15.3.2022 einen ersten und am 28.3.2022 einen zweiten Kompromisstext vorgelegt.

[15] Fünf Mitgliedstaaten (Deutschland, Frankreich, Italien, Niederlande, Spanien) hatten dies zwischenzeitig zum Anlass genommen, ihren Willen zur raschen Umsetzung der globalen Mindestbesteuerung nochmals zu bekräftigen und anzukündigen, dass bei fehlender Einstimmigkeit im nächsten ECOFIN-Meeting alle rechtlichen Möglichkeiten ausgeschöpft werden, um die Globale Mindestbesteuerung im Jahr 2023 umzusetzen; siehe https://www.bundesfinanzministerium.de/Content/DE/Downloads/Steuern/g5-statement-global-minimum-effective-taxation.pdf?__blob=publicationFile&v=6.

Schlussendlich wurde die erforderliche Einstimmigkeit jedoch erzielt und eine angepasste Version des Richtlinienvorschlags wurde verabschiedet.[16]

Die Richtlinie verpflichtet die Mitgliedstaaten, die *Pillar II*-Regelungen bis Ende 2023 im nationalen Recht umzusetzen und sie für Wirtschaftsjahre, die nach dem 30. Dezember 2023 beginnen, anzuwenden. Während zB Deutschland das nationale Umsetzungsgesetz bereits im Entwurf veröffentlicht hat,[17] ist in Österreich bis zum Sommer mit einem entsprechenden Begutachtungsentwurf zu rechnen. Angesichts des hohen Detailgrads der EU-Richtlinie ist der Spielraum der Mitgliedstaaten allerdings gering. Für die Vorbereitung können daher die Regelungen der EU-Richtlinie herangezogen werden. In Einzelbereichen bleiben die nationalen Umsetzungsgesetze abzuwarten.

2. Grundkonzeption von *GloBE / Pillar II*

Ziel der präsentierten Musterregelungen zu *Pillar II* ist es, eine globale Mindestkörperschaftsteuer von 15 % für solche Unternehmen sicherzustellen, die zu einer multinationalen Unternehmensgruppe mit weltweit mindestens EUR 750 Mio Jahresumsatz gehören. Die Mindestbesteuerung soll durch eine Ergänzungssteuer (*top-up tax*) sichergestellt werden. Zu diesem Zweck wird zunächst der effektive Steuersatz (*effective tax rate, ETR*) sämtlicher in einem Staat ansässiger Konzerngesellschaften (*jurisdictional blending*) ermittelt und mit dem Mindeststeuersatz von 15 % verglichen. Liegt der effektive Steuersatz unter dem Mindeststeuersatz, wird eine Ergänzungssteuer erhoben, die für das Erreichen der Mindestbesteuerung erforderlich ist.

Grundsätzlich soll die Ergänzungssteuer von der obersten Konzerngesellschaft getragen werden.[18] Der Ansässigkeitsstaat der Konzernobergesellschaft hat zu diesem Zweck die *Income Inclusion Rule (IIR)* im nationalen Recht umzusetzen.[19] Sollte der Ansässigkeitsstaat der Konzernobergesellschaft dies nicht tun oder selbst ein

---

[16] Richtlinie (EU) 2022/2523 des Rates vom 15. Dezember 2022 zur Gewährleistung einer globalen Mindestbesteuerung für multinationale Unternehmensgruppen und große inländische Gruppen in der Union, ABl L 328 (22.12.2022) 1 ff (das ursprüngliche Datum der Richtlinie wurde vom 14. auf den 15. Dezember korrigiert: ABl L 13 [16.1.2023] 9).

[17] https://www.bundesfinanzministerium.de/Content/DE/Gesetzestexte/Gesetze_Gesetzesvorhaben/Abteilungen/Abteilung_IV/20_Legislaturperiode/2023-03-20-MinBestRL-UmsG/1-Diskussionsentwurf.pdf?__blob=publicationFile&v=2.

[18] Von diesem Grundsatz existieren allerdings zahlreiche Ausnahmen. Wenn zB ein Staat eine *qualified domestic minimum top-up tax* einführt, geht diese der *top-up tax* auf Ebene der *ultimate parent entity* vor (Art 5.2.3. der OECD-Musterregelungen sowie Art 10 Abs 2 EU-Richtlinie). Eine weitere Ausnahme besteht für *partially-owned parent entities*, die ebenfalls prioritär zur *ultimate parent entity* die *top-up tax* entrichten müssen (Art 2.3. der OECD-Musterregelungen sowie Art 9 EU-Richtlinie).

[19] Für einen Vergleich zu den bestehenden Regelungen des § 10a KStG vgl *Dziurdź*, Income Inclusion Rule im Vergleich zur Hinzurechnungsbesteuerung – Funktionsweise, Zweck und Auswirkungen, SWI 2021, 564 (564 ff).

Niedrigsteuerstaat sein, greift subsidiär die *Undertaxed Payments Rule (UTPR)*.[20] Gemeinsam werden die IIR und die UTPR als *GloBE*-Regeln (*GloBE: Global Anti-Base Erosion*) bezeichnet.[21]

Zur Berechnung der *effective tax rate* einer Konzerngesellschaft sind deren *adjusted covered taxes* dem *GloBE income or loss*[22] gegenüberzustellen. Die Ausgangswerte für diese beiden Größen sind dem noch keine Konsolidierungsmaßnahmen berücksichtigenden Einzelabschluss (also der Handelsbilanz II) zu entnehmen, der in den auf Ebene der Konzernobergesellschaft zu erstellenden Konzernabschlusses eingeht. Um zu den *adjusted covered taxes* und dem *GloBE income or loss* zu gelangen, sind jedoch einige Anpassungen erforderlich. Somit orientiert sich der effektive Steuersatz zwar maßgebend an Rechnungslegungswerten, kann aber aufgrund der vorgeschriebenen Anpassungen vom Nominalsteuersatz eines Staates abweichen.

3. Praktischer Anwendungsbereich aus österreichischer Sicht

Von der Mindestbesteuerung sind multinationale Unternehmensgruppen erfasst, deren weltweite (Jahres-)Umsätze laut konsolidiertem Konzernabschluss den Betrag von EUR 750 Mio in zumindest zwei der letzten vier Wirtschaftsjahre erreicht haben. Die Definition der multinationalen Unternehmensgruppe ist damit deckungsgleich mit den Unternehmensgruppen, die nach § 3 Abs 1 VPDG einen länderbezogenen Bericht (*Country-by-Country Report*) zu erstellen und einzureichen haben. Um die Zahl der erfassten Unternehmensgruppen und Geschäftseinheiten abschätzen zu können, kann somit auf die OECD Corporate Tax Statistics[3] (2021) – insbesondere auf die Tabelle 1[23] – zurückgegriffen werden.[24] Für das Geschäftsjahr 2017 wird von 71 länderbezogenen Berichten von obersten Muttergesellschaften mit Ansässigkeit in Österreich (als *ultimate parent location*) berichtet. Diese Unterneh-

---

[20] Der Begriff „*undertaxed payments rule*" ist historisch bedingt, zumal die nunmehr geplante Ausgestaltung der UTPR von der ursprünglich angedachten Konzeption abweicht. Statt wie ursprünglich geplant auf den Betriebsausgabenabzug von Zahlungen (daher auch *undertaxed payments*) abzustellen (vgl *Riedler*, ÖStZ 2021, 51 ff), bewirkt die UTPR nunmehr, dass die Ergänzungssteuer auf die Staaten, in denen die einzelnen Konzerngesellschaften ansässig sind, nach der Anzahl der Mitarbeiter und dem Gesamtwert der körperlichen Wirtschaftsgüter aufgeteilt wird, sodass nunmehr von der „*undertaxed profits rule*" gesprochen wird. Zu den wesentlichen Änderungen vgl *V. Bendlinger*, SWI 2022, 8.

[21] OECD, Tax Challenges Arising from Digitalisation – Report on Pillar Two Blueprint (2020) 15; OECD, Statement on a Two-Pillar Solution to Address the Tax Challenges Arising From the Digitalisation of the Economy (2021).

[22] Die Terminologie der EU-Richtlinie weicht diesbezüglich insofern ab, als der Begriff „*net qualifying income*" verwendet wird.

[23] https://stats.oecd.org/Index.aspx?DataSetCode=CTS_CIT (abgerufen am 14.9.2022).

[24] Vgl *Eberhartinger/Lackner*, Standort Österreich – Analyse von CbCR Daten, SWI 2021, 610 (611 ff).

mensgruppen umfassen mehr als 2.000 österreichische und mehr als 5.000 ausländische Geschäftseinheiten. Da das globale Mindestbesteuerungsregime auch nationale Unternehmensgruppen umfasst und damit zu rechnen ist, dass seit 2017 noch zusätzliche multinationale österreichische Unternehmensgruppen die Umsatzschwelle von mindestens EUR 750 Mio überschritten haben, werden sich wohl knapp unter 100 Unternehmensgruppen mit einer in Österreich ansässigen obersten Muttergesellschaft mit diesem neuen Regelwerk vertraut machen müssen.

Zusätzlich sind österreichische Geschäftseinheiten betroffen, die von ausländischen Unternehmensgruppen mit einem konsolidierten Umsatz von mindestens EUR 750 Mio gehalten werden. Nach Tabelle 1 der OECD Corporate Tax Statistics[3] (2021) wurden in Österreich als *partner location* für 2017 1.103 CbC-Berichte abgegeben, die 3.304 Geschäftseinheiten umfassten. Der Kreis der betroffenen Unternehmen ist somit wesentlich größer als man auf den ersten Blick vermuten würde.

Bestimmte Rechtsträger sind vom Anwendungsbereich von *GloBE / Pillar II* allerdings ausgenommen. Darunter fallen zB staatliche Rechtsträger,[25] internationale Organisationen, Non-Profit-Organisationen, Pensionsfonds sowie andere Investmentfonds und Immobilieninvestmentvehikel, sofern diese als oberste Konzerngesellschaften fungieren. Eine weitere Ausnahme betrifft die von solchen Rechtsträgern zumindest zu 95% gehaltenen Tochtergesellschaften, sofern diese nahezu ausschließlich Beteiligungen für die jeweiligen Anteilseigner halten oder Hilfstätigkeiten leisten. Irrelevant ist hingegen die Rechtsform einer Gesellschaft.[26]

4. Wesentliche Parameter mit negativen Auswirkungen auf die *effective tax rate*

Ausgangspunkt für die Berechnung der Ergänzungssteuer ist der anzupassende Gewinn oder Verlust (*GloBE income or loss*),[27] der in der Handelsbilanz II[28] der jeweiligen Konzerngesellschaften ausgewiesen ist, wobei die Gewinnermittlung grundsätzlich nach dem Rechnungslegungsstandard der obersten Muttergesellschaft zu erfolgen hat. Dieser Gewinn oder Verlust[29] wird für Zwecke der Berechnung der

---

[25] Davon könnte zB die Österreichische Beteiligungs AG betroffen sein.

[26] Daher sind zB auch Privatstiftungen potenziell von *GloBE / Pillar II* betroffen. Vgl dazu *Marchgraber*, Die Auswirkungen der globalen Mindestbesteuerung (Pillar II) auf Privatstiftungen, RdW 2022, 359 (359 ff).

[27] Die Terminologie der EU-Richtlinie weicht diesbezüglich insofern ab, als der Begriff „*net qualifying income*" verwendet wird.

[28] Benötigt werden von jeder Konzerngesellschaft jene Daten, die in einem Einzelabschluss enthalten sind (oder wären), der auf Basis des Rechnungslegungsstandards des Konzernabschlusses erstellt wird (oder werden würde). In der Praxis liegen solche Zahlen oftmals nicht vor, weil für Zwecke der Konzernabschlusserstellung lediglich Reporting Packages erstellt werden, die jedoch nicht zwangsläufig die gleichen Daten enthalten, die in einem vollwertigen Einzelabschluss enthalten wären.

[29] Auch im Verlustfall kann es zu einer *top-up tax* kommen, wenn permanente Steuerbegünstigungen gewährt werden, die den Verlust erhöhen.

Ergänzungssteuer adaptiert. So sind zB Steueraufwendungen und -erträge, Dividenden sowie Gewinne und Verluste aus der Veräußerung von Schachtelbeteiligungen und Neubewertungsergebnisse auszuscheiden.

Dem derart angepassten Gewinn oder Verlust sind die ebenfalls um bestimmte Positionen anzupassenden einkommens- und gewinnabhängigen Steuern (*adjusted covered taxes*) gegenüberzustellen. Darunter fallen Steuern vom Einkommen und Ertrag, Steuern auf ausgeschüttete Gewinne, einer Körperschaftsteuer vergleichbare Steuern und auch Steuern auf nicht ausgeschüttete Gewinne und Eigenkapital, nicht aber auf *GloBE / Pillar II* zurückzuführende Ergänzungssteuern. Die Anpassungen betreffen zB Steuern aufgrund von Dividenden und Veräußerungsgewinnen, die das *GloBE / Pillar II* -Einkommen nicht beeinflussen. Temporäre Differenzen sind ebenfalls zu berücksichtigen, indem zB bei einer beschleunigten Abschreibung der latente Steueraufwand den für *GloBE / Pillar II* relevanten Steueraufwand und damit die effektive Steuerbelastung erhöht.[30] Dies bedeutet, dass temporäre Differenzen für sich genommen grundsätzlich zu keiner Ergänzungssteuer führen sollten.[31] Permanente Steuerbegünstigungen wirken sich hingegen negativ auf den effektiven Steuersatz aus.[32] Aus österreichischer Sicht können daher vor allem die Forschungsprämie gemäß § 108c EStG und der Investitionsfreibetrag gemäß § 11 EStG die *effective tax rate* negativ beeinflussen.

Ob eine Niedrigbesteuerung vorliegt, hängt für Zwecke von *Pillar II* auch davon ab, bis wann ein Steueraufwand beglichen wird. Dabei wird zwischen dem aus der laufenden Körperschaftsteuer resultierenden Steueraufwand und latenten Steuern unterschieden: Ein laufender Steueraufwand zählt nur dann zu den angepassten erfassten Steuern (*adjusted covered taxes*), wenn dieser innerhalb von drei Jahren zu einer Steuerzahlung führen wird.[33] Der dahinterstehende Gedanke besteht darin, dass kein Steueraufwand berücksichtigt werden soll, dessen baldige Begleichung nicht zu erwarten ist, aber möglich wäre. Da es nach Ansicht der OECD in solchen Fällen eine Gesellschaft selbst in der Hand habe, die Steuer innerhalb der Dreijahresfrist zu zahlen,[34] besteht aus Sicht der OECD kein Grund, die angepassten er-

---

30 Latente Steuern können sich jedoch maximal im Ausmaß des Mindeststeuersatzes von 15 % auf die *adjusted covered taxes* auswirken. Liegt der innerstaatliche Körperschaftsteuersatz über dem Mindeststeuersatz, ist der rechnungslegungsrechtlich erfasste latente Steueraufwand oder -ertrag auf den Mindeststeuersatz von 15 % anzupassen. Insofern wird daher die *effective tax rate* bei österreichischen Gesellschaften in jenen Jahren, in denen es zu einem latenten Steueraufwand kommt, unter dem Körperschaftsteuersatz liegen.

31 Vgl *Dziurdź/Marchgraber/Strimitzer*, Globale Mindestbesteuerung: Ist Österreich ein Niedrigsteuerland?, SWK 2022, 564 (565 f).

32 Negative Implikationen für den effektiven Steuersatz können sich uU auch durch das Zwischensteuerregime iSd § 13 Abs 2 KStG (vgl dazu *Marchgraber*, RdW 2022, 359 ff) oder durch Sanierungsgewinne iSd § 23a KStG ergeben.

33 Art 4.1.3.(e) der OECD-Musterregelungen sowie Art 20 Abs 3 lit e EU-Richtlinie. Siehe auch Art 4.6.4. der OECD-Musterregelungen sowie Art 24 Abs 4 EU-Richtlinie zur etwaigen (rückwirkenden) Neuberechnung.

34 OECD, Tax Challenges Arising from the Digitalisation of the Economy – Commentary to the Global Anti-Base Erosion Model Rules (Pillar Two) (2022) Art 4 Rz 17.

fassten Steuern um Steuerzahlungen zu erhöhen, die erst nach Ablauf der drei Jahre geleistet werden. Vielmehr ist ein laufender Steueraufwand, der innerhalb von drei Jahren zu keiner Zahlung führt, für Zwecke von *Pillar II* generell unberücksichtigt zu lassen.

Eine ähnliche Regelung ist für passive latente Steuern vorgesehen: Ein latenter Steueraufwand, der sich innerhalb der fünf Folgejahre weder umkehrt noch zu einer Steuerzahlung führt, kann von vornherein unberücksichtigt bleiben und würde demnach die angepassten erfassten Steuern nicht[35] oder erst dann erhöhen, wenn es zu einer Steuerzahlung kommt.[36] Wird von dieser Wahlmöglichkeit kein Gebrauch gemacht und erfolgt in den fünf Folgejahren keine Umkehrung oder Steuerzahlung, ist jenes Jahr, in dem der latente Steueraufwand angefallen ist, unter Außerachtlassung des betreffenden latenten Steueraufwands (rückwirkend) neu zu berechnen.[37] Anders als beim laufenden Steueraufwand sind für bestimmte Fälle allerdings Ausnahmen vorgesehen. Davon erfasst sind zB passive latente Steuern aufgrund temporär (nicht jedoch permanent) höherer planmäßiger Abschreibungen materieller Vermögensgegenstände[38] im Steuerrecht (zB bei einer im Vergleich zur Rechnungslegung kürzeren Nutzungsdauer im Steuerrecht), Forschungs- und Entwicklungsaufwendungen[39] oder die jurisdiktionsinterne Übertragung stiller Reserven von materiellen auf andere materielle Vermögensgegenstände.[40]

5. *ETR*-reduzierende Regelungen im österreichischen Konzernsteuerrecht

5.1. Forschungsprämie (§ 108c EStG) und Investitionsfreibetrag (§ 11 EStG)

Im österreichischen Konzernsteuerrecht finden sich nur wenige Regelungen, die zu permanenten Differenzen zwischen Steuer- und Rechnungslegungsrecht führen. Insbesondere ist dabei an die Forschungsprämie (§ 108c EStG) und den Investitionsbeitrag (§ 11 EStG) zu denken. Eine Ergänzungssteuer kann bei Geltendmachung dieser steuerlichen Begünstigungen insbesondere anfallen, wenn das Einkommen vergleichsweise niedrig oder sogar negativ ist. Selbst wenn nämlich in einer Jurisdiktion Verluste erzielt werden, kann eine Ergänzungssteuer anfallen.[41] Denn durch

---

[35] Art 4.4.1.(b) der OECD-Musterregelungen sowie Art 21 Abs 5 lit b iVm Abs 1 lit b iVm Abs 7 EU-Richtlinie.

[36] Art 4.4.2.(a) der OECD-Musterregelungen sowie Art 21 Abs 3 lit b iVm Abs 1 lit b iVm Abs 7 EU-Richtlinie.

[37] Art 4.4.4. der OECD-Musterregelungen sowie Art 21 Abs 7 iVm Art 28 Abs 1 EU-Richtlinie.

[38] Art 4.4.5.(a) der OECD-Musterregelungen sowie Art 21 Abs 8 lit a EU-Richtlinie.

[39] Art 4.4.5.(c) der OECD-Musterregelungen sowie Art 21 Abs 8 lit c EU-Richtlinie.

[40] Art 4.4.5.(h) der OECD-Musterregelungen sowie Art 21 Abs 8 lit h EU-Richtlinie.

[41] Art 4.1.5. der OECD-Musterregelungen sowie Art 20 Abs 5 EU-Richtlinie.

die permanenten Differenzen erhöhen sich die Verlustvorträge, welche in späteren Jahren verwertet werden können. Für *GloBE*-Zwecke wird allerdings das (negative) Einkommen ohne permanente Differenzen (wie zB Forschungsprämie oder Investitionsfreibetrag) berechnet und daraus der erwartete (negative) Steueraufwand (entspricht *GloBE*-Verlust mal 15 %) ermittelt. Sind die angepassten erfassten Steuern niedriger als dieser erwartete Betrag (entsteht also ein latenter Steuerertrag aus im Verlustvortrag enthaltenen permanenten Differenzen), wird die Differenz einer Ergänzungssteuer (*additional current top-up tax*) unterworfen. Im Ergebnis wird bei permanenten Differenzen bereits im Verlustjahr eine Mindestbesteuerung von 15 % sichergestellt statt erst in jenem Jahr, in dem diese über den Verlustvortrag verwertet werden können.[42]

5.2. Beteiligungen

Für Zwecke von *GloBE / Pillar II* sind Beteiligungen weitgehend neutral zu behandeln. Zum einen ist das *GloBE*-Einkommen um ertragswirksam erfasste Beteiligungserträge[43] sowie um Gewinne oder Verluste aus der Veräußerung von Schachtelbeteiligungen von mindestens 10 % zu bereinigen.[44] Zum anderen wirkt sich ein steuerwirksamer Aufwand aus Abschreibungen oder Verlusten aus der Veräußerung von Schachtelbeteiligungen nicht auf die angepassten erfassten Steuern aus. Sowohl der laufende als auch der latente Steueraufwand (*„the amount of [deferred] tax expense"*) sind entsprechend zu neutralisieren.[45] Angesichts des Wortlauts (*„tax expense"*) stellt sich aber die Frage, welche Auswirkungen sich auf den effektiven Steuersatz ergeben, wenn sich aufgrund der österreichischen Beteiligungsbesteuerung kein Steueraufwand ergibt, sondern dieser sinkt oder ein latenter Steuerertrag entsteht.

Dies wäre zB bei Abschreibungen und Verlusten aus der Veräußerung von Schachtelbeteiligungen an inländischen Tochtergesellschaften der Fall, die gemäß § 12 Abs 3 Z 2 KStG über sieben Jahre verteilt steuermindernd geltend zu machen sind. Diese beeinflussen nicht das *GloBE*-Einkommen, führen aber auch zu keinem Steueraufwand (*„tax expense"*), sondern zu einer Reduktion der Steuerbelastung. Würde man diesen Effekt für Zwecke der angepassten erfassten Steuern nicht korrigieren, käme es zu einer Reduktion des effektiven Steuersatzes, die im Einzelfall sogar eine Ergänzungssteuer auslösen könnte.

---

[42] Siehe aber auch OECD, Tax Challenges Arising from the Digitalisation of the Economy – Administrative Guidance on the Global Anti-Base Erosion Model Rules (Pillar Two) (2023) 49 ff.

[43] Eine Ausnahme besteht lediglich für Gewinnausschüttungen von (Tochter-)Gesellschaften, an denen eine Beteiligung von weniger als 10 % (*portfolio shareholding*) besteht, die zum Ausschüttungszeitpunkt noch kein Jahr gehalten wird.

[44] Art 3.2.1.(b) und (c) der OECD-Musterregelungen sowie Art 14 Abs 1 iVm Art 15 Abs 1 lit b und c EU-Richtlinie.

[45] Art 4.1.3.(a) und 4.4.1.(a) der OECD-Musterregelungen sowie Art 20 Abs 3 lit a und Art 21 Abs 5 lit a EU-Richtlinie.

Nach dem Kommentar zu den OECD-Musterregelungen kann der Begriff „*tax expense*" aber auch einen Steuerertrag (iSv „*negative tax expense*")[46] umfassen. Der Begriff „*tax expense*" kann demnach sowohl ein positives als auch ein negatives Vorzeichen aufweisen.[47] Dies spricht dafür, die angepassten erfassten Steuern zu erhöhen,[48] wenn negative Einkünfte das *GloBE*-Einkommen unberührt lassen, aber zu einer Reduktion der Steuerbelastung führen. Zudem sollte es für Zwecke der notwendigen Neutralisierung nicht darauf ankommen, ob ein Zuschreibungs- oder Veräußerungsgewinn aus einer Beteiligung zu einem erhöhten laufenden Steueraufwand geführt hat, ein Abschreibungs- oder Veräußerungsverlust einen höheren latenten Steuerertrag nach sich gezogen hat (diesbezüglich enthält der Kommentar ein eigenes Beispiel zu steuerwirksamen Beteiligungen)[49] oder einer der genannten Vorgänge eine anderweitige Auswirkung auf den Steueraufwand hatte. Bei steuerwirksamen Vorgängen im Zusammenhang mit einer Schachtelbeteiligung sollte daher ein Ertrag multipliziert mit dem relevanten Steuersatz die angepassten erfassten Steuern verringern und ein Aufwand die angepassten erfassten Steuern entsprechend erhöhen. Wird zB ein Ergebnis vor Steuern iHv 40 erzielt, das um eine Teilwertabschreibung iHv 70 reduziert wurde, ergibt sich kein Einfluss auf den effektiven Steuersatz:[50]

---

[46] OECD, Tax Challenges Arising from the Digitalisation of the Economy – Commentary to the Global Anti-Base Erosion Model Rules (Pillar Two) (2022) Art 4 Rz 70.

[47] OECD, Tax Challenges Arising from the Digitalisation of the Economy – Commentary to the Global Anti-Base Erosion Model Rules (Pillar Two) (2022) Art 4 Rz 70 („*[w]hen established, deferred tax assets are recorded as negative tax expense [i.e., income tax benefit] whereas deferred tax liabilities are recorded as tax expense*") und Art 4 Rz 73, wo explizit dargelegt wird, dass auch ein latenter Steuerertrag gemäß Art 4.4.1.(a) der OECD-Musterregelungen zu kürzen sein kann; vgl weiters OECD, Tax Challenges Arising from the Digitalisation of the Economy – Commentary to the Global Anti-Base Erosion Model Rules (Pillar Two) (2022) Art 3 Rz 18, wonach auch „*negative accrued pension expenses*" möglich sind.

[48] Art 4.1.3.(a) der OECD-Musterregelungen sowie Art 20 Abs 3 lit a und Art 21 Abs 5 lit a EU-Richtlinie sprechen zwar von einer „*reduction*". Eine Reduktion um „*negative tax expenses*" führt aber mathematisch zu einer Erhöhung (Minus und Minus ergibt Plus). Zudem werden latente Steuern iZm „*excluded dividends [and an] excluded equity gain or loss*" gemäß Art 4.1.1.(b) iVm Art 4.4.1.(a) der OECD-Musterregelungen als eine der „*exclusions*" angesehen, sodass auch dieser Wortlaut es nicht ausschließt, dass es zu einer Reduktion oder Erhöhung kommt.

[49] OECD, Tax Challenges Arising from the Digitalisation of the Economy – Commentary to the Global Anti-Base Erosion Model Rules (Pillar Two) (2022) Art 4 Rz 73.

[50] Soweit sich aufgrund der Siebentel-Regel gemäß § 12 Abs 3 Z 2 KStG temporäre Differenzen ergeben, die über einen latenten Steuerertrag berücksichtigt werden, und bei diesem latenten Steuerertrag eine Anpassung von 25 % auf 15 % erfolgt, kann auch nur dieser mit 15 % berechnete Steuerertrag nach Art 4.1.1.(b) iVm Art 4.4.1.(a) der OECD-Musterregelungen neutralisiert werden (im Beispiel insgesamt 9). Soweit sich hingegen ein Siebentel auf den laufenden Steueraufwand auswirkt und daher der Steuersatz nicht angepasst wird, ist auch die entsprechende Neutralisierung nach Art 4.1.3.(a) der OECD-Musterregelungen mit derzeit 25 % zu berechnen (im Beispiel 2,5).

Beispiel

Steuerrecht	
Ergebnis vor Steuern	40,00
TWA (Hinzurechnung von 6/7)	60,00
Steuerergebnis	100,00
Körperschaftsteuer (25 %)	25,00

Rechnungslegung	
Ergebnis vor Steuern	40,00
Körperschaftsteuer	-25,00
latenter Steuerertrag (25 %)	15,00
Ergebnis nach Steuern	30,00
effektiver Steuersatz	25,00 %

GloBE	
Ergebnis vor Steuern	40,00
TWA-Anpassung (7/7)	70,00
GloBE-Einkommen	110,00
Körperschaftsteuer (25%)	25,00
TWA-Anpassung (1/7)	2,50
latenter Steuerertrag (15%)	-9,00
TWA-Anpassung (6/7)	9,00
Adjusted covered taxes	27,50
effektiver Steuersatz	25,00 %

5.3. Verluste ausländischer Gruppenmitglieder

Verluste ausländischer Gruppenmitglieder können nach Maßgabe des § 9 Abs 6 Z 6 KStG im Inland verwertet werden und reduzieren die Steuerbelastung des Gruppenträgers. Da solche Auslandsverluste gemäß § 9 Abs 6 Z 7 KStG jedoch nachversteuerungshängig sind, ist für die zu erwartende Nachversteuerung bereits in jenem Jahr, in dem Verluste ausländischer Gruppenmitglieder im Inland verwertet werden, eine *„Verbindlichkeit für tatsächliche Ertragsteuern aus der laufenden Periode und aus früheren Perioden anzusetzen"*.[51] Während sich also aus steuerlicher Sicht eine Reduktion der Steuerbelastung ergibt, steht dieser aus Sicht der Rechnungslegung in derselben Periode ein betraglich korrespondierender Steueraufwand aufgrund der zukünftig vorzunehmenden, aber der laufenden Periode zuzurechnenden Nachversteuerungspflicht entgegen. Der Steueraufwand für Zwecke der Rechnungslegung entspricht somit jenem, der sich steuerlich ohne Verwertung der Verluste ausländischer Gruppenmitglieder ergäbe.

Da es sich bei dem aus der Nachversteuerungspflicht resultierenden Steueraufwand um keinen latenten, sondern um einen laufenden Steueraufwand handelt, ist dieser nicht an den Mindeststeuersatz anzupassen. Insofern ergeben sich daher durch die Verwertung von Verlusten ausländischer Gruppenmitglieder keine Auswirkungen auf den effektiven Steuersatz. Auch wenn keine Nachversteuerung innerhalb von drei Jahren erwartet wird,[52] wäre es teleologisch überzeugender, wenn der Steueraufwand aus der Nachversteuerungspflicht berücksichtigt wird. Denn § 9 Abs 6 Z 7 KStG räumt gerade kein Wahlrecht ein, die Nachversteuerung zu einem beliebigen Zeitpunkt vorzunehmen,[53] sondern legt den Nachversteuerungszeitpunkt explizit fest. Daher kann der Konzern auch nicht bestimmen, wann die Steuer tatsäch-

---

[51] AFRAC-Stellungnahme 13, Gruppenbesteuerung (IFRS), Rz (22); vgl auch *Häusle/ Platzgummer*, Latente Steuern iSd RÄG 2014: Überblick und ausgewählte Themen, RWZ 2016, 160 (162 f).

[52] Zur Dreijahresfrist siehe Punkt 4.

[53] Dieses Wahlrecht ist teleologisch offenbar die Begründung der Dreijahresfrist. Vgl OECD, Tax Challenges Arising from the Digitalisation of the Economy – Commentary to the Global Anti-Base Erosion Model Rules (Pillar Two) (2022) Art 4 Rz 17.

lich beglichen wird. Für eine solche Berücksichtigung spricht rechtspolitisch zudem, dass der Steueraufwand zumindest einmal berücksichtigt werden sollte. Ob sich das BMF dieser Interpretation anschließt, bleibt allerdings abzuwarten.

5.4. Steuerumlagen

Verwerfungen können sich auch iZm Steuerumlagevereinbarungen bei Unternehmensgruppen ergeben. Sieht zB eine Steuerumlagevereinbarung vor, dass keine negativen Steuerumlagen gezahlt, sondern verlusterwirtschaftenden Gruppenmitgliedern stattdessen ein interner Verlustvortrag gewährt wird, könnten die *GloBE*-Regelungen so verstanden werden, dass ein solches Gruppenmitglied für *GloBE*-Zwecke aktive latente Steuern für den internen Verlustvortrag zu berücksichtigen hat.[54] Sollte nicht zu erwarten sein, dass das betreffende Gruppenmitglied in der Zukunft ausreichend Gewinne erwirtschaftet, um vom internen Verlustvortrag zu profitieren, steht diesem (nur für *GloBE*-Zwecke anzusetzenden) latenten Steuerertrag beim Gruppenträger mangels Notwendigkeit der Bildung einer Rückstellung kein korrespondierender Steueraufwand gegenüber. Gesellschaftsübergreifend würde sich daher der effektive Steuersatz reduzieren.

Selbst wenn aber der Gruppenträger korrespondierend zum latenten Steuerertrag des verlusterwirtschaftenden Gruppenmitglieds eine Rückstellung und daher einen (laufenden) Steueraufwand verbucht, wäre dieser Steueraufwand uU für *GloBE*-Zwecke nicht zu berücksichtigen. Wenn nämlich der rückstellungsbedingte Steueraufwand nicht innerhalb von drei Jahren zu einer Steuerzahlung (iSe negativen Steuerumlage an das Gruppenmitglied) führt, ist er für *GloBE*-Zwecke unberücksichtigt zu lassen. Es sollte daher jedenfalls geprüft werden, ob es sinnvoll ist, Steuerumlagevereinbarungen anzupassen, um diesen nachteiligen Effekt zu vermeiden.

6. Praktische Erwägungen für betroffene Konzerne

6.1. Vorbereitungsphase

Die *GloBE*-Regelungen unterscheiden sich signifikant vom bisherigen österreichischen Körperschaftsteuersystem. Zum einen ist die Ausgangsbasis nicht das nationale Unternehmensrecht, sondern der Rechnungslegungsstandard, der dem Konzernabschluss zugrunde liegt. Dabei kann es sich zwar im Einzelfall um das UGB handeln. Typischerweise wird als Ausgangsbasis aber IFRS heranzuziehen sein. Zum anderen erfordern die *GloBE*-Regelungen einen beträchtlichen Arbeitsaufwand, um den effektiven Steuersatz berechnen zu können. Dieser fällt unabhängig davon an, ob im Ergebnis überhaupt eine Ergänzungssteuer anfällt. Aufgrund der jährlich einzureichenden Erklärungen (und vorbehaltlich etwaiger Erleichterungen, die sich womöglich noch durch das OECD Implementation Framework ergeben) sind die Berechnungen nämlich jedenfalls vorzunehmen.

---

[54] Art 4.4.2.(c) der OECD-Musterregelungen sowie Art 21 Abs 4 EU-Richtlinie.

Unternehmen stehen vor diesem Hintergrund vor mehreren Herausforderungen, die es in kurzer Zeit (möglicherweise schon bis 2024) zu bewältigen gilt: Zunächst liegt es wohl an der Steuerabteilung eines Unternehmens, eine inhaltliche Analyse vorzunehmen; sich also mit den *GloBE*-Regelungen im Detail auseinanderzusetzen und ein Verständnis für die Funktionsweise und die erforderlichen Daten zu bekommen. Basierend darauf macht es Sinn, eine Betroffenheitsanalyse (zB für besonders gefährdete Jurisdiktionen) durchzuführen; also im Wege vereinfachter Berechnungen zu analysieren, ob eine Gefahr besteht, dass eine Ergänzungssteuer anfällt. Ist dies der Fall, sollten die Ursachen analysiert und überlegt werden, ob es Wege (zB Restrukturierungen, Bilanzpolitik, GAAP-Shopping, etc) gibt, die Ergänzungssteuer zu vermeiden. Daran anschließend sollte die interne Kommunikation folgen. Dabei bietet es sich an, abteilungsübergreifend mit Kolleginnen und Kollegen aus den Bereichen (Konzern-)Rechnungslegung, Steuern und IT abzuklären, wo welche Verantwortlichkeiten iZm *GloBE* liegen, ob die Administration der *GloBE*-Regelungen mit den verfügbaren Ressourcen bewältigbar ist, ob zusätzliche Mitarbeiter (und wenn ja, in welchem Bereich) benötigt werden, inwieweit externer Beratungsbedarf besteht und ob/wie die *GloBE*-Ermittlung im IT-System (zB durch einen eigenen *GloBE*-Ledger)[55] abgebildet werden kann. Im nächsten Schritt gilt es, die Geschäftsführung / den Vorstand zu informieren. Selbst wenn die Betroffenheitsanalyse ergibt, dass *GloBE* zu keinem zusätzlichen Steueraufwand führen sollte, ist dieser in Bezug auf den zweifellos zu erwartenden Verwaltungsaufwand und die damit einhergehenden Kosten sowie den zusätzlichen Ressourcenbedarf zu sensibilisieren.

6.2. Implementierungsphase

Im nächsten Schritt folgt die Implementierung, bei der sich diverse Herausforderungen stellen können. So ist zB als Ausgangsbasis auf Einzelgesellschaftsebene die jeweilige Handelsbilanz II heranzuziehen. In manchen Fällen ist eine einem vollwertigen Einzelabschluss entsprechende Handelsbilanz II aber womöglich gar nicht vorhanden, weil zB erforderliche Buchungen zur Anpassung an die Rechnungslegungsgrundsätze der obersten Muttergesellschaft nicht bereits in der Handelsbilanz II der jeweiligen Geschäftseinheit, sondern erst in einem späteren Schritt auf Konzernebene vorgenommen werden.[56] Insofern kann es daher Handlungsbedarf geben, um zu einer „vollwertigen" Handelsbilanz II zu gelangen. Alternativ lassen es die *GloBE*-Regelungen zwar zu, einen Einzelabschluss als Grundlage her-

---

[55] Faktisch ergibt sich durch die *GloBE*-Regelungen immerhin eine zusätzliche (neben IFRS, UGB und ggf auch Steuerrecht hinzutretende) Gewinn(- und Steuer-)ermittlung. Vgl *Eberhartinger/Winkler*, Pillar One & Pillar Two: Die Internationalisierung der umgekehrten Maßgeblichkeit?, RWZ 2022, 152; *Hierstetter*, Pillar Two Blueprint – Eine erste Bewertung der GloBE-Vorschläge zu einer globalen Mindestbesteuerung, IStR 2020, 874 (880).

[56] Vgl *Brugger/Melcher/Wosak*, Globale Mindestbesteuerung: Ermittlung des GloBE-Einkommens, SWK 2022, 596 (597 f).

anzuziehen, der auf Basis eines vom Konzernabschluss abweichenden Rechnungslegungsstandard erstellt wurde. Dies setzt jedoch voraus, dass die Finanzbuchhaltung auf diesen Standards basiert, die enthaltenen Informationen verlässlich sind und permanente Differenzen im Vergleich zum Konzernrechnungslegungsrechts angepasst werden, wenn sie betragsmäßig EUR 1 Mio übersteigen.[57] Darüber hinaus muss das Abstellen auf den Konzernrechnungslegungsstandard unverhältnismäßig sein (*not reasonably practicable*). Die OECD nennt als Beispiel dafür Fälle, in denen eine Konzernübernahme stattgefunden hat und die neu erworbenen Gesellschaften bislang nach einem anderen Rechnungslegungsstandard bilanziert haben und die Umstellung noch nicht vollständig abgeschlossen ist.[58] Es ist daher zu befürchten, dass eine Unverhältnismäßigkeit nur in wenigen Fällen vorliegen wird.

Zahlreiche Detaildaten können aber ohnehin nicht einer (vollwertigen) Handelsbilanz II entnommen werden, sodass es für die Datenbeschaffung eines Rückgriffs auf Reportingdaten[59] oder andere (Vor-)Systeme bedarf. Teilweise wird es auch erforderlich sein, Daten mittels zB Fragebögen zu erheben. Zu bedenken ist auch, dass sämtliche Daten vorhanden sein werden, aber womöglich nicht immer in jener Form, wie sie für die *GloBE*-Ermittlung benötigt werden. Daher ist mitunter auch eine Datenaufbereitung erforderlich. In diesem Zusammenhang sollte überlegt werden, ob es Sinn macht, neue Konten anzulegen, um die Daten zukünftig einfacher verfügbar zu machen, oder welche anderen Wege es gibt, die Datenaufbereitung zu systematisieren oder gar zu automatisieren. Beim Thema Datenbeschaffung und -aufbereitung ist auch zu überlegen, wie die *GloBE*-Ermittlung in den bereits existierenden Reportingprozess integriert werden kann.

6.3. Anwendungsphase

Die EU-Richtlinie sieht vor, dass die vorgeschriebenen Erklärungen für die Globale Mindestbesteuerung spätestens 15 Monate nach Ablauf des maßgebenden Wirtschaftsjahres einzureichen sind, wobei für das erste Jahr eine längere Frist von 18 Monaten vorgesehen ist. Praktisch könnte daher in vielen Fällen der 30. Juni 2026 die steuerliche Deadline sein. Allerdings wird sich die Globale Mindestbesteuerung auch auf die Finanzberichterstattung auswirken; zum einen in jenen Fällen, in denen mit einer Ergänzungssteuer zu rechnen ist, sodass es einer entsprechenden Erhöhung des Steueraufwands bedarf. Zum anderen kann es aber auch zu Nachfragen von Stakeholdern oder der Öffentlichkeit kommen, wie ein Konzern mit dem Thema *GloBE / Pillar II* umgeht. Konzerne, die zur Quartalsberichterstattung verpflichtet sind, werden daher bereits zum Ende des ersten Quartals 2024 gut aufgestellt sein müssen.

---

[57] Art 3.1.3. der OECD-Musterregelungen sowie Art 14 Abs 2 EU-Richtlinie.

[58] OECD, Tax Challenges Arising from the Digitalisation of the Economy – Commentary to the Global Anti-Base Erosion Model Rules (Pillar Two) (2022) Art 3 Rz 13.

[59] Dabei muss es sich nicht zwangsläufig um das Reporting für Rechnungslegungszwecke handeln. Daten können uU auch aus dem CbC-Report entnommen werden.

Wenngleich die reale Deadline daher deutlich früher sein kann, ist bis zum 30. Juni 2026 auch zu entscheiden, wie der Einreichprozess aufgesetzt wird. Die *GloBE*-Musterregelungen enthalten nämlich verschiedene Möglichkeiten. Grundsätzlich ist vorgesehen, dass jede Geschäftseinheit eine Erklärung abzugeben hat. Es kann für eine Jurisdiktion aber auch eine Geschäftseinheit (*designated local entity*) die Erklärung(en) für alle anderen Geschäftseinheiten derselben Jurisdiktion einreichen.[60] Unter bestimmten Voraussetzungen kann auch die oberste Konzerngesellschaft (*ultimate parent entity*) oder eine designierte Konzerneinheit (*designated filing entity*) die Einreichung jurisdiktionsübergreifend vornehmen.[61] In den letztgenannten Fällen bedarf es allerdings einer Mitteilung an die jeweilige Finanzverwaltung durch die erklärungsbefreiten Geschäftseinheiten.[62] Je nach Konzernaufbau, -organisation und den internen Strukturen kann die eine oder die andere Variante vorteilhaft sein.

7. Ausblick

Die Globale Mindestbesteuerung (*GloBE / Pillar II*) bringt für Steuerpflichtige (aber auch für die Finanzverwaltung) große Herausforderungen mit sich. Die geplanten Regelungen sind nicht nur inhaltlich komplex, sondern auch insofern herausfordernd, als zu ihrem Verständnis (noch mehr als bisher) interdisziplinäres Know-How aus der Rechnungslegung und dem Steuerrecht benötigt wird. Die in den *GloBE*-Regelungen enthaltene Verknüpfung geht über all das, was wir in Österreich bisher gewohnt waren, weit hinaus. Dies bedeutet, dass nicht nur intellektuell, sondern auch organisatorisch und prozessual vorzusorgen ist. Multinationale Unternehmensgruppen müssen die geplanten Regelungen innerhalb von kürzester Zeit verstehen, die sich daraus ergebenden Schritte ableiten und setzen, um rechtzeitig „*GloBE-compliant*" sein zu können, sowie ihre Organisation und Prozesse entsprechend adaptieren. Die Vorlaufzeit für all dies sollte weder von den internationalen Normensetzern und den nationalen Gesetzgebern noch von den Unternehmen unterschätzt werden.

---

[60] Art 8.1.1. OECD-Musterregelungen und Art 42 Abs 2 EU-Richtlinie.
[61] Art 8.1.2. OECD-Musterregelungen und Art 42 Abs 3 EU-Richtlinie.
[62] Art 8.1.3. OECD-Musterregelungen und Art 42 Abs 4 EU-Richtlinie.

Globale Mindeststeuer aus unionsrechtlicher Sicht

Daniela Hohenwarter-Mayr

1. Die zwei Säulen der neuen Weltsteuerordnung

Nach den Vorstellungen des „*OECD/G20 Inclusive Framework on BEPS*" soll die künftige „*Weltsteuerordnung für Unternehmensgewinne*"[1] auf zwei Säulen gebaut sein.[2] Während die erste Säule (*Pillar 1*) eine Neuverteilung der Besteuerungsrechte in Richtung Marktstaaten erreichen soll, umfasst die zweite Säule (*Pillar 2*) die Einführung einer globalen Mindeststeuer auf Gewinne multinationaler Konzerne und die damit zusammenhängenden Erhebungsmechanismen (= „*Global Anti-Base Erosion*"-Rules oder kurz GloBE-Rules).[3] Inhaltlich wird unter dem „Arbeitspaket" der zweiten Säule zwar auch die Schaffung einer Rückfallklausel (*Subject to Tax Rule, STTR*) geführt, die Quellenstaaten das Recht zur Besteuerung von bestimmten konzerninternen Zahlungen einräumen soll, sofern diese im Ansässigkeitsstaat der empfangenden Konzerneinheit keiner angemessenen Besteuerung von zumindest 9 % unterliegen.[4] Da die Einführung einer solchen *Subject to Tax*-Regelung die Anpassung des bestehenden DBA-Netzes erfordert, wird sie jedoch (noch) gesondert behandelt und ist nicht Teil der GloBE-Rules.[5] Diese stehen im Zentrum des vorliegenden Beitrages.

---

[1] *Wünnemann*, Neue Weltsteuerordnung für Unternehmensgewinne, IStR 2021, 73 (73); *Bendlinger*, Die G20 beschließen eine neue Weltsteuerordnung, VWT 2021, 282 (282).

[2] Mit 16.12.2022 haben 138 Staaten und Jurisdiktionen des Inclusive Frameworks ihre Zustimmung zum „*Statement on a Two-Pillar Solution to Address the Tax Challenges Arising from the Digitalisation of the Economy*" abgegeben (https://www.oecd.org/tax/beps/oecd-g20-inclusive-framework-members-joining-statement-on-two-pillar-solution-to-address-tax-challenges-arising-from-digitalisation-october-2021.pdf; zuletzt abgerufen am 4.2.2023).

[3] OECD, Statement on a Two-Pillar Solution to Address the Tax Challenges Arising from the Digitalisation of the Economy (8.10.2021) 1 ff; siehe https://www.oecd.org/tax/beps/statement-on-a-two-pillar-solution-to-address-the-tax-challenges-arising-from-the-digitalisation-of-the-economy-october-2021.pdf.

[4] Vgl OECD, Tax Challenges Arising from Digitalisation – Report on Pillar Two Blueprint (2020) 150 ff; dazu auch *Jirousek*, Pillar Two – Die subject to tax rule (STTR), ÖStZ 2021, 55 (55 ff).

[5] OECD, Statement on a Two-Pillar Solution (8.10.2021) 3.

Die GloBE-Regelungen schaffen ein System, das aus zwei zusammenhängenden Regelungen besteht und in Fällen, in denen ein multinational agierendes „*In Scope*-Unternehmen" in einer Steuerjurisdiktion einer effektiven Steuerbelastung von weniger als 15 % unterliegt, eine Ergänzungssteuer (*top-up tax*) vorsieht. Durch die Verzahnung von IIR (*Income Inclusion Rule* oder im EU-Jargon „*Primärergänzungssteuerregelung*") und UTPR (*Undertaxed Payments/Profits Rule* oder „*Sekundärergänzungssteuerregelung*")[6] soll sichergestellt werden, dass große Konzerne ein Mindestmaß an Steuer auf ihre Einkünfte aus allen Jurisdiktionen zahlen, in denen sie wirtschaftlich tätig sind.[7] Wurden in den vorhergehenden Beiträgen die einzelnen Regelungen in ihren Details vorgestellt und daraus resultierende Sonderfragen im Lichte des bestehenden österreichischen Konzernsteuerrechts gewürdigt, tritt der vorliegende Beitrag wieder einen Schritt zurück und widmet sich einer Einordnung dieses Regelungskomplexes aus unionsrechtlicher Sicht.

2. *Pillar 2* und die EU

2.1. GloBE-Regelungen als „*common approach*"

Den Ausgangspunkt für die Einführung einer international akkordierten Mindestbesteuerung bildete eine deutsch-französische Initiative im Jahr 2018.[8] Die Zeichen der Zeit standen schon damals auf Veränderung und dieses Momentum wusste man zu nutzen. Nicht nur die Arbeiten des „*Inclusive Framework on BEPS*"[9] oder die

---

6   Während die OECD die Abkürzung IIR ursprünglich als Akronym für „*Income Inclusion Rule*" verwendet hat, verzichten die Musterregelungen auf eine nähere Umschreibung der Buchstabenkombination. Die GloBE-Richtlinie (RL [EU] 2022/2523 des Rates vom 15. Dezember 2022 zur Gewährleistung einer globalen Mindestbesteuerung für multinationale Unternehmensgruppen und große inländische Gruppen in der Union, ABl L 328 vom 22.12.2022 idF ABl L 13 vom 16.1.2023, 9) definiert die IIR in Art 1 dagegen weiterhin als „*Income Inclusion Rule*" (übersetzt Primärergänzungssteuerregelung, PES). Parallel dazu wurde die Abkürzung „*UTPR*" in den Vorarbeiten der OECD zunächst als Akronym für „*Undertaxed Payment Rule*" verwendet; in den Musterregelungen hingegen nur noch als Kunstwort. In der GloBE-Richtlinie steht UTPR für „*Undertaxed Profit Rule*", (übersetzt als Sekundärergänzungssteuerregelung, SES). Da beide Mechanismen jeweils inhaltlich definiert werden, haben die unterschiedlichen Begrifflichkeiten mE aber keine materiellen Auswirkungen.

7   OECD, Tax Challenges Arising from the Digitalisation of the Economy – Commentary to the Global Anti-Base Erosion Model Rules (Pillar Two), First Edition (2022) Rn 2–6.

8   Deutsche Presse-Agentur, OECD: Scholz schlägt globale Mindeststeuer für Konzerne vor, https://www.zeit.de/news/2018-10/19/oecd-scholz-schlaegt-globale-mindeststeuer-fuer-konzerne-vor-181019-99-439283 (Stand 19.10.2018); *Englisch*, GloBE – Der 2020 Blueprint für eine nationale effektive Mindeststeuer, FR 2021, 1 (2); *Röder*, Weltweite Mindestbesteuerung multinationaler Unternehmen? Der Global-Anti-Base-Erosion-Vorschlag der OECD und seine Relevanz für das deutsche Unternehmenssteuerrecht, StuW 2020, 35 (38).

9   https://www.oecd.org/tax/beps/beps-actions/.

Überlegungen der EU zur Neufassung der Zinsen- und Lizenzgebührenrichtlinie[10] deuteten auf einen steuerpolitischen Klimawandel hin, vor allem die US-amerikanische Unternehmenssteuerreform mit *„GILTI"*[11] und *„BEAT"*[12] als unilaterale Vorläufer eines Mindestbesteuerungsregimes dürfte letztlich den entscheidenden Impuls dafür gegeben haben, den Vorstoß für eine global koordinierte Variante einer solchen Mindeststeuer zu wagen.[13] Zunächst nur im Rahmen eines G7-Finanzministertreffens präsentiert,[14] fand der Vorschlag schließlich mit der *„Policy Note"* vom Jänner 2019 als Teil der Zwei-Säulen-Lösung Eingang in das Arbeitsprogramm des Inclusive Frameworks.[15] Im Anschluss an die Veröffentlichung eines *„Blueprints"* im Jahr 2020,[16] dem – abgesehen vom Mindeststeuersatz selbst und der Möglichkeit zur Einführung einer nationalen Ergänzungssteuer[17] – bereits wesentliche Details entnommen werden konnten,[18] wurden nach der politischen Einigung vom 1.7.2021[19] bereits im Dezember 2021 die GloBE-Musterregelungen für die

---

[10] Diese Überlegungen sind letztlich gescheitert; vgl *Englisch*, FR 2021, 2; *Lamer*, EU tries to find common voice on Digital Tax, TNI 13.5.2019, 648 (648).

[11] *„Global Intangible Low-Taxed Income"*; § 951A Internal Revenue Code of the United State of America.

[12] *„Base Erosion and Anti-Abuse Tax"*; § 59A Internal Revenue Code of the United State of America.

[13] *Englisch*, FR 2021, 2.

[14] Franco-German joint declaration on the taxation of digital companies and minimum taxation, https://www.consilium.europa.eu/media/37276/fr-de-joint-declaration-on-the-taxation-of-digital-companies-final.pdf; dazu auch *Englisch*, FR 2021, 2.

[15] OECD/G20 BEPS Project, Adressing the Tax Challenges of the Digitalisation of the Economy – Policy Note as approved by the Inclusive Framework on BEPS on 23 January 2019 (https://www.oecd.org/tax/beps/policy-note-beps-inclusive-framework-addressing-tax-challenges-digitalisation.pdf); OECD, Programme of Work to Develop a Consensus Solution to the Tax Challenges Arising from the Digitalisation of the Economy, OECD/G20 Inclusive Framework on BEPS (2019) (https://www.oecd.org/tax/beps/programme-of-work-to-develop-a-consensus-solution-to-the-tax-challenges-arising-from-the-digitalisation-of-the-economy.pdf); OECD, Statement by the OECD/G20 Inclusive Framework on BEPS on the Two-Pillar Approach to Address the Tax Challenges Arising from the Digitalisation of the Economy – as approved by the OECD/G20 Inclusive Framework on BEPS on 29–30 January 2020 (https://www.oecd.org/tax/beps/statement-by-the-oecd-g20-inclusive-framework-on-beps-january-2020.pdf).

[16] OECD, Tax Challenges Arising from Digitalisation – Report on Pillar Two Blueprint: Inclusive Framework on BEPS (2020); veröffentlicht am 14.10.2020.

[17] Diese fand erst in den GloBE-Musterregelungen Eingang in das Regelungsgefüge der Mindestbesteuerung und wurde davor soweit ersichtlich auch nicht öffentlich diskutiert. Vgl *Devereux/Vella/Wardell-Burrus*, Pillar 2: Rule Order, Incentives, and Tax Competition, Oxford University Centre for Business Taxation Policy Brief, 14.1.2022 (abrufbar unter SSRN: https://ssrn.com/abstract=4009002).

[18] Siehe dazu etwa *Benecke/Rieck*, Pillar Two: Zwischen Oktober-2020-Blaupause und Oktober 2021-Ergebnissen, IStR 2021, 692 (692 ff).

[19] Vgl dazu *Riedler*, Globale Mindeststeuer: Einigung auf Ebene der OECD, SWK 2021, 1034 (1034 ff); für einen Überblick über die einzelnen Etappen auf dem Weg zur Eini-

nationale Umsetzung der globalen Mindeststeuer vorgelegt.[20] Im Unterschied zu *Pillar 1*, sind die GloBE-Regelungen der zweiten Säule als *„common approach"* (gemeinsamer Ansatz) ausgeflaggt. Folglich sind die Mitgliedstaaten des Inclusive Frameworks durch ihre Zustimmung nicht verpflichtet, die GloBE-Regelungen in ihr nationales Recht zu übernehmen.[21] Beschließen sie jedoch, dies zu tun, haben sie die Regelungen in einer Weise umzusetzen und zu administrieren, die mit den Ergebnissen der zweiten Säule einschließlich der Musterregelungen und dazu ergehender Leitlinien in Einklang stehen. Davon abgesehen müssen sie die Anwendung der GloBE-Regelungen[22] durch andere Inclusive Framework-Mitglieder *„akzeptieren"*.[23]

Die GloBE-Regelungen sollen in ihrem Anwendungsbereich bekanntermaßen eine effektive Besteuerung unterhalb von 15 % verhindern. Dazu bedienen sie sich zweier Erhebungsmechanismen: der IIR und der UTPR. Als Primärmechanismus in der Anwendungshierarchie fungiert die IIR. Mittels *„topdown"*-Ansatz bewirkt sie eine Nachbesteuerung effektiv zu niedrig besteuerter Einkünfte von untergeordneten, kontrollierten Konzerneinheiten durch Erhebung der Ergänzungssteuer[24] auf Ebene der obersten Konzerneinheit.[25] Flankiert wird die IIR durch die UTPR, die als Auffangmechanismus subsidiär die Erhebung der Zusatzsteuer im Wege der Versagung des Abzugs von Betriebsausgaben oder einer gleichwertigen Anpassung für

---

gung auch *Fehling/Koch*, Einigung beim Zwei-Säulen-Projekt – die Reform der internationalen Unternehmensbesteuerung, IStR 2021, 561 (562 f und 565 ff); weiters *Anselmi/Rauner-Andrae*, in diesem Band.

[20] OECD, Tax Challenges Arising from the Digitalisation of the Economy – Global Anti-Base Erosion Model Rules (Pillar Two): Inclusive Framework on BEPS (2021), veröffentlicht am 20.12.2021. Nach dem Statement des IF haben die Finanzminister*innen der G20-Staaten bei einem Treffen in Venedig zwischen 9. und 10. Juli 2021 das Grundkonzept beschlossen und sich während eines weiteren Treffens in Washington am 13. Oktober 2021 über die noch offen gebliebenen technischen Details geeinigt. Für einen Abgleich zwischen dem Blueprint und den GloBE-Musterregelungen siehe etwa *Schwarz*, Pillar Two – Es ist soweit, die finalen Regelungen zur weltweiten Mindestbesteuerung sind da!, IStR 2022, 37 (39 ff).

[21] Die Zustimmung beinhaltet demnach keine politische Absichtserklärung, tatsächlich eine Mindestbesteuerung im jeweiligen nationalen Recht einzuführen. Nur die Staaten mit einer entsprechenden Regelungsabsicht sollen sich an den GloBE-Musterregelungen orientieren, deren Anwendung wiederum alle übrigen Staaten zu tolerieren haben. *Englisch*, Die globale Mindeststeuer – Chancen und Herausforderungen der internationalen effektiven Mindeststeuer -GloBE, StuW 2022, 185 (185).

[22] Einschließlich der Vereinbarungen über die Rangordnung der Regeln und die Anwendung vereinbarter Safe-Harbour-Regelungen.

[23] OECD, Statement on a Two-Pillar Solution (8.10.2021) 3.

[24] Für die Berechnung siehe Art 5.2 GloBE-Musterregelungen; *Schwarz*, IStR 2022, 37 (44 f); weiters *Bendlinger/Kofler*, Computation of the Effective Tax Rate and the 'Top-up Tax', in *Haslehner/Pantazatou/Kofler/Rust* (eds) The Global Corporate Minimum Tax (in Druck).

[25] Art 2.1 bis 2.3 GloBE-Musterregelungen.

jene Fälle vorsieht, in denen die effektive Mindestbesteuerung iHv 15 % nicht bereits durch die IIR gewährleistet wird.[26]

Zugrunde liegt diesen Überlegungen letztlich das aus der Spieltheorie bekannte „*collective action*"-Problem[27], das durch die Souveränität der Staaten entsteht, ihre effektiven Körperschaftsteuersätze selbst zu bestimmen.[28] Damit verbunden ist zugleich der Anreiz, durch Steuersenkungen im Vergleich zu den Mitbewerbern an Attraktivität zu gewinnen, um so Investitionsströme und damit letztlich Einkunfts- und Steuerquellen in ihre Richtung umzuleiten.[29] Denn tendenziell wollen alle Staaten den Kapitalexport verhindern und den Kapitalimport fördern. Konsequenterweise sind sie individuell versucht, zu Lasten der anderen Staaten Vorteile aus der spezifischen Gestaltung ihrer Steuerrechtsordnung zu ziehen, was für das Steueraufkommen und die Produktion öffentlicher Güter die Gefahr eines „*race to the bottom*" birgt.[30] Der uneingeschränkte Steuerwettbewerb ist im Nash-Gleichgewicht nicht wohlfahrtsoptimal und führt zu pareto-ineffizient niedrigen Steuersätzen.[31] Gleichzeitig schafft er Verzerrungen und Ungleichheit, insbesondere vertikale Ungleichheit.[32] Größere Unternehmen profitieren vom Steuerwettbewerb und der damit einhergehenden Steuerarbitrage aufgrund ihrer internationalen Mobilität bzw der Mobilität ihrer Wertschöpfungsprozesse meist mehr als ihre lokalen KMU-Mitbewerber. Außerdem droht er die verteilungspolitischen Entscheidungsspielräume der Staaten zu Lasten weniger mobiler Steuerquellen zu verengen, was wiederum dem Solidaritätsgedanken einer gleichmäßigen Steuerlastentragung widerspricht.[33]

Nun würde eine gemeinsame Vorgehensweise der Staaten durch kooperative Festlegung der effektiven Steuersätze zwar einen kollektiven Wohlfahrtsgewinn bewirken, ohne institutionalisierten Kooperationsdruck wäre dieses Gleichgewicht aber ständig der Gefahr der Defektion ausgesetzt.[34] Für den einzelnen Staat lohnt

---

[26] Art 2.4 bis 2.6 GloBE-Musterregelungen.

[27] Problem des kollektiven Handelns.

[28] MwN *Keen/Konrad*, The Theory of International Tax Competition, in *Auerbach/Chetty/ Feldstein/Saez* (Hrsg) Handbook of Public Economics, Volume 5 (2013) 257 (262 ff).

[29] Vgl zB *Rodi*, Internationaler Steuerwettbewerb, StuW 2008, 327 (327 ff mwN).

[30] *Rodi*, StuW 2008, 329. Dies gilt insbesondere für Einwicklungsländer, in denen dadurch die Gefahr einer suboptimalen Unterversorgung mit öffentlichen Gütern besteht. *Englisch*, StuW 2022, 187.

[31] *Keen/Konrad* in *Auerbach* et al (Hrsg) Handbook of Public Economics 5, 257 (268 ff); *de la Feria*, Pillar 2, Fiat, and the EU Unanimity Rule on Tax Matters, EC Tax Review 2023, 2 (7).

[32] *De la Feria*, EC Tax Review 2023, 7; zur vertikalen Ausprägung von Ungleichheit auch SA von GA *Kokott*, 10.1.2019, C-607/17, *Memira Holding*, EU:C:2019:8, Rn 76.

[33] *Englisch*, StuW 2022, 188; allgemein zu den Vor- und Nachteilen von Steuerwettbewerb *Feld/Kirchgässner*, Vor- und Nachteile des internationalen Steuerwettbewerbs, in *Müller/Fromm/Hansjürgens* (Hrsg) Regeln für den europäischen Systemwettbewerb, Steuern und soziale Systeme (2001) 21 (21 ff).

[34] *Mason*, A Wrench in GloBE's Diabolical Machinery, TNI 19.9.2022, 1391 (1391).

es sich nämlich nur dann zu kooperieren, wenn er sich sicher sein kann, dass die anderen Staaten ebenfalls kooperieren. Sobald ein einzelner Staat davon ausgeht, dass andere von der vereinbarten Vorgehensweise abweichen, ist es für ihn lohnender, ebenso abzuweichen und stattdessen die Abwärtsspirale zu beschleunigen, indem er die vereinbarten steuerlichen Standards unterbietet. Ein Dilemma: Denn das individuell rationale Verhalten einzelner Staaten führt durch fiskalische Externalitäten zur Schädigung anderer[35] und erzeugt am Ende einen Wohlfahrtsverlust für alle.[36]

Die GloBE-Regelungen bauen nun genau diesen institutionalisierten Kooperationsdruck auf, um das Ausscheren einzelner Staaten zu verhindern und das System insgesamt stabil zu halten. Basierend auf einem Bündel an steuerlichen *„fail-safes"*[37] folgen die GloBE-Regelungen dafür einer mitunter als *„teuflisch"*[38] bezeichneten Logik.[39] Hat einmal eine Gruppe von Staaten die GloBE-Regelungen implementiert, ist es für einen einzelnen Staat nicht mehr vorteilhaft, international agierende Konzerne mit einer Niedrigsteuerstrategie zu locken, würde doch ein anderer Staat, der die GloBE-Regelung umgesetzt hat, und in dem der Konzern ebenso tätig ist, diese Niedrigbesteuerung automatisch „abschöpfen". Die effektive Besteuerung unterhalb von 15 % wird insgesamt vermieden; dem niedrigbesteuernden Staat entgehen dadurch aber potentielle Steuereinnahmen, ohne dass die Unternehmen davon profitieren würden. Ist die Besteuerung als solche unvermeidbar, wird ein rational agierender Staat kooperieren, um so seine eigene Position innerhalb der Einnahmenzurechnungshierarchie zu optimieren.[40] Damit diese „teuflische Maschine-

---

[35]   Vgl *Feld*, Steuerwettbewerb und seine Auswirkungen auf Allokation und Distribution (2000) 45 ff; *Feld/Kirchgässner* in *Müller/Fromm/Hansjürgens* (Hrsg) Steuern und soziale Systeme, 25 ff; *Rixen*, Taxation and Cooperation – International Action against harmful Tax Competition, in *Schirm* (Hrsg) Globalization: State of the Art and Perspectives (2007) 61 (63 ff).

[36]   Steuersätze werden in der Tendenz zu niedrig festgelegt, weil sie die negativen Auswirkungen auf Drittländer nicht berücksichtigen. *Rodi*, StuW 2008, 329 mwN.

[37]   Zum Begriff der *„fiscal fail-safes"* siehe *Mason*, The Transformation of International Tax, American Journal of International Law Vol 114/3, 2020, 353 (376 ff).

[38]   *Pascal Saint-Amans* verwies auf die *„devilish logic"* der Regelungen; andere, wie *Claus Staringer* sprechen von *„diabolical engineering"*. Zitiert nach *Mason*, TNI 19.9.2022, 1391.

[39]   Die IIR hebt die effektive Steuerlast von Konzernen im Ansässigkeitsstaat der Muttergesellschaft auf 15 %. Da die weltweit größten Konzerne ihre Zentralen in wenigen Staaten konzentriert haben, würde bereits eine Umsetzung der IIR in diesen Staaten eine umfassende Wirkung zeitigen. Das System wäre mit einer IIR als alleiniger Regel aber nicht stabil, weil eine Abwanderung in nicht-kooperierende Staaten zu befürchten wäre, die wiederum die kooperierenden Staaten unter Druck setzen würden, selbst von der Vereinbarung abzuweichen. Diesen Druck nimmt die UTPR. Vgl *Mason*, TNI 19.9.2022, 1392 f.

[40]   *Mason*, TNI 19.9.2022, 1393. Kooperierende Staaten werden insoweit belohnt, als sie durch die Mindestbesteuerungsregelungen entweder prioritär besteuern dürfen (mittels regulärer Körperschaftsteuer, nationaler Ergänzungsteuer oder IIR) oder zusätzliche Steuern einheben können (im Rahmen der IIR oder UTPR).

rie" jedoch in Gang kommt, braucht es eine „kritische Masse" an kooperierenden Staaten. Je mehr Staaten, und insbesondere je mehr jener globalen Wirtschaftsmächte, in denen die Spitzen der Großkonzerne ansässig sind, die GloBE-Regelungen umsetzen, desto größer wird der Druck auf Niedrigsteuerstaaten die Besteuerung selbst auf das Mindestniveau zu heben.[41]

Schon allein daraus lässt sich ein gewisses Spannungsfeld für die EU ausmachen: So sind weder alle EU-Mitgliedstaaten im Inclusive Framework vertreten, noch verpflichten die OECD-Regelungen zur Umsetzung. Eine solche geballte Umsetzung innerhalb der EU wäre allerdings aus dem Blickwinkel der Funktionsweise des Regelungskomplexes notwendig, um die GloBE-Maschine zum Laufen zu bringen. Gleichwohl hätte eine bloße Übernahme der OECD-Musterregelungen in sämtlichen Mitgliedstaaten laute Störgeräusche verursacht. Denn aufgrund des Umfangs, des unterschiedlichen Grads an Detailliertheit und der technischen Einzelheiten dieser Regelungen, wären letztlich 27 – gemessen an der bisherigen Rechtsprechung des EuGH primärrechtswidrige[42] – Umsetzungsvarianten innerhalb der EU die Folge gewesen. Wenig überraschend hat man sich auf EU-Ebene daher von Anfang an für eine konzertierte Umsetzung ausgesprochen.[43] So sei es eben „*[i]n einer Union mit eng verflochtenen Volkswirtschaften*" unerlässlich, „*die Reform zur Einführung einer globalen Mindeststeuer auf eine hinreichend kohärente und koordinierte Weise [umzusetzen]*", um „*eine Fragmentierung des Binnenmarktes*" hintanzuhalten.[44] *„Zudem würde ein gemeinsamer Unionsrahmen, der mit den durch den Vertrag über die Arbeitsweise der Europäischen Union garantierten Grundfreiheiten vereinbar ist, den Steuerpflichtigen [und wohl auch den Mitgliedstaaten] Rechtssicherheit bei der Umsetzung dieser Vorschriften bieten."*[45]

---

[41] Durch eine allgemeine Anhebung des effektiven Körperschaftsteuersatzes oder durch Umsetzung der (optionalen) nationalen Ergänzungssteuer (Qualified Domestic Minimum Top-up Tax; QDMTT). Illustrativ dazu *Mason*, TNI 19.9.2022, 1393 f.

[42] Für viele *Becker/Englisch*, International Effective Minimum Taxation – The GloBE Proposal, WTJ 2019, 483 (524 ff); *Schmidt*, A General Income Inclusion Rule as a Tool for Improving the International Tax Regime – Challenges Arising from EU Primary Law, Intertax 2020, 983 (987 ff); *Devereux* et al, The OECD Global Anti-Base Erosion Proposal, Oxford University Centre for Business Taxation (2020) 47 ff; *Pinto Nogueira/ Turina*, Pillar Two and EU Law, in *Perdelwitz/Turina* (eds), Global Minimum Taxation? An Analysis of the Global Anti-Base Erosion Initiative (2021) 283 (289 ff); *Englisch*, Designing a Harmonized EU-GloBE in Compliance with the Fundamental Freedoms, EC Tax Review 2021, 136 (136 ff); *ders*, Non-harmonized Implementation of a GloBE Minimum Tax: How EU Member States Could Proceed, EC Tax Review 2021, 207 (209 f).

[43] Vgl Europäische Kommission, Mitteilung der Kommission an das Europäische Parlament und den Rat – Eine Unternehmensbesteuerung für das 21. Jahrhundert, COM(2021) 251 final (18.5.2021) 8 ff.

[44] Erwägungsgrund 4 GloBE-RL.

[45] Erwägungsgrund 4 GloBE-RL.

2.2. Richtlinie als Rechtsakt zur Umsetzung der GloBE-Regelungen in der EU

Der Rechtsrahmen des AEUV engt die Umsetzungsmöglichkeiten der GloBE-Regelungen innerhalb der EU auf das Instrument der Richtlinie ein.[46] Und so hat auch die Europäische Kommission als Reaktion auf die GloBE-Musterregelungen eine Richtlinie zur Umsetzung der GloBE-Regelungen in der EU veröffentlicht.[47] Als Kompetenzgrundlage wurde naheliegenderweise Art 115 AEUV herangezogen, was jedoch die Zustimmung sämtlicher Mitgliedstaaten bedingt: Sand im Getriebe der diabolischen Maschine. Denn am Einstimmigkeitserfordernis ist die Richtlinie zunächst gescheitert. So verweigerten zunächst vier Mitgliedstaaten ihre Zustimmung,[48] danach scheiterte die Einstimmigkeit an Polen[49] und wenig später an Ungarn.[50] Daraufhin haben die fünf großen EU-Staaten, Frankreich, Deutschland, Italien, Spanien und die Niederlande, in einer gemeinsamen Stellungnahme vom 9. September 2022 ihren ungebrochenen Willen zur Umsetzung der globalen Mindeststeuer bekräftigt: *„by any possible legal means"*, notfalls auch im Alleingang.[51] Diese Ausreizung *„sämtlicher zur Verfügung stehender Mittel"* war aber letztlich gar nicht notwendig. Im Dezember 2022 haben sich die EU-Mitgliedstaaten doch noch geeinigt und die Richtlinie des Rates über die Schaffung gemeinsamer Maßnahmen für die effektive Mindestbesteuerung multinationaler Unternehmensgruppen und großer inländischer Gruppen verabschiedet.[52] Nachdem die große Hürde der Einstimmigkeit genommen wurde, kann auch auf kompetenzrechtliche Alternativen abseits von Art 115 AEUV, auf welche sich eine Richtlinie stützen ließe – etwa Art 116 AEUV[53]

---

[46]   Auch wenn man eine andere Kompetenzgrundlage als Art 115 gewählt hätte.

[47]   Europäische Kommission, Vorschlag für eine Richtlinie das Rates zur Gewährleistung einer globalen Mindestbesteuerung für multinationale Unternehmensgruppen in der Union, 22.12.2021 [nachfolgend GloBE-Richtlinienvorschlag], COM(2021) 823 final, 1.

[48]   ECOFIN 15.3.2022 (Estland, Malta, Polen und Schweden).

[49]   ECOFIN 5.4.2022. Es fehlte Polen an einer (rechtlichen) Verknüpfung der beiden Säulen (Pillar 1 und Pillar 2). Diese wurde in der Folge hergestellt und findet sich im finalen Richtlinientext in Art 57.

[50]   ECOFIN 17.6.2022. https://data.consilium.europa.eu/doc/document/ST-10431-2022-INIT/en/pdf.

[51]   Joint statement by France, Germany, Italy, the Netherlands, and Spain, *„Implementation of the Global minimum Effective Tax in 2023"* (https://www.bundesfinanzministerium. de/Content/EN/Downloads/Taxation/g5-statement-global-minimum-effective-taxation. pdf), wobei mit dem Verweis auf *„sämtliche zur Verfügung stehende Mittel"* vor allem das Prozedere der verstärkten Zusammenarbeit ins Spiel gebracht werden sollte. Vgl *Thomas*, Five big EU states to implement minimum corporate tax if no EU deal, https:// www.reuters.com/markets/europe/five-big-eu-states-implement-minimum-corporate-tax-if-no-eu-deal-2022-09-09/ (Stand 9.9.2022).

[52]   Der finale Richtlinientext wurde am 15.12.2022 vom Europäischen Rat angenommen.

[53]   Art 116 AEUV liefert eine Kompetenzgrundlage zur Schaffung von Richtlinien mit qualifizierter Mehrheit nach dem ordentlichen Gesetzgebungsverfahren für Fälle, in denen *„vorhandene Unterschiede in den Rechts- und Verwaltungsvorschriften der Mitglied-*

oder Art 20 EUV iVm Art 326–334 AEUV über die „*Verstärkte Zusammenarbeit*"[54] – für Zwecke dieses Beitrages abgesehen werden.

2.3. EU-Richtlinie = GloBE-Musterregelungen + Adaptierungen

Die beschlossene Version der Richtlinie basiert im Wesentlichen auf dem Vorschlag aus 2021,[55] der sich wiederum stark an den OECD-Mustervorschriften orientiert.[56] Dieser inhaltliche Gleichklang ist schon alleine deshalb notwendig, damit die in den Richtlinien enthaltenen Vorschriften und Mechanismen als anerkannte Vorschrif-

---

staaten die Wettbewerbsbedingungen auf dem Binnenmarkt verfälschen und dadurch eine Verzerrung hervorrufen, die zu beseitigen ist". Die Voraussetzungen für eine Berufung auf Art 116 AEUV sind allerdings äußerst hoch, zumal der EU mit dieser Norm historisch auch kein allgemeines Harmonisierungsinstrument zur Verfügung gestellt werden sollte, sondern bloß eine Möglichkeit, flexibel und „*punktuell*" auf „*schwerwiegende Funktionsstörungen des Gemeinsamen Marktes*" (*Korte* in *Callies/Ruffert* [Hrsg] EUV/AEUV[6] [2022] Art 116 AEUV Rz 3) zu reagieren (*Classen* in *von der Groeben/ Schwarze/Hatje* [Hrsg] Europäisches Unionsrecht[7] [2015] Art 116 AEUV Rz 2 ff; *Schröder* in *Streinz* [Hrsg] EUV/AEUV[3] [2018] Art 116 AEUV Rz 2). Für die einheitliche Umsetzung von GloBE innerhalb der EU erscheint Art 116 AEUV daher als Rechtsgrundlage kaum tauglich, wenngleich auch nicht ausgeschlossen. Umfassend dazu mwN *Achleitner/Bendlinger*, GloBE (Pillar Two) – Kompetenzrechtliche Erwägungen zur Umsetzung eines Mindestbesteuerungssystems innerhalb der Europäischen Union, beck. digitax 2021, 2 (10 ff); *Englisch*, Article 116 TFEU – The Nuclear Option for Qualified Majority Tax Harmonization?, EC Tax Review 2020, 58 (58 ff); *Nouwen*, The Market Distortion Provisions of Articles 116–117 TFEU: An Alternative Route to Qualified Majority Voting in Tax Matters?, Intertax 2021, 14 (16 ff); *Becker/Fehling*, Art. 116 AEUV im Recht der direkten Steuern – Rechtliche und steuerpolitische Einordnung, IStR 2020, 813 (813 ff).

54 Zu den Anwendungsvoraussetzungen einer verstärkten Zusammenarbeit allgemein vgl *Geiger/Kirchmair* in *Geiger/Khan/Kotzur/Kirchmair* (Hrsg) EUV/AEUV[7] (2023) Art 20 EUV 4 ff; *Ruffert* in *Calliess/Ruffert* (Hrsg) EUV/AEUV[6] (2022) Art 20 AEUV Rz 14 ff; und im Steuerrecht vgl *Marquardsen*, Einstimmigkeit in Steuerfragen – Reformbedarf?, ifst-Schrift 534 (2020) 12 f und 34 ff; *Schaumburg* in *Schaumburg/Englisch* (Hrsg) Europäisches Steuerrecht[2] (2020) Rz 11.8 ff; *de la Feria*, EC Tax Review 2023, 7 f. Auch in diesem Fall wäre eine Richtlinie die angezeigte Handlungsform gewesen.

55 Europäische Kommission, GloBE-Richtlinienvorschlag, COM(2021) 823 final.

56 Um die Chancen auf Zustimmung zu erhöhen wurde der Erstvorschlag in der Folge zwar in Teilbereichen modifiziert, die substanziellen Grundpfeiler blieben aber unverändert. Europäische Kommission, GloBE-Richtlinienvorschlag, COM(2021) 823 final; Kompromisstext I vom 12.3.2022, 2021/0433 (CNS) 6975/22, FISC 61 ECOFIN 199; Kompromisstext II vom 28.3.2022, 2021/0433 (CNS) 7495/22, FISC 82 ECOFIN 259; Kompromisstext III vom 16.6.2022, 2021/0433 (CNS) 8779/22, FISC 107 ECOFIN 397; Kompromisstext IV vom 25.11.2022, 2021/0433 (CNS) 8778/22, FISC 106 ECOFIN 396; RL (EU) 2022/2523 des Rates vom 15. Dezember 2022 zur Gewährleistung einer globalen Mindestbesteuerung für multinationale Unternehmensgruppen und große inländische Gruppen in der Union, ABl L 328 vom 22.12.2022 idF ABl L 13 vom 16.1. 2023, 9.

ten iSd OECD GloBE-Musterregelungen gelten.[57] Die GloBE-Musterregelungen erfassen in ihrem Anwendungsbereich allerdings nur grenzüberschreitende Sachverhalte; reine Inlandsgruppen oder inländische niedrig besteuerte Konzerneinheiten von einer im Inland ansässigen Konzern-Muttergesellschaft werden nicht in die Regelungen zur Mindestbesteuerung einbezogen. Vor dem Hintergrund der bisherigen Rechtsprechung des EuGH – wenngleich nur in Bezug auf Benachteiligungen von grenzüberschreitenden Sachverhalten, die durch originär nationales Recht hervorgerufen wurden – wäre eine unmittelbare Übernahme der GloBE-Musterregelungen augenscheinlich dem Vorwurf eines Verstoßes gegen die Grundfreiheiten ausgesetzt gewesen; sowohl im Hinblick auf die IIR als auch die UTPR.[58]

Aus diesem Grund hat die EU GloBE-RL die Musterregelungen mit *„einige[n] Anpassungen"* versehen.[59] So finden die Bestimmungen der Richtlinie sowohl auf in einem Mitgliedstaat gelegene Geschäftseinheiten als auch auf gebietsfremde Einheiten einer in diesem Mitgliedstaat ansässigen Muttergesellschaft Anwendung. Zudem werden auch große rein inländische Gruppen vom Anwendungsbereich der Richtlinie erfasst.[60] Auf diese Weise soll nach den Erwägungsgründen *„jegliches Risiko einer Diskriminierung zwischen grenzüberschreitenden und inländischen Sachverhalten vermieden"* werden. Alle in einem niedrig besteuerten Mitgliedstaat gelegenen Einheiten, einschließlich der die IIR anwendenden Muttergesellschaft, unterliegen der Ergänzungssteuer. Ebenso werden die in einem anderen niedrig besteuerten Mitgliedstaat gelegenen Geschäftseinheiten dieser Muttergesellschaft der Ergänzungssteuer unterworfen.[61] Im Ergebnis unterliegen somit nicht nur multinationale Unternehmensgruppen der IIR, sondern auch reine Inlandskonzerne. Konsequenterweise ist innerhalb der EU auch die Anwendung der UTPR ausgeschlossen.[62]

---

[57] Erwägungsgrund 6 GloBE-RL; Art 10.1. iVm beispielsweise Art 2.1.3, 2.1.5, 2.3.2; 2.5.2, 2.5.3, 2.6.1, 2.6.4 GloBE-Musterregelungen.

[58] EuGH 28.1.1986, C-270/83, *Avoir fiscal*, EU:C:1986:37, Rn 20 f und Rn 25 ff; EuGH 16.7.1998, C-294/96, *ICI*, EU:C:1998:370, Rn 22 f und Rn 29; EuGH 29.4.1999, C-311/97, *Royal Bank of Scotland*, EU:C:1999:216, Rn 23 und Rn 30 ff; EuGH 26.10.1999, C-294/97, *Eurowings*, EU:C:1999:524, Rn 35 ff und Rn 43 f; EuGH 26.6.2003, C-422/01, *Skandia/Ramdstedt*, EU:C:2003:380, Rn 25 f und Rn 52 f; EuGH 12.9.2006, C-196/04, *Cadbury Schweppes*, EU:C:2006:544, Rn 43 ff und Rn 55 ff; EuGH 17.9.2015, C-589/13, *F.E. Familienprivatstiftung Eisenstadt*, EU:C:2015:612, Rn 38 und Rn 73 ff; EuGH 26.2.2019, C-135/17, *X*, EU:C:2019:136, Rn 56 f und Rn 70 ff; EuGH 5.7.2012, C-318/10, *SIAT*, EU:C:2022:415, Rn 23, Rn 39 und Rn 48 ff; EuGH 20.1.2021 C-484/19, *Lexel*, EU:C:2021:34, Rn 37 ff, Rn 48 ff und insbesondere Rn 67 ff; jeweils mwN *De Broe/Massant*, Are the OECD/G20 Pillar Two GloBE-Rules Compliant with the Fundamental Freedoms?, EC Tax Review 2021, 89 ff; *Schmidt*, Intertax 2020, 986 ff; *Englisch*, EC Tax Review 2021, 137 ff.

[59] Europäische Kommission, GloBE-Richtlinienvorschlag, COM(2021) 823 final, 1.

[60] Näher dazu sogleich.

[61] Erwägungsgrund 6 GloBE-RL.

[62] Aufgrund der Anwendungshierarchie scheidet die Anwendung der UTPR im EU-Kontext aus und beschränkt sich auf Situationen, in denen die UPE und allenfalls andere

2.4. Kernelemente der Richtlinie und mögliche Problemfelder

Für die rechtliche Einordnung der Richtlinie in ihren Eckpunkten[63] sind bestimmte Parameter wesentlich: Dies beginnt mit der Festlegung des Anwendungsbereichs durch die Definition der „*In Scope*-Groups". Nach Art 2 Abs 1 sind die Regelungen nur „*für in der Union ansässige Geschäftseinheiten, die einer multinationalen Unternehmensgruppe oder einer großen inländischen Gruppe angehören, welche in ihren Konzernabschlüssen [...] einen jährlichen Umsatzerlös von 750 Mio EUR oder mehr aufweis[en]*", anzuwenden. Geschäftseinheiten von Unternehmensgruppen, deren jährliche Umsatzerlöse diese Schwelle nicht überschreiten, scheiden aus dem Regelungsregime aus und können – nach Maßgabe innerstaatlicher verfassungsrechtlicher Vorgaben – weiter einer Effektivbesteuerung von unter 15 % unterworfen werden. Zudem sieht die Richtlinie Ausnahmen für bestimmte Wirtschaftssektoren vor. So schließt etwa Art 17 der RL Erträge aus dem internationalen Seeverkehr von der Berechnung der maßgeblichen Gewinne und Verluste aus.[64] Ausgenommen von der Mindestbesteuerung sind auch Routinegewinne, die von der SBIE (*substance-based income exclusion*; substanzbasierte Freistellung von Gewinnen) iSd Art 28 GloBE-RL erfasst sind.[65] Einbezogen in das Mindestbesteuerungsregime werden demgegenüber reine Inlandsfälle. Niedrig besteuerte inländische Geschäftseinheiten (einschließlich der obersten Muttergesellschaft) mit Sitz in einem Mitgliedstaat unterliegen der IIR *top-up tax*,[66] sofern dieser Mitgliedstaat nach Maßgabe von Art 3 Abs 12 der RL als Niedrigstaat qualifiziert wird. Dies gilt gleichermaßen, wenn eine zwischengeschaltete Muttergesellschaft (IPE) oder POPE in einem Mitgliedstaat mit „Niedrigsteuerstatus" ansässig ist, und weder die oberste Muttergesellschaft noch eine andere zwischengeschaltete Muttergesellschaft oder POPE in ihrem Ansässigkeitsstaat einer qualifizierten IIR unterliegt.[67] Erfasst werden ebenso große Inlandsgruppen, bei denen alle konzernzugehörigen Geschäftseinheiten in demselben Mitgliedstaat wie die oberste Muttergesellschaft ansässig sind und deren Umsätze die Grenze von € 750 Mio überschreiten.

Voraussetzung für die Anwendung der Richtlinie ist nichtsdestoweniger die Verflechtung der Geschäftseinheiten durch Eigentum oder Beherrschung dergestalt, dass sie nach anerkannten Rechnungslegungsstandards für die Erstellung eines

---

Tochtergesellschaften in niedrigbesteuernden Drittstaaten ansässig sind (Art 12 Abs 1 und 13 Abs 2 iVm Art 1 Abs 1 lit b GloBE-RL).

[63] Detailfragen können im Rahmen dieses Beitrages schon aus Platzgründen nicht analysiert werden. Der Beitrag beschäftigt sich vielmehr mit den Grundpfeilern der Richtlinie und würdigt diese aus unionsrechtlicher Sicht.

[64] Vgl Erwägungsgrund 17 GloBE-RL.

[65] Allgemein zur SBIE siehe *Dietrich/Golden*, Consistency versus „Gold Plating": The EU Approach to Implementing the OECD Pillar Two, BIT 2022, 183 (186 f); *Dziurdź/Marchgraber/Strimitzer*, Globale Mindestbesteuerung: Ist Österreich ein Niedrigsteuerland, SWK 2022, 564; gerade diese Substanzausnahme ist sowohl als steuerpolitischer als auch rechtlicher Sicht besonders umstritten.

[66] Art 5 Abs 2 GloBE-RL.

[67] Art 6 Abs 2 und 3, Art 7 Abs 2 und 3, Art 8 Abs 2 und 3 GloBE-RL.

Konzernabschlusses durch die oberste Muttergesellschaft miteinander verbunden sind.[68] Durch diese Anknüpfung an die Konsolidierungsvoraussetzungen anerkannter Rechnungslegungsstandards ist das Bestehen einer *„die Kontrolle begründenden Beteiligung"* der obersten Muttergesellschaft zu den von der Richtlinie erfassten Geschäftseinheiten notwendigerweise erfüllt.[69] Das vom EuGH zur Abgrenzung der Niederlassungsfreiheit von der Kapitalverkehrsfreiheit herangezogene Kriterium einer *„wesentlichen"* Beteiligung zwischen den Konzerngesellschaften ist dem Anwendungsbereich der Richtlinie daher immanent.[70]

Allein die hier angeführten Parameter der Mindestbesteuerung verursachen Differenzierungen, die naturgemäß das Primärrecht auf den Plan rufen: von den Grundrechten iSd Charta, über beihilferechtliche Überlegungen bis hin zu den Grundfreiheiten des AEUV. Zu klären gilt es ebenso, wie mögliche Verstöße gegen das Völker(gewohnheits)recht auf das Normengefüge innerhalb der EU wirken. Darüber hinaus werfen Regelungen, die derart stark in die steuerliche Souveränität der Mitgliedstaaten eingreifen, ganz zuvorderst auch die Frage nach der Kompetenz des Unionsgesetzgebers auf.

3. Unionsrechtliche Angriffsflächen der GloBE-RL

3.1. Überprüfung der Gültigkeit von Rechtsakten der Unionsorgane durch den EuGH

Ein Grundpfeiler der gerichtlichen Kontrolle der Rechtmäßigkeit oder Gültigkeit von rechtsverbindlichen Handlungen der EU ist die Nichtigkeitsklage nach Art 263 AEUV.[71] Immerhin steht es einem Mitgliedstaat trotz vorbehaltloser vorheriger Zustimmung im Rat frei, Nichtigkeitsklage gegen einen Rechtsakt der Union zu erheben.[72] Nur ist die Frist zur Klageerhebung mit zwei Monaten ab der Veröffentlichung im Amtsblatt der EU für die GloBE-RL bereits verstrichen.[73] Gleichwohl hindert

---

68 Art 2 Abs 1 iVm Art 3 Z 3 und Z 6 (insb lit a) GloBE-RL.

69 *Valério*, Proposal for a Directive on Ensuring a Global Minimum Level of Taxation for Multinational Groups in the European Union: First Steps in Pillar Two Implementation in the European Union, ET 2022, 155 (156). In Bezug auf den Kontrolltatbestand der IFRS siehe etwa *Pinto Nogueira/Turina* in *Perdelwitz/Turina* (eds) Global Minimum Taxation?, 287 f.

70 Vgl *De Broe/Massant*, EC Tax Review 2021, 89; *Englisch*, EC Tax Review 2021, 136; *Englisch/Becker*, Implementing an international effective minimum tax in the EU, Materialien zu Wirtschaft und Gesellschaft Nr 224, Working Paper-Reihe der AK Wien (2021) 50 f; dazu auch noch in Kapitel 3.6.

71 Vgl *Nehl* in *Jaeger/Stöger* (Hrsg) EUV/AEUV, 279. Lfg (2023) Art 263 AEUV Rz 1.

72 *Nehl* in *Jäger/Stöger* (Hrsg) EUV/AEUV[279], Art 263 AEUV Rz 15 mwN; vgl auch EuGH 12.7.1979, C-166/78, *Italien/Rat der EG*, EU:C:1979:155, Rn 6.

73 Art 263 Abs 6 AEUV selbst unter Berücksichtigung allfälliger Fristverlängerungen nach der VerfO des EuGH. Dazu *Nehl* in *Jäger/Stöger* (Hrsg) EUV/AEUV[279], Art 263 AEUV Rz 59.

der Fristablauf die effektive Rechtmäßigkeitskontrolle durch den EuGH nicht. Die Gültigkeit von Sekundärrechtsakten hat danach allerdings im Rahmen eines Vorabentscheidungsverfahrens nach Maßgabe von Art 267 Abs 1 lit b iVm Abs 2 AEUV geprüft zu werden.[74] Dabei bedeutet *„Überprüfung der Gültigkeit"* inhaltlich nichts anderes als die *„Überwachung der Rechtmäßigkeit"* iSd Art 263 AEUV. Folglich können auch im Verfahren gemäß Art 267 Abs 1 lit b AEUV dieselben Gründe geltend gemacht werden, wie im Zuge einer Nichtigkeitsklage iSd Art 263 AEUV.[75] Auf die materiellen und formellen Zulassungsvoraussetzungen der Nichtigkeitsklage kommt es hingegen nicht an.[76]

Maßstab für die Gültigkeitsprüfung iSd Art 267 Abs 1 lit b AEUV sind die Verträge (also auch die Kompetenznormen), das sonstige Primärrecht einschließlich der GRCh,[77] allgemeine Rechtsgrundsätze,[78] völkerrechtliche Übereinkommen, an die die Union gebunden ist,[79] und ebenso Völkergewohnheitsrecht, soweit es unmittelbar wirksam ist und die Art und Struktur dem nicht entgegensteht.[80] Genau hieraus können sich aber im Hinblick auf die Grundsätze des Völkerrechts und Völkergewohnheitsrechts Schranken ergeben. Denn die Union ist durch bilaterale DBA nicht gebunden, weshalb eine Überprüfung der GloBE-RL am Abkommensrecht ausscheidet; und beim Völkergewohnheitsrecht stellt neben der Feststellung von verbindlichen Grundsätzen vor allem deren Unbestimmtheit eine Hürde dar. Da Grund-

---

[74] Zur „Gültigkeitsfrage" etwa *Kotzur/Dienelt* in *Geiger/Khan/Kotzur/Kirchmair* (Hrsg) EUV/AEUV[7], Art 267 Rz 9; *Schima* in *Jaeger/Stöger* (Hrsg) EUV/AEUV[241] (2020) Art 267 AEUV Rz 43 ff; *Ehricke* in *Streinz* (Hrsg) EUV/AEUV[3], Art 267 AEUV Rz 23 ff; *Wegener* in *Calliess/Ruffert* (Hrsg) EUV/AEUV[6], Art 267 AEUV Rz 13 ff.

[75] *Schima* in *Jäger/Stöger* (Hrsg) EUV/AEUV[241] Art 267 AEUV Rz 43; *Wegener* in *Calliess/ Ruffert* (Hrsg) EUV/AEUV[6], Art 267 AEUV Rz 16; EuGH 3.7.2019, C-644/17, *Eurobolt*, EU:C:2019:555, Rn 26.

[76] Die Überprüfung der Gültigkeit darf jedoch nicht dazu missbraucht werden, um versäumte Nichtigkeitsklagen nachzuholen. Diese Einschränkung gilt freilich nur für den Adressat des Rechtsakts und steht der Stellung einer Frage zur Überprüfung der Gültigkeit durch ein nationales Gericht von Amts wegen nicht entgegen. *Schima* in *Jäger/Stöger* (Hrsg) EUV/AEUV[241], Art 267 AEUV Rz 44 ff; *Pechstein/Kubicki*, Gültigkeitskontrolle und Bestandskraft von EG-Rechtsakten, NJW 2005, 1825 (1825 ff); *Schima*, Das Vorabentscheidungsverfahren vor dem EuGH. Unter besonderer Berücksichtigung der Rechtslage in Österreich und Deutschland[3] (2015) 28 ff.

[77] Art 6 Abs 1 EUV stellt die GRCh und die Verträge auf eine Stufe, womit die in der Charta enthaltenen Grundrechte Bestandteil des europäischen Primärrechts sind. Vgl auch *Münster/Fehling*, Das Vorabentscheidungsersuchen C-694/20 (Orde van Vlaamse Balies ua) und die Bedeutung der EU-Grundrechtecharta für die direkten Steuern, IStR 2021, 621 (624).

[78] Anerkannt in Art 6 Abs 3 EUV.

[79] SA von GA *Kokott*, 6.10.2011, C-366/10, *Air Transport Association of America ua* [nachfolgend ATA], EU:C:2011:637, Rn 49.

[80] *Schima* in *Jäger/Stöger* (Hrsg) EUV/AEUV[241], Art 267 AEUV Rz 49; *Schima*, Vorabentscheidungsverfahren[3], 32; *Ehricke* in *Streinz* (Hrsg) EUV/AEUV[3], Art 267 AEUV Rz 25; EuGH 16.6.1998, C-162/96, *Racke*, EU:C:1998:293, Rn 27.

sätze des Völkergewohnheitsrechts naturgemäß vage sind, muss sich auch die gerichtliche Kontrolle durch den EuGH *„zwangsläufig auf die Frage beschränken, ob den Organen der Union beim Erlass des betreffenden Rechtsaktes offensichtliche Fehler bei der Beurteilung der Voraussetzungen für die Anwendung dieser Grundsätze unterlaufen sind."*[81]

Sollte der EuGH die Ungültigkeit bestimmter Richtlinienbestimmungen feststellen, hat nicht nur das Unionsorgan, das den betreffenden Rechtsakt erlassen hat, die Konsequenzen daraus zu ziehen,[82] auch die Behörden und Gerichte der Mitgliedstaaten haben in ihrer nationalen Rechtsordnung die notwendigen Schritte zu setzen.[83] Dies hängt wiederum davon ab, ob ein Verstoß gegen unmittelbar anwendbares Primärrecht festgestellt wird und deshalb der Anwendungsvorrang vollumfänglich zum Tragen kommt.[84] Wenn also mit dem Ablauf der Frist iSd Art 263 AEUV ein Zugang zur gerichtlichen Kontrolle der GloBE-RL durch den EuGH weggefallen ist, entsteht daraus kein Rechtsschutzdefizit. Es ist vielmehr davon auszugehen, dass sämtliche der hier aufgeworfenen Gültigkeitsfragen noch in Vorabentscheidungsverfahren an den EuGH herangetragen werden können.

3.2. Richtlinie als Verstoß gegen die Verträge: kompetenzrechtliche Überlegungen?

Da der AEUV für die Harmonisierung der direkten Steuern anders als für die indirekten Steuern (in Art 113 AEUV) keine spezielle Ermächtigungsgrundlage enthält und Steuern von der *„Zentralnorm"*[85] der Rechtsangleichung des Art 114 AEUV[86] explizit ausgenommen sind,[87] ist *„für die Angleichung von Rechts- und Verwaltungsvorschriften der Mitgliedstaaten"* im Bereich der direkten Steuern auf die Harmonisierungskompetenz des Art 115 AEUV zurückzugreifen.[88] Danach steht die Angleichung nationalen Rechts allerdings unter dem Vorbehalt einer *„unmittelbaren Auswirkung auf die Errichtung oder das Funktionieren des Binnenmarktes"*.

Restriktiv verstanden, würde Art 115 AEUV mithin voraussetzen, dass die bestehenden Unterschiede in den nationalen Rechtvorschriften dazu geeignet sein müssten, die Verwirklichung der Grundlage des Binnenmarktes und die Schaf-

---

[81] EuGH 21.12.2011, C-366/10, *ATA* EU:C:864, Rn 110.

[82] *Kotzur/Dienelt* in *Geiger/Khan/Kotzur/Kirchmair* (Hrsg) EUV/AEUV[7], Art 267 AEUV Rn 39; *Schima* in *Jäger/Stöger* (Hrsg) EUV/AEUV[241], Art 267 AEUV Rz 201.

[83] *Frenz*, Handbuch Europarecht V – Wirkungen und Rechtsschutz (2010) 1076; *Wegener* in *Calliess/Ruffert* (Hrsg) EUV/AEUV[6], Art 267 AEUV Rz 51.

[84] *Ehricke* in *Streinz* (Hrsg) EUV/AEUV[3], Art 267 AEUV Rz 23 ff.

[85] Für den Begriff der *„Zentralnorm"* siehe *von Danwitz* in *Dauses/Ludwigs* (Hrsg) Handbuch des EU-Wirtschaftsrechts, 57. EL (2022) B.II Rechtsetzung und Rechtangleichung Rz 134.

[86] *Khan* in *Geiger/Khan/Kotzur/Kirchmair* (Hrsg) EUV/AEUV[7], Art 114 AEUV Rz 3.

[87] Art 114 Abs 2 AEUV.

[88] Für mögliche Alternativen siehe FN 53 und FN 54.

fung wettbewerbsgerechter Rahmenbedingungen der Wirtschaftsabläufe zu behindern.[89] Gefordert wäre letztlich ein funktionsstörender Effekt verursacht durch die bestehenden Regelungsunterschiede.[90] In dieser Schärfe wird das Tatbestandsmerkmal der unmittelbaren Auswirkung allerdings kaum noch vertreten; die Voraussetzung einer gewissen Spürbarkeit und Wahrscheinlichkeit von negativen Auswirkungen auf den Binnenmarkt findet man dagegen weiterhin. Die Maßnahmen der Union müssen demnach zur Beseitigung von spürbaren Hemmnissen für den freien Waren- oder Dienstleistungsverkehr oder Wettbewerbsverzerrungen beitragen und damit das Funktionieren des Binnenmarktes verbessern.[91]

Im Zusammenhang mit Richtlinien, die wie im Bereich der direkten Steuern über lange Zeit hinweg üblich, dem Abbau von steuerlichen Hürden im grenzüberschreitenden Verkehr dienten, war die Binnenmarktfinalität als Legitimationsgrundlage für die Harmonisierung kaum der Diskussion wert.[92] Die Förderung grenzüberschreitender Tätigkeiten innerhalb der EU lag diesen Richtlinien automatisch zugrunde.[93] Mit der *Anti-Tax-Avoidance-Directive*[94] hat sich dieses Blatt jedoch gewendet und die Harmonisierung auf Grundlage von Art 115 AEUV wurde erstmals ernsthaft in Frage gestellt.[95] Immerhin dient die ATAD nicht dem Abbau von Beschränkungen, sondern in erster Linie der Sicherung nationaler Besteuerungsbefugnisse sowie der Missbrauchsvermeidung.[96] Insofern schafft der Unionsgesetzgeber

---

[89] *Kahl* in *Calliess/Ruffert* (Hrsg) EUV/AEUV[4] (2011) Art 115 AEUV Rz 7; vgl auch *Khan* in *Geiger/Khan/Kotzur/Kirchmair* (Hrsg) EUV/AEUV[7], Art 114 AEUV Rz 4.

[90] Vgl die Zitate bei *Korte* in *Callies/Ruffert* (Hrsg) EUV/AEUV[6], Art 115 AEUV Rz 8.

[91] *Schröder* in *Streinz* (Hrsg) EUV/AEUV[3], Art 115 AEUV Rz 9; für eine Zusammenfassung der unterschiedlichen Interpretation siehe auch *Achleitner/Bendlinger*, beck.digitax 2021, 3 f mwN.

[92] Zur Verschärfung der Mutter-Tochter-Richtlinie und der damit ausgelösten Diskussion um eine mögliche Kompetenzwidrigkeit siehe allerdings *Desens*, Ist die neue Korrespondenzregel der Mutter-Tochter-Richtlinie mit dem primären Unionsrecht vereinbar?, IStR 2014, 825 (828 f).

[93] *Staringer*, Die Anti-Tax-Avoidance-Richtlinie: Gesamtwürdigung aus steuerpolitischer Sicht, in *Lang/Rust/Schuch/Staringer* (Hrsg) Die Anti-Tax-Avoidance-Richtlinie (2017) 1 (11).

[94] RL (EU) 2016/1164 des Rates vom 12. Juli 2016 mit Vorschriften zur Bekämpfung von Steuervermeidungspraktiken mit unmittelbaren Auswirkungen auf das Funktionieren des Binnenmarktes (kurz *Anti-Tax-Avoidance-Directive*, ATAD) ABl L 193 vom 19.7.2016.

[95] *De Graff/Visser*, ATA Directive: Some Obsverations Regarding Formal Aspects, EC Tax Review 2016, 199 (202 ff); *Oppel*, BEPS in Europa: (Schein-) Harmonisierung der Missbrauchsabwehr durch neue Richtlinie 2016/1164 mit Nebenwirkungen, IStR 2016, 797 (799 f); *Staringer* in *Lang/Rust/Schuch/Staringer* (Hrsg) Die Anti-Tax-Avoidance-Richtlinie, 11 ff; *Lazarov/Govind*, Carpet-Bombing Tax Avoidance in Europe: Examining the Validity of the ATAD under EU Law, Intertax 2019, 852 (895 ff). Ausführlich zum Stand der Diskussion auch *Kofler* in *Panayi/Haslehner/Traversa* (Hrsg) Research Handbook on European Union Law, 11 (24 ff mwN); *Korte* in *Callies/Ruffert* (Hrsg) EUV/AEUV[6], Art 115 AEUV Rz 11 ff.

[96] Siehe nur die Erwägungsgründe der Richtline.

steuerliche Eingriffstatbestände.[97] Ähnliche Bedenken wie iZm der ATAD werden nunmehr auch im Kontext der GloBE-RL ins Treffen geführt.[98]

Der Mechanismus der Mindestbesteuerung schafft Besteuerungsgrundlagen und bremst den Steuerwettbewerb zwischen den Mitgliedstaaten,[99] wenngleich er ihn nicht beseitigt. Eine vollständige Eliminierung des Steuerwettbewerbs würde wohl auch im Widerspruch zum Grundgedanken eines freien Binnenmarktes stehen,[100] schließlich kann der Wettbewerb im Binnenmarkt ebenso als Korrektiv einer wachstumsfeindlichen, klientelzentrierten oder sonst ineffizienten Steuerpolitik förderlich wirken.[101] Ähnlich wie die ATAD führt die Harmonisierung der Mindestbesteuerung zu Hürden im Binnenmarkt und regelt mit der Ausweitung auf reine Inlandsgruppen Fälle, die von vornherein keinen grenzüberschreitenden Bezug aufweisen und deren Potential einer Beeinträchtigung des Binnenmarktes zumindest nicht augenscheinlich ist. Nur verträgt sich diese Grundausrichtung der Richtlinie mit der Gesetzgebungskompetenz des Art 115 AEUV?

Ja, wenn man die Voraussetzung von Art 115 in systematischer Abgrenzung zu den Art 116 und 117 AEUV vor dem Hintergrund des Einstimmigkeitsprinzips weit(er) auslegt und das *„Funktionieren des Binnenmarkts"* (anstelle der Errichtung) in den Vordergrund rückt.[102] In diesem Sinne reicht es eben für die Anwendung von Art 115 aus, wenn die Angleichung das Funktionieren des Binnenmarktes *„fördert".*[103] Dementsprechend erkennt auch die Kommission in Art 115 AEUV die Kompetenz dafür, *„bestehende Unstimmigkeiten in der Funktionsweise des Binnen-*

---

[97] *Schönfeld/Ellenrieder/Sendke*, Europäische Grundrechte und Sekundärrecht, IStR 2022, 517 (517).

[98] Vgl *Achleitner/Bendlinger*, beck.digitax 2021, 5 ff.

[99] Der Fokus auf den Steuerwettbewerb kommt selbst in Bestimmungen wie der Verteilung der UTPR oder der SBIE zum Ausdruck. So erfolgt die Verteilung der Top-up tax im Rahmen der UTPR mittlerweile unabhängig von BEPS-anfälligen konzerninternen Zahlungsströmen und die SBIE lässt IP-Regime, selbst wenn sie den OECD Nexus-Vorgaben entsprechen, außen vor. *Englisch*, GloBE-Rules and Tax Competition, Intertax 2022, 1 (3).

[100] Wettbewerb zwischen den Systemen, einschließlich den Steuersystemen, wird als der Funktion des Binnenmarktes inhärent angesehen. *De Broe*, International Tax Planning and Prevention of Abuse (2008) 747 und 804 f; *Weber*, Tax Avoidance and the EC Treaty Freedoms – a Study of the Limitations Under European Law to the Prevention of Tax Avoidance (2005) 8.

[101] *Englisch*, StuW 2022, 187.

[102] *Khan* in *Geiger/Khan/Kotzur/Kirchmair* (Hrsg) EUV/AEUV[7], Art 115 AEUV Rz 4 mwN; auch für den EuGH reicht es offenbar aus, wenn die Unterschiede im nationalen Recht zur Beeinträchtigung des Binnenmarktes *„geeignet"* sind. EuGH 16.12.1976, 33/76, *Rewe*, EU:C:1976:188, Rn 5. Der positive Binnenmarkteffekt kann daher auch in der im öffentlichen Interesse begründeten Schaffung gleicher Wettbewerbsbedingungen iS eines *„level playing fields"* liegen. *Szudoczky*, The Relationship between Primary, Secondary and National Law, in *Panayi/Haslehner/Traversa* (Hrsg) Research Handbook on European Union Law, 93 (100 f) unter Verweis auf die Rechtsprechung des EuGH zur Tabakwerbung.

[103] *Khan* in *Geiger/Khan/Kotzur/Kirchmair* (Hrsg) EUV/AEUV[7], Art 115 AEUV Rz 4.

marktes zu korrigieren".[104] Da *„[i]m derzeitigen Szenario [...] das Fehlen von Vorschriften zur Gewährleistung einer effektiven Mindestbesteuerung von Unternehmen im gesamten Binnenmarkt eine solche Unstimmigkeit dar[stellt]",*[105] sei auch die Bedingung der unmittelbaren Auswirkung auf die Errichtung oder das Funktionieren des Binnenmarktes erfüllt. Mit anderen Worten verfolgt die Richtlinie das Ziel der Beseitigung von binnenmarktschädlichen Inkonsistenzen. Genau die Identifikation der eigentlichen Zielbestimmung bereitet mitunter aber Schwierigkeiten.

Klar ist, dass die Richtlinie den schädlichen Steuerwettbewerb – das *„race to the bottom"* um immer niedrigere Körperschaftsteuersätze – nach unten hin begrenzen will.[106] Durch die Schaffung eines *„level playing fields"* sollen gleiche Wettbewerbsbedingungen innerhalb des Binnenmarktes und weltweit geschaffen werden.[107] Die Beseitigung von *„spürbaren Wettbewerbsverfälschungen"* wird auch gemeinhin als Legitimationsgrundlage für Harmonierungsmaßnahmen nach Art 115 AEUV anerkannt.[108] Gerade zur Lösung von *„collective action"*-Problemen innerhalb des Binnenmarktes erscheint dieses weite Verständnis auch zulässig. Parallel dazu soll die Mindestbesteuerung die Gewinnverlagerungen in Niedrigsteuerländer verhindern. Auch dadurch sollen letztlich gleiche Wettbewerbsbedingungen für die Unternehmen weltweit geschaffen und Jurisdiktionen in die Lage versetzt werden, ihre Steuereinnahmen zu sichern.

Wurde das *Pillar 2*-Projekt anfänglich als reine Anti-BEPS-Maßnahme propagiert, hat es in diesem Punkt – wie im Schrifttum vielfach angemerkt – einen Paradigmenwechsel gegeben.[109] Nur ohne Steuerwettbewerb zwischen den Staaten besteht auch keine Gefahr von BEPS.[110] Mehr noch: BEPS lässt sich in einer Welt des uneingeschränkten Steuerwettbewerbs nicht lösen.[111] Damit wird aber im Ergebnis der Bekämpfung des schädlichen Steuerwettbewerbs Vorrang eingeräumt. Insbesondere durch die SBIE wird dieses Ziel jedoch zum Teil wieder konterkariert. Nach *Devereux/Vella/Wardell-Burrus* könnte der Steuerwettbewerb durch die Ausgestaltung der Ausnahme für substanzbasierte Aktivitäten verbunden mit der Möglichkeit einer nationalen Mindeststeuer in bestimmten Bereichen und unter

---

[104] Europäische Kommission, GloBE-Richtlinienvorschlag, COM(2021) 823 final, 3.

[105] Europäische Kommission, GloBE-Richtlinienvorschlag, COM(2021) 823 final, 3.

[106] Erwägungsgrund 2 GloBE-RL.

[107] Deutlich erkennbar seit der Veröffentlichung des OECD Public consultation document – Global Anti-Base Erosion Proposal (GloBE) – Pillar 2 (2019) 6, 9, 28 und 30; zu diesem Legitimationsansatz und seiner Bewertung auch *Englisch*, FR 2021, 1 (4 ff).

[108] *Schröder* in *Streinz* (Hrsg) EUV/AEUV³, Art 115 AEUV Rz 9.

[109] *De Broe/Massant*, EC Tax Review 2021, 87; *Englisch*, StuW 2022, 186; *ders*, Intertax 2022, 3 f; *da Silva*, Taxing Digital Economy: A Critical View Around the GloBE (Pillar Two), Frontiers of Law in China (2020) 112 (113 ff); *Becker/Englisch*, WTJ 2019, 483 (488 ff); *Schmidt*, Intertax 2020, 983 f.

[110] *De Broe/Massant*, EC Tax Review 2021, 87.

[111] *Dourado*, The Gobal Anti-Base Erosion Proposal (GloBE) in Pillar II, Intertax 2020, 152 (154).

gewissen Annahmen sogar intensiviert werden.[112] Wie realistisch dies in der von *Devereux et al* vorgezeichneten Schärfe ist, mag vor allem aufgrund nationaler realpolitischer und verfassungsrechtlicher Restriktionen bezweifelt werden.[113] Was mit der SBIE jedenfalls verbunden ist, ist eine gewisse Bestätigung der ursprünglichen Zielausrichtung: Nämlich die weiterhin bestehenden BEPS-Probleme, die mit den bereits gesetzten BEPS-Maßnahmen nicht in den Griff zu bekommen waren, zu beseitigen. Ein klassischer Kompromiss.[114] Durch die SBIE werden mögliche negative Auswirkungen der Mindestbesteuerung auf tatsächliche Investitionen abgeschwächt. Schließlich wird der Steuerwettbewerb so auf den schädlichen, weil substanzlosen, Wettbewerb, beschränkt. Denn jene Investitionen, die keine Übergewinne oder ökonomische Renten abwerfen, sondern nur Routinegewinne, werden aufgrund der Ausnahme für substanzbasierte Einkünfte gar nicht von der Mindestbesteuerung betroffen.[115]

Dessen ungeachtet ist von den GloBE-Regelungen eine Begrenzung des internationalen Steuerwettbewerbs zu erwarten.[116] Dies mag gerade für den europäischen Binnenmarkt in besonderer Weise legitimierend wirken, weil der Wettbewerb hier aufgrund der ausgeprägten Mobilität wirtschaftlicher Aktivitäten – dauerhaft institutionell abgesichert durch die europäischen Verträge – besonders intensiv ist.[117] Mit der erwarteten Verminderung von bloßen Steuersubstratverlagerung in klassische „Niedrigsteuerstaaten" dürfte außerdem ein Anstieg des globalen KöSt-Aufkommens verbunden sein.[118] Auf diese Weise lassen sich auch die Steuereinnahmen der Mitgliedstaaten absichern, was angesichts der diversen staatlichen Programme zur Abfederung der gegenwärtigen Krisen eine willkommene Botschaft sein dürfte.

Wenn GA *Léger* in seinen Schlussanträgen zur Rs *Cadbury Schweppes* den schrankenlosen Steuerwettbewerb zwischen den Mitgliedstaaten als zu bedauerndes politisches Problem bezeichnet hat, das jedoch in Ermangelung einer Gemeinschaftsharmonisierung hinzunehmen sei,[119] wird mit der GloBE-RL genau dieser Harmonisierungsschritt gesetzt. Damit ist zweifelsohne ein Eingriff in die Souveränität der Mitgliedstaaten verbunden. Schöpfen Mitgliedstaaten die Steuerbegünstigungen eines anderen Mitgliedstaates ab, beschränkt dies dessen Freiheit zur Gestaltung des eigenen Steuersystems. Indem die Richtlinie allerdings jenen Staa-

---

[112] *Devereux/Vella/Wardell-Burrus*, Pillar 2: Rule Order, Incentives, and Tax Competition, Oxford University Centre for Business Taxation Policy Brief, 14.1.2022.

[113] Relativierend *Englisch*, Intertax 2022, 867 ff insb 872 f.

[114] So auch *Englisch*, Intertax 2022, 862.

[115] *Englisch*, Intertax 2022, 864 ff; *Englisch*, StuW 2022, 188.

[116] *Englisch*, StuW 2022, 187; kritisch *Spengel*, Probleme einer globalen Mindeststeuer und Alternativen, StuW 2022, 189 (190).

[117] *Englisch*, StuW 2022, 187.

[118] Vgl *Fuest/Hugger/Neumaier*, Die Aufkommenseffekte einer globalen effektiven Mindeststeuer, ifo Schnelldienst 4/2022, 41 (46); *Englisch*, StuW 2022, 187.

[119] SA von GA *Léger*, 2.5.2006, C-196/04, *Cadbury Schweppes*, EU:C:2006:278, Rn 55; ähnlich SA von GA *La Pergola*, 16.7.1998, C-212/97, *Centros*, EU:1998:380, Rn 20.

ten, deren Normalsteuerregime die Effektivbesteuerung von 15 % nicht erreicht, ermöglicht, die Ergänzungssteuer selbst einzuheben, wird zumindest der Eingriff in die Aufkommenshoheit abgeschwächt. Zudem ist die Normierung von Mindeststeuersätzen im Binnenmarkt nicht neu, wie ein Blick auf das MwSt-Recht zeigt.[120]

Im Hinblick auf die Ausdehnung der Mindestbesteuerung auf Fälle ohne grenzüberschreitenden Bezug,[121] erscheint die Binnenmarktfinalität zwar alles andere als auf der Hand liegend. Nur ohne die Erfassung der Inlandsfälle ließe sich kein „*level playing field*" erreichen; ein solches Spielfeld beinhaltet schließlich auch den Heimatmarkt. Große inländische Unternehmensgruppen stehen mit ihren grenzüberschreitenden Pendants in unmittelbarer Konkurrenz und würden bei Nichterfassung in Fällen einer effektiven Steuerbelastung unterhalb von 15 % bevorzugt. Gleiches gilt für die Erfassung von inländischen Konzerneinheiten gebietsansässiger Muttergesellschaften.[122] Zudem soll durch die Erfassung der Inlandsfälle ein Verstoß gegen die Grundfreiheiten als Instrumente zur Umsetzung des Binnenmarktes hintangehalten werden.[123] Auch in diesem Punkt wird man der Europäischen Kommission und dem Rat daher keine *offensichtliche* Fehlerhaftigkeit in der Beurteilung vorwerfen können. Immerhin kommt der Kommission und dem Rat hier eine Einschätzungsprärogative zu. Damit sind dem EuGH bei der Prüfung der Voraussetzungen zugleich Grenzen gesetzt. Der Gerichtshof ist bei der Feststellung der objektiven Zielverfolgung, die dem subjektiven Willen des Gesetzgebers zur Förderung des Binnenmarktes entspricht, beschränkt. Kompetenzanmaßungen des Unionsgesetzgebers sind damit durch den EuGH nur schwer zu bekämpfen.[124]

Nimmt man mithin die Binnenmarktfinalität der Richtlinie an, bleibt die Kompetenz iSd Art 115 AEUV dennoch eine geteilte Kompetenz.[125] Einer Rechtsangleichung werden daher – neben dem Prinzip der begrenzten Einzelermächtigung[126] – vor allem durch das vorgelagert zu prüfende Subsidiaritäts- und das Verhältnismäßigkeitsprinzip Grenzen gesetzt. So darf die Union nur tätig werden, „*sofern und soweit die Ziele der in Betracht gezogenen Maßnahmen von den Mitgliedstaaten weder auf zentraler noch auf regionaler oder lokaler Ebene ausreichend verwirklicht werden können, sondern vielmehr wegen ihres Umfangs oder ihrer Wirkungen auf Unionsebene besser zu verwirklichen sind.*"[127] Das Subsidiaritätsprinzip enthält

[120] Vgl *Becker/Englisch*, WTJ 2019, 486.

[121] Siehe oben.

[122] *Pinto Nogueira/Turina* in *Perdelwitz/Turina* (eds) Global Minimum Taxation?, 310 ff.

[123] Ähnlich *De Broe*, Intertax 2022, 876.

[124] Soweit ersichtlich ist die RL 98/43/EG über das Verbot von Werbung und Sponsoring von Tabakerzeugnissen die einzige Ausnahme, in der der EuGH eine Richtlinie infolge einer Kompetenzüberschreitung für nichtig erklärt hat. EuGH 5.10.2000, C-376/98, *Deutschland/Europäisches Parlament und Rat der EU*, C:2000:544, Rn 89 ff.

[125] Art 4 Abs 2 lit a AEUV.

[126] Art 5 Abs 1 iVm 2 EUV.

[127] Art 5 Abs 1 iVm Abs 3 und 4 EUV.

damit sowohl eine negative als auch eine positive Komponente.[128] Aufgrund des Negativkriteriums ist ein Tätigwerden der Union nur möglich, wenn die Ziele der in Betracht gezogenen Maßnahmen auf Ebene der Mitgliedstaaten nicht ausreichend (effizient) erreicht werden können.[129] Das Positivkriterium soll wiederum dann erfüllt sein, wenn die von der EU gewählte Maßnahme gegenüber einer rein den Mitgliedstaaten überlassenen Umsetzung einen „*Mehrwert*" schafft.[130]

Beiden Kriterien dürfte die GloBE-RL Rechnung tragen.[131] Ziel der Richtlinie ist die kohärente und koordinierte Umsetzung. Würden nämlich die Mitgliedstaaten die Umsetzung der GloBE-Regeln im Alleingang vornehmen, so wäre damit aufgrund der Komplexität der Musterregelungen eine Fragmentierung des Binnenmarktes verbunden. Es würden erneut Verzerrungen eintreten, die dem Binnenmarktziel zuwiderliefen.[132] Nur ein abgestimmtes Vorgehen kann die positive Wirkung der effektiven Mindestbesteuerung für den Binnenmarkt voll durchschlagen lassen, zumal isolierte unilaterale Maßnahmen schwerer in Einklang mit den primärrechtlichen Vorgaben zu bringen wären als eine verbindliche Richtlinie. Da die OECD-Vorschriften einen stark grenzüberschreitenden Aspekt aufweisen, tragen die Maßnahmen auf EU-Ebene zudem den divergierenden Interessen im Binnenmarkt Rechnung und gewährleisten mittels einheitlicher Lösungen die Ausrichtung an einem gemeinsamen Gesamtziel.[133] Bei der Umsetzung als „Block" wäre auch die Effektivität gewährleistet.[134] Schließlich erfordern die GloBE-Musterregelungen gerade keine Umsetzungspflicht, sondern sind nur als „*common approach*" ausgestaltet. Die Schaffung von Richtlinienrecht gewährleistet die Verbindlichkeit der gemeinsamen Umsetzung und erhöht dadurch die Vorhersehbarkeit und Rechtssicherheit für die Akteure im Binnenmarkt. Ohne eine gemeinsame Umsetzung, würden die Wettbewerbsverzerrungen mit anderen Worten nicht in dem Maße verringert werden können, wie dies bei einer harmonisierten Vorgehensweise der Fall wäre.[135] Die Verbindlichkeit bewirkt, dass innerhalb der EU ein gleich hohes steuerliches

[128] Jeweils mwN *Calliess* in *Calliess/Ruffert* (Hrsg) EUV/AEUV[6], Art 5 EUV Rz 34 ff und Rz 40 ff; *Bast* in *Grabitz/Hilf/Nettesheim* (Hrsg) Recht der EU: EUV/AEUV[78] (2023) Art 5 EUV Rz 54 ff; *Streinz* in *Streinz* (Hrsg) EUV/AEUV[3], Art 5 EUV Rz 26 ff.

[129] Zum „*Effizienztest*" *Streinz* in *Streinz* (Hrsg) EUV/AEUV[3], Art 5 EUV Rz 29.

[130] *Calliess* in *Calliess/Ruffert* (Hrsg), EUV/AEUV[6], Art 5 EUV Rz 39; *Streinz* in *Streinz* (Hrsg), EUV/AEUV[3], Art 5 EUV Rz 30.

[131] *Englisch/Becker*, Implementing an international effective minimum tax in the EU, Materialien zu Wirtschaft und Gesellschaft Nr 224, 44 ff.

[132] Vgl EuGH 10.12.2002, C-491/01, *British American Tobacco (Investments) und Imperial Tobacco*, EU:C:2002:741; Rn 182 f; EuGH 12.7.2005, C-154/04 und C-155/04, *Alliance for Natural Health und National Associations of Health Stores*, EU:C:2004:848, Rn 106 f.

[133] Europäische Kommission, GloBE-Richtlinienvorschlag, COM(2021) 823 final, 3.

[134] Erwägungsgrund 4 GloBE-RL.

[135] *Englisch/Becker*, Implementing an international effective minimum tax in the EU, Materialien zu Wirtschaft und Gesellschaft Nr 224, 44 f; vgl auch *Kofler*, EU power to tax: Competences in the area of direct taxation, in *Panayi/Haslehner/Traversa* (Hrsg) Research Handbook on European Union Taxation Law, 11 (29).

Mindestschutzniveau geschaffen wird. Damit wird zugleich auch die Wirksamkeit der GloBE-Regelungen aus internationaler Sicht erhöht.[136]

Die Maßnahmen gehen darüber hinaus wohl auch „*inhaltlich wie formal nicht über das zur Erreichung der Ziele der Verträge erforderliche Maß hinaus*".[137] Sofern der Unionsgesetzgeber nämlich in einem Bereich tätig wird, in dem von ihm politische, wirtschaftliche und soziale Entscheidungen verlangt werden und in dem er komplexe Beurteilungen vornehmen muss, billigt der EuGH ihm einen weiten Ermessensspielraum zu.[138] In diesem Sinne ist der EuGH auch nicht gewillt, eine vom Unionsgesetzgeber getroffene Beurteilung anlässlich einer gerichtlichen Nachprüfung durch seine eigene zu ersetzen. Dessen normative Entscheidungen könnten ausschließlich dann beanstandet werden, wenn diese „*offensichtlich fehlerhaft*" erschienen „*oder*" die damit einhergehenden Nachteile für bestimmte Wirtschaftsteilnehmer mit den im Übrigen verbundenen Vorteilen „*völlig außer Verhältnis*" stünden.[139] Weder die begrenzte Anwendung der Richtlinie auf umsatzstarke Konzerne noch die Ausdehnung auf reine Inlandssachverhalte scheint allerdings diese Grenze zur Unverhältnismäßigkeit überschritten zu haben. Die Nachteile, die bestimmte Wirtschaftsteilnehmer aufgrund der (Verwaltungs-)Maßnahmen erfahren, stehen im Ergebnis nicht außer Verhältnis zu den Vorteilen der Richtlinie, wie der Sicherstellung der Zahlung eines gerechten Anteils an Steuern, die die Unternehmen durch ihre Tätigkeit in der EU erzielen. Durch die Umsatzgrenze von € 750 Mio, die bereits als Anwendungsvoraussetzung für das *CbC-Reporting* gilt, werden ausschließlich große Unternehmensgruppen erfasst. Aus der Parallelität von Mindestbesteuerung und *CbC-Reporting* können wiederum administrative Synergien geschöpft werden, die die Nachteile der GloBE-RL abfedern. Eine Rechtswidrigkeit der gesamten Richtlinie als Folge einer Kompetenzüberschreitung ist nach alldem daher kaum zu erwarten.[140] Weder die Zielsetzung der Richtlinie als solche ist unzulässig noch erweisen sich die Maßnahmen zur Erreichung des verfolgten Ziels als *offensichtlich* ungeeignet.[141]

---

136   *Riek/Fehling*, Effektive Mindestbesteuerung in der EU – der Richtlinienentwurf zur Umsetzung der GloBE-Regelungen, IStR 2022, 51 (58).

137   Art 5 Abs 4 AEUV.

138   EuGH 21.6.2018, C-5/16, *Polen/Parlament und Rat der EU*, EU:C:2018:483, Rn 170.

139   EuGH 17.10.2013, C-203/12, *Billerud Karlsborg und Billerud Skärblacka*, EU:C:2013: 664, Rn 35 mwN; EuGH 21.6.2018, C-5/16, *Polen/Parlament und Rat der EU*, EU:C: 2018:483, Rn 170.

140   Ebenso *Achleitner/Bendlinger*, beck.digitax 2021, 8.

141   EuGH 21.6.2018, C-5/16, *Polen/Parlament und Rat der EU*, EU:C:2018:483, Rn 150 ff; EuGH 18.6.2015, C-508/13, *Estland/Parlament und Rat der EU*, EU:C:2015:403, Rn 28 ff; EuGH 8.6.2010, C-58/08, *Vodafone ua*, EU:C:2010:321, Rn 32 ff und Rn 52 ff; EuGH 10.12.2002, C-491/01, *British American Tobacco (Investements) und Imperial Tobacco*, EU:C:2002:741, Rn 123 ff.

3.3. Richtlinie als Verstoß gegen Völker(gewohnheits)recht?

Seit die Umsetzung von *Pillar 2* innerhalb der Europäischen Union Fahrt aufgenommen hat, ist vor allem im US-amerikanischen Schrifttum verstärkt die Vereinbarkeit der GloBE-Regelungen mit dem Völkerrecht ins Zentrum der Diskussion gerückt. So stehen die GloBE-Regelungen seither im Kreuzfeuer der Kritik, eine extraterritoriale Besteuerung zu bewirken, die der internationalen Rechtsordnung widerspreche. Es fehle der IIR, insbesondere aber der UTPR,[142] am *„genuine link"* zwischen Steuersubjekt und dem besteuernden Staat als Voraussetzung für die Begründung seiner Steuerhoheit.[143] Das Bestehen eines hinreichend engen persönlichen oder territorialen Nexus sei jedoch die völkerrechtliche Legitimationsgrundlage für das rechtmäßige Entstehen von Besteuerungsansprüchen.[144] Folglich verstoße der GloBE-Nexus für die Anwendung der IIR und/oder UTPR gegen Völker-*gewohnheits*recht.

Nun könnte man meinen, diese Diskussion hätte ausschließlich eine völkerrechtliche Dimension, doch auch der Unionsgesetzgeber ist an Völkergewohnheitsrecht gebunden.[145] Mit anderen Worten kann auch das Völkergewohnheitsrecht als Prüfmaßstab für die Gültigkeit von Richtlinien herangezogen werden.[146] Gestützt durch Art 3 Abs 5 Satz 2 EUV hat die Union beim Erlass von Rechtsakten das *„Völker-*

---

[142] Während die IIR zum Teil noch mit dem Beherrschungsprinzip im Sinne von CFC-Regelungen gerechtfertigt wird, soll diese Möglichkeit bei der UTPR nicht bestehen. Hier fehle es schlichtweg am Konnex zwischen dem zu besteuernden Einkommen und dem Steuerpflichtigen über eine Beteiligung bzw sei ein solcher Konnex nur marginal vorhanden.

[143] *Goulder*, Confessions of a UTPR Skeptic, TNI 14.11.2022, 907 (908 f); *VanderWolk*, Much Ado About Pillar 2, TNI 14.11.2022, 821 (822 f); *ders*, The UTPR Is Far From Becoming Part of Customary International Law, TNI 28.11.2022, 1069 (1069 f); kritisch auch *Debelva/De Broe*, Pillar 2: An Analysis of the IIR and UTPR from an International Customary Law, Tax Treaty Law and European Union Law Perspective, Intertax 2022, 898 (898 ff); aA *Avi-Yonah*, UTPR's Dynamic Connection to Customary International Law, TNI 21.11.2022, 951 (951 f); *Christians/Magalhães*, Untertaxed Profits and the Use-It-or-Lose-It Principle, TNI 7.11.2022, 705 (706 ff); *Magalhães*, Give Us the Law: Responses and Challenges to UTPR Resisters, TNI 5.12.2022, 1257 (1258 ff); *Szudoczky*, Does the Implementation of Pillar Two Require Changes to Tax Treaties?, SWI 2023, 149; *Rawal*, A Different Angle on UTPR and International Tax Law, TNI 28.11.2022, 1073 (1073 f).

[144] Vgl *Gadžo*, The Principle of 'Nexus' or 'Genuine Link' as Keystone of International Income Tax Law: A Reappraisal, Intertax 2018, 194 (194 ff); allgemein zum *„Genuine link"*-Kriterium im internationalen Recht *Kokott*, The "Genuine Link" Requirement for Source Taxation in Public International Law, in *Haslehner/Kofler/Pantazatou/Rust* (Hrsg) Tax and the Digital Economy (2019) 9 (10 ff mwN).

[145] EuGH 24.11.1992, C-286/90, *Poulsen und Diva Navigation*, EU:C:1992:453, Rn 9 f; EuGH 16.6.1998, C-162/96, *Racke*, EU:C:1998:293, Rn 45 f; EuGH 3.6.2008, C-308/06, *Intertanko*, EU:C:2008:312, Rn 51 f; SA von GA *Kokott* 6.10.2011, C-366/10, *ATA*, EU:C: 2011:637, Rn 108 mwN.

[146] EuGH 21.12.2011, C-366/10, *ATA*, EU:C:2011:864, Rn 107 ff mwN.

recht in seiner Gesamtheit" zu beachten. Dies schließt Völkergewohnheitsrecht mit ein, das für die Organe der Europäischen Union verbindlich ist.[147]

Ungeachtet dessen vermag selbst eine unterstellte Völkerrechtswidrigkeit des Nexus der Richtlinie im Verhältnis zwischen den Mitgliedstaaten untereinander nicht die Ungültigkeit der Richtlinie zu bewirken. Da das Erfordernis des *„genuine link"* entwickelt wurde, um die Souveränität von Nationalstaaten zu schützen, kann darauf verzichtet werden, wenn alle Staaten, die von einer Maßnahme betroffen sind, dies kollektiv beschließen.[148] Im Falle einer Richtlinie, die – wie die GloBE-RL – unter Wahrung des Einstimmigkeitsprinzips iSd Art 115 AEUV beschlossen wurde, sollten sich die Mitgliedstaaten somit nicht auf allfällige Verpflichtungen aus dem allgemeinen Völkerrecht berufen können, um ihren EU-rechtlichen Verpflichtungen zu entgehen. Innerunional steht das Völkergewohnheitsrecht dem GloBE-Nexus somit nicht im Wege.

Für das Verhältnis zu Drittstaaten lässt sich dies mangels Zustimmung der Drittstaaten zur Richtlinie so nicht argumentieren. Dennoch dürfte eine Anfechtung der Richtlinie unter Berufung auf das Völkergewohnheitsrecht kaum Aussicht auf Erfolg haben. So ist bereits unklar, welche Vorgaben das Völkergewohnheitsrecht konkret für die Bestimmung des Nexus zur Ausübung der steuerlichen Souveränität in Konzernsachverhalten macht. Im Rahmen der globalen Mindestbesteuerung werden gebietsansässige Konzerngesellschaften mit ausländischen Einkünften besteuert, indem man die gesellschaftsrechtlichen Strukturen der Betätigung des Konzerns im jeweiligen Quellenstaat ignoriert. Dies deshalb, weil die betroffenen Gesellschaften über Beteiligungen derart stark miteinander verknüpft sind, dass sie nach international anerkannten Rechnungslegungsstandards für Zwecke der Gewinnermittlung (Konsolidierung) als Einheit gewertet werden. Zudem werden aus dem Blickwinkel des *top-up tax*-erhebenden Staates jeweils *gebietsansässige* Konzerngesellschaften besteuert. Im Ergebnis erhebt dieser Staat eine Art „Zuschlagsteuer" auf seine eigenen Geschäftseinheiten, die unter Bezugnahme auf den Gewinn einer ausländischen, aber konzernmäßig verbundenen, Gesellschaft berechnet wird. Aufgrund der konkreten Ausgestaltung ist hier durchaus ein Element der Fiktion, iSv fiktiven Einkünften, enthalten.[149]

An dieser Stelle angelangt, lassen sich wiederum Parallelen zu der in der Rs *Air Transport Association of America* gegenständlichen Frage der Unzulässigkeit einer Einbeziehung des internationalen Luftverkehrs in das EU-Emissionshandelssystem aufgrund seiner möglichen extraterritorialen Wirkung ausmachen.[150] Die Verpflichtung zur Einlösung von Emissionszertifikaten für die gesamte – einschließlich der außerhalb des EU-Luftraumes absolvierten – Flugstrecke, sobald entweder der Start

---

[147] Vgl SA von GA *Kokott* 6.10.2011, C-366/10, *ATA*, EU:C:2011:637, Rn 108.

[148] *Englisch*, Is an METR Compatible with EU/EEA Fee Movement Guarantees?, TNI 12.4. 2021, 219 (231).

[149] In diesem Sinne stuft auch *Dourado* die GloBE-Regelungen als *„Rechtsfiktionen"* ein. *Dourado*, The Pillar Two Top-Up Taxes: Interplay, Characterization, and Tax Treaties, Intertax 2022, 388 (393 f).

[150] EuGH 21.12.2011, C-366/10, *ATA*, EU:C:2011:864.

oder die Landung eines Flugzeugs in einem EU-Mitgliedstaat erfolgt, wurde darin allerdings weder als Verstoß gegen den völkergewohnheitsrechtlichen Territorialitätsgrundsatz noch als Einschränkung der Lufthoheit der betroffenen Drittstaaten als Ausfluss ihrer staatlichen Souveränität[151] gewertet.[152] Daran anknüpfend lässt sich auch für die GloBE-RL argumentieren, dass die Steuerhoheit von Drittstaaten bei der Anwendung der UTPR oder IIR durch einen EU-Mitgliedstaat nicht unmittelbar beeinträchtigt wird. Die zu besteuernden Personen unterstehen (meist aufgrund ihrer Ansässigkeit in einem Mitgliedstaat) vielmehr der Hoheitsgewalt des jeweiligen EU-Staates, der seine Steuerhoheit ausübt. Dass bei der Anwendung von Unionsregelungen, die zu einer Eindämmung des internationalen schädlichen Steuerwettbewerbs beitragen sollen, auch auf Faktoren abgestellt wird, die sich teilweise außerhalb des Unionsgebiets ereignen, dürfte somit *„im Hinblick auf die Grundsätze des Völkergewohnheitsrechts, [...] nicht geeignet [sein], die uneingeschränkte Anwendbarkeit des Unionsrechts [im Unionsgebiet] in Frage zu stellen."*[153]

Das Verständnis von Nexus für die Begründung der Steuerhoheit ist vielmehr als formbares Konzept zu verstehen.[154] Es bildet eine Grenze für Extremfälle, die dann vorliegen, wenn Steuerobjekte *überhaupt* keine Verbindung zum besteuernden Staat aufweisen; weder persönlich über die Ansässigkeit, Staatsbürgerschaft oder Gründung noch sachlich-territorial.[155] Solange aber Mitglieder eines Konzerns mit Einkünften dieses Konzerns besteuert werden, sollte der *„genuine link"* zwischen dem besteuernden Staat und dem Subjekt oder Objekt der Besteuerung im Ergebnis erfüllt sein.[156] Angesichts der Unbestimmtheit des Nexusbegriffs fällt es daher schwer, in der GloBE-RL einen *offenkundigen* Verstoß dagegen zu erkennen. Zudem ist das Völkergewohnheitsrecht nicht statisch. Es ist ein sich ständig weiterentwickelndes System.[157] Völkergewohnheitsrecht entsteht außerdem nicht nur dann und deshalb, weil es sich über einen langen Zeitraum stetig entwickelt hat.[158] Die UTPR oder allgemein der GloBE-Nexus könnte durch die Zustimmung von 137 Staaten im *Inclusive Framework* selbst neues Völkergewohnheitsrecht begründen, das bestehende Vorstellungen von Nexus verdrängt.[159] Wenngleich gegenwärtig noch keine tatsächliche Staatenpraxis vorhanden ist, mag die Zustimmung im Inclusive Framework zumindest als Vorliegen einer avisierten Staatenpraxis gewer-

---

[151] Zur *„Lufthoheit"* auch SA von GA *Kokott* 6.10.2011, C-366/10, *ATA* EU:C:2011:637, Rn 118.

[152] EuGH 21.12.2011, C-366/10, *ATA*, EU:C:2011:864, Rn 122–130.

[153] In diesem Sinne EuGH 21.12.2011, C-366/10, *ATA*, EU:C:2011:864, Rn 129.

[154] Vgl dazu auch *Kokott* in *Haslehner/Kofler/Pantazatou/Rust* (Hrsg) Tax and the Digital Economy, 19 ff.

[155] *Lang*, Introduction to the Law of Double Taxation Conventions³ (2021) Rz 2; *Rust*, Double Taxation, in *Rust* (Hrsg) Double Taxation with the European Union (2011) 3; *Magalhães*, TNI 5.12.2022, 1261 mwN.

[156] *Szudoczky*, SWI 2023, 149.

[157] Vgl *Avi-Yonah*, TNI 21.11.2022, 952.

[158] MwN *Szudoczky*, SWI 2023, 148.

[159] In diese Richtung *Avi-Yonah*, TNI 21.11.2022, 952.

tet werden.[160] Zwar begründet dies für sich allein noch kein neues bindendes Völkergewohnheitsrecht, doch zeigt es, dass die bestehenden (international akzeptierten) Vorstellungen von Nexus, dem „neuen" GloBE-Nexus nicht entgegenstehen. Solange daher aus dem Konsens eine allgemeine und kohärente Staatenpraxis zu erwarten ist, wird man die Zustimmung von 137 Staaten, ihre Steuerhoheit in Zukunft auf der Grundlage eines anderen Nexus auszuüben oder die dahingehende Ausübung durch andere Staaten zu akzeptieren, als ausreichend erachten können, um die Abweichung von den traditionellen Konzepten zu rechtfertigen.[161]

Daher lässt sich die Gültigkeit der GloBE-RL kaum als Folge eines Verstoßes gegen Völkergewohnheitsrecht in Zweifel ziehen, zumal der EuGH bei der Überprüfung von Sekundärrechtsakten an völkergewohnheitsrechtlichen Grundsätzen schon wegen ihrer Unbestimmtheit bloß eine eingeschränkte Kontrolle vornimmt, die offensichtliche Beurteilungsfehler verlangt.[162] Nur ein *offenkundiger* Verstoß der Union gegen den fraglichen völkergewohnheitsrechtlichen Grundsatz würde die Rechtswidrigkeit einer Richtlinie bewirken. Eine solche Offenkundigkeit läge aber wohl nur dann vor, wenn die Rechtsansicht der Union gegen eine bestehende, von einem internationalen Streitschlichtungsorgan autoritativ vorgenommene Auslegung des betreffenden völkergewohnheitsrechtlichen Grundsatzes verstoßen würde, oder, bei Fehlen einer solchen Auslegung, die Union einen nach allgemein anerkannten völkerrechtlichen Auslegungsregelungen *eindeutig* bestimmbaren Grundsatz falsch angewendet hätte.[163] Angesichts der obigen Diskussion ist ein derart offensichtlicher Beurteilungsfehler schwerlich zu begründen.

Damit ist allerdings noch keine Aussage darüber gemacht, ob die Regelungen der GloBE-RL im Einklang mit einzelnen Bestimmungen in bestehenden bilateralen Doppelbesteuerungsabkommen der Mitgliedstaaten stehen.[164] Das Spannungsverhältnis der IIR, aber vor allem der UTPR zu DBA-Normen, die Art 7 Abs 1, Art 10 Abs 5, Art 24 Abs 4 und 5 OECD-MA nachgebildet sind, oder die für ausländische Betriebsstätteneinkünfte die Befreiungsmethode vorsehen,[165] ist augen-

---

[160] Vgl *Debelva/De Broe*, Intertax 2022, 903; *Avi-Yonah*, TNI 21.11.2022, 952.

[161] *Szudoczky*, SWI 2023, 149; ähnlich *Rawal*, TNI 28.11.2022, 1073 f.

[162] Vgl *Schmalenbach* in *Calliess/Ruffert* (Hrsg) EUV/AEUV⁶, Art 351 AEUV Rz 4. EuGH 21.12.2011, C-366/10, *ATA*, EU:C:2011:865, Rn 110; ebenso bereits EuGH 16.6.1998, C-162/96, *Racke*, EU:C:1998:293, Rn 52.

[163] Ähnlich im Kontext von Art 351 AEUV *Lorenzmeier* in *Grabitz/Hilf/Nettesheim* (Hrsg) Das Recht der EU⁷⁸, Art 351 AEUV Rz 9.

[164] Sofern man *Top-Up Taxes* als „*Steuer vom Einkommen*" vom sachlichen Anwendungsbereich der DBA erfasst sieht, was bei DBA, die Art 2 des OECD-MA nachgebildet sind, wohl zu bejahen ist. Vgl *Andrade/Rodriguez*, Interaction of Pillar Two with Tax Treaties, in *Perdelwitz/Turina* (Hrsg) Global Minimum Taxation?, 235 (236 ff); *De Broe*, Intertax 2022, 881 f; *Dourado*, Intertax 2022, 395 f.

[165] *Chand/Turina/Romanovska* diskutieren darüber hinaus auch die Vereinbarkeit mit Art 9 OECD-MA, *Chand/Turina/Romanovska*, Tax Treaty Obstacles in Implementing the Pillar Two Global Minimum Tax Rules and a Possible Solution for Eliminating the Various Challenges, WTJ 2022, 3 (11 ff und 31); eine Sichtweise, die beispielsweise *De Broe* überzeugend ablehnt, *De Broe*, Intertax 2022, 882 f (insb FN 46).

scheinlich und wurde im Schrifttum bereits intensiv diskutiert.[166] Ohne diese Diskussion an der Stelle vertiefen zu müssen, ist hinsichtlich der Frage, wie allfälligen DBA-Verstößen aus unionsrechtlicher Sicht zu begegnen ist, zwischen EU-internen Verträgen und Verträgen mit Drittstaaten zu unterscheiden. Den rechtlichen Rahmen hierfür bildet die „*Unberührtheitsklausel*"[167] des Art 351 AEUV. Danach bleiben „*die Rechte und Pflichten aus Übereinkünften,*[168] *die vor dem 1. Januar 1958 oder, im Falle später beigetretener Staaten, vor dem Zeitpunkt ihres Beitritts zwischen einem oder mehreren Mitgliedstaaten einerseits und einem oder mehreren dritten Ländern andererseits geschlossen wurden, [...] durch die Verträge unberührt.*"

Für Doppelbesteuerungsabkommen zwischen den Mitgliedstaaten („*inter-se* Verträge") gilt Art 351 AEUV schon dem Wortlaut nach nicht.[169] Nimmt man die Unvereinbarkeit der GloBE-RL mit einzelnen DBA-Bestimmungen an, bewirkt sie

---

166 Die Vereinbarkeit weitestgehend bejahend OECD Tax Challenges Arising from Digitalisation – Report on Pillar Two Blueprint: Inclusive Framework on BEPS (2020) Rn 679 ff (wobei in Bezug auf DBA-befreite Betriebsstättengewinne [Switch-Over Rule] anfänglich noch die Notwendigkeit einer Anpassung der DBA vertreten wurde, Rn 677); OECD, Tax Challenges Arising from the Digitalisation of the Economy – Administrative Guidance on the Global Anti-Base Erosion Model Rules (Pillar Two) (2023) Rn 2; vgl weiters *Englisch/Becker*, Materialien zu Wirtschaft und Gesellschaft Nr 224, 58 ff; *Avi-Yonah*, What does the US get from Pillar 2 (draft 5/3/23) https://ssrn.com/abstract=4389419, aus US-amerikanischer Perspektive, wobei sämtliche Abkommen der USA eine Art 1 Abs 3 OECD-MA nachgebildete Saving Clause beinhalten; kritisch für DBA ohne Saving Clause iSd Art 1 Abs 3 OECD-MA *De Broe*, intertax 2022, 882 ff; kritisch, selbst für DBA mit Saving Clause *Szudoczky*, SWI 2023, 149 ff; *Dourado*, Intertax 2022, 395; umfassend weiters *Chand/Turina/Romanovska*, WTJ 2022, 5 ff; *Andrade/Rodriguez* in *Perdelwitz/Turina* (Hrsg) Global Minimum Taxation?, 235 ff; allgemein ablehnend *Goulder*, Pillar 2 and Tax Treaties: MLI, Where Art Thou?, TNI 7.11.2022, 775 (776 ff); *Nikolakakis/Li*, UTPR: Unprecedented (and Unprincipled?) Tax Policy Response, TNI 6.2.2023, 743 (746 ff); *VanderWolk*, Tax Treaties Pose Problems for the UTPR, TNI 3.10.2022, 29 (29).

167 Zum Begriff etwa *Khan* in *Geiger/Khan/Kotzur/Kirchmair* (Hrsg) EUV/AEUV[7], Art 351 AEUV Überschrift II; *Stöger* in *Jäger/Stöger* (Hrsg) EUV/AEUV 258. Lfg (2020) Art 351 AEUV Rz 6; *Lorenzmeier*, in *Grabitz/Hilf/Nettesheim* (Hrsg) Das Recht der EU[78], Art 351 Rz 5 ff.

168 Der Begriff der Übereinkünfte wird gemeinhin weit verstanden (vgl *Stöger* in *Jäger/Stöger* [Hrsg] EUV/AEUV[258], Art 351 AEUV Rz 7 ff) umfasst aber in jedem Fall völkerrechtliche Verträge wie Doppelbesteuerungsabkommen. *Bendlinger*, Article 351 TFEU on the relation of international agreements of the Member States to the provisions of the Treaties, in *Smit/Herzog/Campell/Zagel* (eds) Smit & Herzog on The Law of the European Union[33] (2022) 351–18; *Kofler*, Doppelbesteuerungsabkommen und Europäisches Gemeinschaftsrecht (2007) 423 jeweils mwN.

169 *Schmalenbach* in *Calliess/Ruffert* (Hrsg) EUV/AEUV[6], Art 351 AEUV Rz 11; bestätigt durch den Sinn und Zweck der Regelung *Kokott* in *Streinz* (Hrsg) EUV/AEUV[3], Art 351 AEUV Rz 2; vgl weiters *Lorenzmeier* in *Grabitz/Hilf/Nettesheim* (Hrsg) Das Recht der EU[78], Art 351 AEUV Rz 13; EuGH 27.2.1962, 10/61, *Kommission/Italien*, EU:C:1962:2; EuGH 27.9.1988, C-235/87, *Annunziata Matteucci*, EU:C:1988:677, Rn 21.

einen unionsrechtlich angeordneten *„Treaty Override"*.[170] Für Altverträge ergibt sich diese Konsequenz bereits aus der *Lex posterior*-Regel; und im Hinblick auf Neuverträge sticht die *„lex superior"* die *„lex posterior"* und verhilft dem Unionsrecht so zum Durchbruch.[171] Das Unionsrecht genießt in jedem Fall Vorrang.[172] Eine Erfüllung der abkommensrechtlichen Verpflichtungen ist somit ausgeschlossen und Art 351 Abs 1 AEUV entbindet die Mitgliedstaaten nicht von ihrer Pflicht zur Umsetzung der Richtlinie. Oder anders gewendet: Eine Nichtanwendbarkeit der GloBE-RL zur Vermeidung von Verstößen gegen DBA, die die Mitgliedstaaten untereinander geschlossen haben, lässt sich nicht begründen.

Im Verhältnis zu Drittstaaten ändert sich die Situation jedoch. Zwar greift der Anwendungsvorrang des Unionsrechts auch hier; er steht jedoch unter dem Vorbehalt von Art 351 Abs 1 AEUV.[173] Im Kern erlaubt diese Bestimmung den Mitgliedstaaten entsprechend dem Grundsatz der Vertragstreue,[174] ihren völkerrechtlichen Verpflichtungen aus Altverträgen mit Drittstaaten nachzukommen, ohne dabei gegen Unionsrecht zu verstoßen.[175] Die Immunisierungswirkung des Art 351 Abs 1 AEUV gilt nur für Verträge, die vor dem 1.1.1958 oder vor dem Beitritt des jeweiligen Mitgliedstaates zur EU abgeschlossen wurden,[176] erstreckt sich dann aber auch auf später erlassene Sekundärrechtsakte.[177] Art 351 Abs 1 AEUV beinhaltet mithin eine Kollisionsregel, wonach das Unionsrecht gegenüber innerstaatlichen Regelungen eines Mitgliedstaates zurückzutreten hat, soweit dies erforderlich ist, um die Erfüllung einer in den Anwendungsbereich der Bestimmung fallenden völkerrecht-

---

[170] *Proelss* in *Dörr/Schmalenbach* (Hrsg) Vienna Convention on the Law of Treaties – A Commentary[2] (2018) Art 34, 653. Auch der EuGH steht *Treaty Overrides* aus unionsrechtlicher Sicht allgemein unkritisch gegenüber. EuGH 6.12.2007, C-298/05, Columbus Container Services, EU:C:2007:754; EuGH 19.9.2012, C-540/11, *Levy und Sebbag*, EU:C:2012/581.

[171] *Bendlinger* in *Smit/Herzog/Campell/Zagel* (eds) Smit & Herzog on The Law of the European Union[33], 351–19; *Schmalenbach* in *Calliess/Ruffert* (Hrsg), EUV/AEUV[6], Art 351 AEUV Rz 11; *Lorenzmeier* in *Grabitz/Hilf/Nettesheim* (Hrsg) Das Recht der EU[78] Art 351 AEUV Rz 13.

[172] EuGH 27.9.1988, C-235/87, *Annunziata Matteucci*, EU:C:1988:677, Rn 22; *Khan* in *Geiger/Khan/Kotzur/Kirchmair* (Hrsg) EUV/AEUV[7], Art 351 AEUV Rz 1.

[173] *De Broe*, Intertax 2022, 886.

[174] Kodifiziert in Art 26 WVRK.

[175] Art 351 Abs 1 AEUV konkretisiert damit auf Unionsebene den Grundsatz der völkerrechtskonformen Integration. *Khan* in *Geiger/Khan/Kotzur/Kirchmair* (Hrsg) EUV/AEUV[7], Art 351 AEUV Rz 1; *Kokott* in *Streinz* (Hrsg), EUV/AEUV[3], Art 351 AEUV Rz 1; *Schmalenbach* in *Calliess/Ruffert* (Hrsg) EUV/AEUV[6], Art 351 AEUV Rz 1; *Lorenzmeier* in *Grabitz/Hilf/Nettesheim* (Hrsg) Das Recht der EU[78], Art 351 AEUV Rz 2 f; *Lavranos* in *von der Groeben/Schwarze/Lavranos* (Hrsg) Europäisches Unionsrecht[7] (2015) Art 351 AEUV Rz 1 ff.

[176] Zur Diskussion um die exakte Bestimmung des Stichtages, wenn der Abschluss vom Inkrafttreten des Vertrages abweicht siehe zB *Stöger* in *Jäger/Stöger* (Hrsg) EUV/AEUV 258. Lfg (2021) Art 351 AEUV Rz 14.

[177] EuGH 2.8.1993, C-158/92, *Levy*, EU:C:1993:332, Rn 22.

lichen *Verpflichtung*[178] gegenüber einem Drittstaat sicherzustellen.[179] Mit anderen Worten darf der betreffende Mitgliedstaat sein nationales Recht, das in Umsetzung der Richtlinie ergangen ist, insoweit unangewendet lassen, als dies zur Erfüllung ihrer völkerrechtlichen Verpflichtung notwendig ist. Dadurch wird verhindert, dass EU-Recht zu einem Verstoß gegen Völkerrecht *zwingt*.[180] Drittstaaten können aus Art 351 Abs 1 AEUV hingegen keine Rechte ableiten.[181] Konsequenterweise sind die Mitgliedstaaten durch Art 351 Abs 1 AEUV aus unionsrechtlicher Sicht auch nicht verpflichtet, ihre Altverträge zu erfüllen.[182] Dies hängt letztlich von der Stellung des jeweiligen Abkommens in der innerstaatlichen Rechtsordnung des jeweiligen Mitgliedstaates ab; mit anderen Worten, ob nach der Verfassung des jeweiligen Mitgliedstaates – wie in Österreich – „*Treaty Overrides*" aufgrund der Gleichrangigkeit von DBA und nationalem Umsetzungsrecht rechtlich zulässig sind.[183] Dabei ist jedoch zu bedenken, dass der Anwendungsvorrang des Unionsrechts für die Mitgliedstaaten auch in diesen Konstellationen dem Grunde nach weiterhin gilt; sie also von der Umsetzungspflicht nicht generell entbunden sind. Stehen Doppelbesteuerungsabkommen im Stufenbau der Rechtsordnung daher gleichrangig neben

---

[178] Der Mitgliedstaat muss völkerrechtlich zu einem bestimmten Handeln verpflichtet sein. Bloß fakultative Berechtigungen zu einem nicht europarechtskonformen Verhalten sind von der Bestimmung nicht erfasst. Ohne Verpflichtung hat der Mitgliedstaat daher von der Maßnahme abzusehen. Dies gilt gleichermaßen für Gesetzesmaßnahmen eines Mitgliedstaats, die dieser aufgrund einer früheren internationalen Übereinkunft erlassen hat und die sich aufgrund einer Änderung der unionsrechtlichen Rahmenbedingungen jetzt als unionsrechtswidrig erweisen. EuGH 14.1.1997, C-124/95, *Centro-Com*, EU:C:1997:8, Rn 60; EuGH 9.2.2012, C-277/10, *Luksan*, EU:C:2012:65, Rn 62 f; *Khan* in *Geiger/Khan/Kotzur/Kirchmair* (Hrsg) EUV/AEUV[7], Art 351 AEUV Rz 3; *Kokott* in *Streinz* (Hrsg) EUV/AEUV[3], Art 351 Rz 9.

[179] *Khan* in *Geiger/Khan/Kotzur/Kirchmair* (Hrsg) EUV/AEUV[7], Art 351 AEUV Rz 3; *Schmalenbach* in *Calliess/Ruffert* (Hrsg) EUV/AEUV[6], Art 351 AEUV Rz 14; *Lorenzmeier* in *Grabitz/Hilf/Nettesheim* (Hrsg) Das Recht der EU[78], Art 361 AEUV Rz 20; EuGH 3.2.1994, C-13/93, *Minne*, EU:C:1994:39, Rn 17 f.

[180] *Bendlinger* in *Smit/Herzog/Campell/Zagel* (eds) Smit & Herzog on The Law of the European Union[33], 351–9.

[181] Dies entspricht Art 34 WVRK. Vgl *Schmalenbach* in *Calliess/Ruffert* (Hrsg) EUV/AEUV[6], Art 351 AEUV Rz 1; *Stöger* in *Jäger/Stöger* (Hrsg) EUV/AEUV[258], Art 351 AEUV Rz 4.

[182] Vgl *Schmalenbach* in *Calliess/Ruffert* (Hrsg) EUV/AEUV[6], Art 351 AEUV Rz 18; *Khan* in *Geiger/Khan/Kotzur/Kirchmair* (Hrsg) EUV/AEUV[7], Art 351 AEUV Rz 3; *Lavranos* in *von der Groeben/Schwarze/Lavranos* (Hrsg) Europäisches Unionsrecht[7] (2015) Art 351 AEUV Rz 4 und 12; weiters *Stöger* in *Jäger/Stöger* (Hrsg) EUV/AEUV[258], Art 351 AEUV Rz 4 f.

[183] Vgl *Kirchmayr/Hohenwarter* in *Doralt/Ruppe/Kirchmayr/Mayr* (Hrsg) Steuerrecht Band I[12] (2019) 686 f; *Kofler* in *Aigner/Kofler/Tumpel* (Hrsg) DBA-Kommentar[2] (2019) Einleitung Rz 37 mwN; *Lang*, Rechtsquellen und Prinzipien des Internationalen Steuerrecht, in Achatz (Hrsg) Internationales Steuerrecht, DStjG Band 36 (2012) 7 (12 f); BVerfG 15.12.2015, 2 BvL 1/12; *Kofler/Rust*, Deutsches BVerfG zur Verfassungskonformität von „Treaty Overrides", SWI 2016, 144 (144 ff mwN).

originär innerstaatlichem Recht, das in Umsetzung der Richtlinie zu ergehen hat, kann sich ein Staat mE nicht mehr auf die sonst geltende *lex specialis*-Eigenschaft von Doppelbesteuerungsabkommen berufen,[184] um so den daraus resultierenden Verpflichtungen gegenüber entgegenstehendem späteren nationalen Umsetzungsrecht zum Durchbruch zu verhelfen.[185] An dieser Stelle ist daher das Zusammenspiel zwischen nationalen Gerichten und EuGH gefordert. Denn ob, in welchem Umfang und mit welchem Inhalt aus einem Altvertrag für einen Mitgliedstaat Verpflichtungen gegenüber einem Drittstaat herrühren, liegt grundsätzlich in der Zuständigkeit der Gerichte in den Mitgliedstaaten.[186] Inwieweit dann aber ein Mitgliedstaat aufgrund einer wie auch immer gearteten Verpflichtung aus dem Völkerrecht vor allfälligen Verstößen gegen das Unionsrecht „immunisiert" ist, obliegt wiederum dem Auslegungsmonopol des EuGH.[187]

Selbst wenn ein Abkommen von Art 351 Abs 1 AEUV erfasst ist, hat die darin normierte Rücksichtnahmepflicht der Union bloß vorläufigen Charakter.[188] Art 351 Abs 2 AEUV verpflichtet die Mitgliedstaaten schließlich ihre völkerrechtlichen Pflichten gegenüber Drittsaaten in Einklang mit dem Unionsrecht zu bringen. Wie die Mitgliedstaaten der Anpassungspflicht Rechnung tragen, ist grundsätzlich ihnen überlassen. Die Möglichkeiten reichen hier von der unionsfreundlichen Auslegung bei Vertragsanwendung, über die Anpassung bis hin zur Vertragskündigung.[189] Kommt ein Mitgliedstaat seiner Anpassungspflicht nicht nach, drohen unionsrecht-

---

[184] Vgl *Kirchmayr/Hohenwarter* in *Doralt/Ruppe/Kirchmayr/Mayr* (Hrsg) Steuerrecht Band I[12] (2019) 876; VwGH 28.6.1963, 2312/61; VwGH 7.9.1998, 89/16/0085.

[185] In diesem Sinne ordnet auch der deutsche Entwurf eines Gesetzes für die Umsetzung der Richtlinie zur Gewährleistung einer globalen Mindestbesteuerung für multinationale Unternehmensgruppen und große inländische Gruppen in der Union (Mindestbesteuerungsrichtlinie-Umsetzungsgesetz – MinBestRl-UmsG) in § 1 Abs 1 ausdrücklich den Vorrang der nationalen Bestimmungen zur Umsetzung der GloBE-RL vor Doppelbesteuerungsabkommen an und legitimiert damit allfällige *Treaty Overrides*. Im Inland belegene Geschäftseinheiten einer Mindeststeuergruppe unterliegen *„ungeachtet der Vorschriften eines Abkommens zur Vermeidung der Doppelbesteuerungsabkommen der Mindeststeuer."*

[186] *Stöger* in *Jäger/Stöger* (Hrsg), EUV/AEUV[258], Art 351 AEUV Rz 29; EuGH 14.1.1997, C-124/95, *Centro-Com*, EU:C:1997:8, Rn 58.

[187] Bendlinger in Smit/Herzog/Campell/Zagel (eds) Smit & Herzog on The Law of the European Union[33], 351–17; Kokott in Streinz (Hrsg) EUV/AEUV[3], Art 351 AEUV Rz 7.

[188] *Khan* in *Geiger/Khan/Kotzur/Kirchmair* (Hrsg) EUV/AEUV[7], Art 351 AEUV Rz 5 spricht vom *„Übergangscharakter"*; in diesem Sinne auch *Lorenzmeier* in *Grabitz/Hilf/Nettesheim* (Hrsg) Das Recht der EU[78], Art 351 AEUV Rz 21 und 31; ähnlich *Lavranos* in *von der Groeben/Schwarze/Lavranos* (Hrsg) Europäisches Unionsrecht[7], Art 351 AEUV Rz 12.

[189] *Kokott* in *Streinz* (Hrsg) EUV/AEUV[3], Art 351 AEUV Rz 12 f; *Schmalenbach* in *Calliess/Ruffert* (Hrsg) EUV/AEUV[6], Art 351 AEUV Rz 21; *Lorenzmeier* in *Grabitz/Hilf/ Nettesheim* (Hrsg) Das Recht der EU[78], Art 351 AEUV Rz 33; *Lavranos* in *von der Groeben/Schwarze/Lavranos* (Hrsg) Europäisches Unionsrecht[7], Art 351 AEUV Rz 8; vgl auch EUGH 1.2.1995, C-203/03, *Kommission/Österreich*, EU:C:2005:76, Rn 59; EuGH 4.7.2000, C-62/98, *Kommission/Portugal*, EU:C:2000:358, Rn 41 ff.

liche Sanktionen.[190] So kann die Kommission im Wege eines Vertragsverletzungsverfahrens durchsetzen, dass die Mitgliedstaaten ihre internationalen Übereinkünfte den Anforderungen des Unionsrechts anpassen.[191] Bis derartige Maßnahmen zur Konfliktbehebung iSd Abs 2 gesetzt sind, bleibt die Achtung der Rechte aus der Übereinkunft nach Abs 1 grundsätzlich unberührt.[192] Inwieweit Art 351 AEUV eine zeitliche Befristung dahingehend innewohnt, dass bei Verstreichen der Frist die Mitgliedstaaten zugleich ihr Recht verwirken, sich auf die Unberührtheitsklausel zu berufen, wird unterschiedlich beantwortet,[193] im Schrifttum aber tendenziell verneint.[194] Dies darf aber nicht über die Pflicht der Mitgliedstaaten hinwegtäuschen, *„jede Anstrengung zur Herstellung einer unionsrechtskonformen Rechtslage zu unternehmen"*, allenfalls durch Einnehmen einer gemeinsamen Haltung und gegenseitigen Hilfeleistung, um der Union so mehr Durchschlagskraft zu verleihen.[195] So sind die betroffenen Staaten auch nach dem Grundsatz der loyalen Zusammenarbeit iSd Art 4 Abs 3 EUV angehalten, ihre völkerrechtlichen Vereinbarungen unverzüglich anzupassen.[196]

Die Hürden für die Anwendung von Art 351 Abs 1 AEUV sind also hoch. Wirft man einen Blick auf die Veränderlichkeit von Doppelbesteuerungsabkommen im Zeitverlauf, drängt sich zudem die Frage auf, ob ein „altes" Doppelbesteuerungsabkommen[197] trotz nachfolgender Revision überhaupt noch als „Altvertrag" unter den Bestandschutz der Vorschrift fällt und wenn ja, unter welchen Bedingungen. Im Allgemeinen neigt der EuGH bei der Bestimmung der zeitlich-materiellen Reichweite von Art 351 Abs 1 AEUV zu einem statischen Verständnis. Sobald ein Abkommen trotz Revision nach dem EU-Beitritt nicht von den potentiell EU-rechtswidrigen Verpflichtungen befreit wurde, verliert es seinen „Altvertragsstatus". Selbst die Klauseln, die unverändert geblieben sind, fallen somit aus dem Schutzschirm des Art 351 Abs 1 AEUV heraus.[198] Ungeklärt ist bislang allerdings, ob der Schutz

---

190 Art 258 ff AEUV. *Lorenzmeier* in *Grabitz/Hilf/Nettesheim* (Hrsg) Das Recht der EU[78], Art 351 AEUV Rz 32.

191 Vgl *Khan* in *Geiger/Khan/Kotzur/Kirchmair* (Hrsg) EUV/AEUV[7], Art 351 AEUV Rz 6.

192 *Kokott* in *Streinz* (Hrsg) EUV/AEUV[3], Art 351 AEUV Rz 14.

193 Theoretisch für möglich erachtend *Schmid*, Immer wieder Bananen: Der Status des GATT/WTO-Systems im Gemeinschaftsrecht – Zur Lage nach dem Beschluß des WTO-Streitbeilegungsgremiums über die EG-Bananenmarktverordnung vom 25.9.1997, NJW 1998, 190 (193).

194 *Schmalenbach* in *Calliess/Ruffert* (Hrsg) EUV/AEUV[6], Art 351 AEUV Rz 14; *Lorenzmeier* in *Grabitz/Hilf/Nettesheim* (Hrsg) Das Recht der EU[78], Art 351 AEUV Rz 21.

195 *Lorenzmeier* in *Grabitz/Hilf/Nettesheim* (Hrsg) Das Recht der EU[78], Art 351 AEUV Rz 35; *Stöger* in *Jäger/Stöger* (Hrsg) EUV/AEUV[258], Art 351 AEUV Rz 34 ff.

196 Siehe dazu auch Bendlinger in Smit/Herzog/Campell/Zagel (eds) Smit & Herzog on The Law of the European Union[33], 351–38 f mwN.

197 Dh ein Abkommen, das vor der Gründung der EG oder einem späteren Beitritt abgeschlossen wurde.

198 Vgl EuGH 5.11.2002, C-475/98, *Kommission/Österreich* (Open Skies), EU:C:2002:630, Rn 49 ff mwN; weiters Bendlinger in Smit/Herzog/Campell/Zagel (eds) Smit & Herzog on The Law of the European Union[33], 351–21 f.

von Art 351 Abs 1 AEUV auch dann verwirkt wird, wenn ein „Altvertrag" zwar nach dem Beitritt zur EU geändert wurde, das konfligierende Sekundärrecht aber erst im Anschluss daran erlassen wurde. Bei der Änderung des Völkerrechts war die nachfolgende Änderung der unionsrechtlichen Rahmenbedingungen daher noch nicht absehbar, weshalb *de facto* auch keine Anpassung dahingegen vorgenommen werden konnte. Im Ergebnis hängt die Antwort auf diese Frage stark davon ab, ob Art 351 Abs 1 AEUV bei Neuverträgen und später geändertem EU-Recht analog angewendet werden kann. Und dies ist höchst strittig.[199] Konkret geht es um die Frage, ob die Schutzwirkung des Art 351 Abs 1 AEUV im Analogieschluss auf Abkommen erstreckt werden kann, die zwar nach der Gründung oder dem Beitritt zur EU abgeschlossen wurden, aber einen Bereich betreffen, für den die Union damals noch keine Sachzuständigkeit hatte und der spätere Kompetenzzuwachs der Union auch nicht vorhersehbar war. Übertragen auf Richtlinien müssten solche Abkommen daher vor dem Erlass der jeweiligen Richtlinie abgeschlossen worden sein und bei Vertragsabschluss durfte die Kompetenzausausübung der Union objektiv auch nicht erkennbar gewesen sein.[200]

Betrachtet man die dynamische Entwicklung des Unionsrechts, gerade im Bereich des Steuerrechts, werden die Voraussetzungen von Art 351 Abs 1 AEUV bei restriktiver Lesart und Verneinung der analogen Anwendung von Doppelbesteuerungsabkommen kaum je erfüllt sein können.[201] Auf der anderen Seite des Meinungsspektrums steht allerdings jene Auffassung, die der Bestimmung allgemein eine „*Völkerrechtsfreundlichkeit*" als *Ratio* entnehmen will, um damit ihre Analogiefähigkeit zu begründen.[202] Die Zwischenmeinung bejaht zwar die grundsätzliche Möglichkeit der Analogie, beschränkt sie allerdings auf jüngeres materielles Sekundärrecht, das unter Rückgriff auf die Residualkompetenz des Art 352 AEUV oder allenfalls infolge einer späteren Kompetenzverschiebung zugunsten der Union

---

[199] Die Analogie bejahend etwa *Lorenzmeier* in *Grabitz/Hilf/Nettesheim* (Hrsg) Das Recht der EU[78], Art 351 AEUV Rz 24 ff; *Schmalenbach* in *Calliess/Ruffert* (Hrsg) EUV/AEUV[6], Art 351 AEUV Rz 9 (zumindest gegenüber jüngerem, dh nach Abschluss des Vertrages zustande gekommenen, materiellen Primär- oder Sekundärrecht); Bendlinger in Smit/Herzog/Campell/Zagel (eds) Smit & Herzog on The Law of the European Union[33], 351–23 ff mwN; ansatzweise auch SA von GA *Kokott* 13.3.2008, C-188/07, *Commune de Mesquer*, EU:C:2008:359, Rn 94–96; verneinend dagegen *Manzini*, The Priority of Pre-Existing Treaties of EC Member States within the Framework of International Law, European Journal of International Law 2001, 781 (786); *De Broe*, Intertax 2022, 887 (mwN insb in Fn 73); allgemein kritisch, allerdings im Hinblick auf Vorschriften des Sekundärrechts relativierend *Basener*, Investment Protection in the European Union (2017) 353 ff.

[200] *Kokott* in *Streinz* (Hrsg) EUV/AEUV[3], Art 351 AEUV Rz 1; *Schmalenbach* in *Calliess/Ruffert* (Hrsg) EUV/AEUV[6], Art 351 AEUV Rz 9; *Lavranos* in *von der Groeben/Schwarze/Lavranos* (Hrsg) Europäisches Unionsrecht[7], Art 351 AEUV Rz 6.

[201] Dazu auch Bendlinger in Smit/Herzog/Campell/Zagel (eds) Smit & Herzog on The Law of the European Union[33], 351–26 f mwN.

[202] Zur Überlegung der „*Völkerrechtsfreundlichkeit*" als Ratio *Khan* in *Geiger/Khan/Kotzur/Kirchmair* (Hrsg) EUV/AEUV[7], Art 351 AEUV Rz 2.

erlassen wurde.[203] Bei geteilter Zuständigkeit, wie dies im Hinblick auf die Binnenmarktkompetenz der Fall ist, wird die Möglichkeit der Analogie daher verneint.[204] Sekundärrechtsakte, wie die GloBE-Richtlinie, die ihre Grundlage in Art 115 AEUV finden, sind daher nach dieser Meinung von vornherein nicht geschützt.

Aber selbst, wenn man die analoge Anwendung von Art 351 Abs 1 AEUV auf Richtlinien im direkten Steuerrecht für möglich hält, ist angesichts der Integrationsdynamik der Union völlig offen, bis zu welchem Zeitpunkt die Mitgliedstaaten geschützt wären. Sobald nämlich ein Tätigwerden der Union bzw eine Änderung des Unionsrechts für die Mitgliedstaaten vorhersehbar ist, scheidet eine Berufung auf Art 351 Abs 1 AEUV aus. Zudem könnte man im Lichte der fortschreitenden Harmonisierung auch im Bereich der direkten Steuern verlangen, dass neue Doppelbesteuerungsabkommen durch Anpassungsklauseln auf zukünftige Entwicklungen des Unionsrechts Rücksicht nehmen. So wären etwa Vorbehaltsklauseln denkbar, die den Mitgliedstaat berechtigen, seinen Verpflichtungen aus dem Unionsrecht nachzukommen, ohne durch das Abkommen daran gehindert zu sein.

Bejaht man eine analoge Anwendung des Art 351 AEUV auf nach 1958 oder nach einem späteren Beitritt, jedoch vor Entstehung einer Unionszuständigkeit geschlossene DBA, hängen die konkreten Folgen für den einzelnen Steuerpflichtigen erneut von der Rechts- und Verfassungsordnung des jeweiligen Mitgliedstaates ab. Sieht das nationale Umsetzungsrecht einen *Treaty Override* vor und wird dieser, wie in Österreich, von der betroffenen Verfassungsrechtsordnung toleriert, kann aus Art 351 AEUV keine Pflicht abgeleitet werden, den DBA-rechtlichen Vereinbarungen zum Durchbruch zu verhelfen. Damit wäre aber zugleich eine Zersplitterung des Rechts und folglich die Gefahr von Desintegration verbunden, weil die Durchsetzbarkeit der GloBE-RL im Verhältnis zu Drittstaaten letztlich in den Händen der unterschiedlichen Verfassungsordnungen der Mitgliedstaaten läge. Dies spricht mE gegen eine analoge Anwendung. Zudem müsste korrespondierend zu einer allfälligen Erweiterung des Schutzbereichs von Art 351 Abs 1 auch dem Anpassungsgebot des Abs 2 mehr Gewicht beigemessen werden, um insgesamt dem *effet utile* des Unionsrechts (besser) Rechnung zu tragen.[205] Verneint man die Analogie, können sich Mitgliedstaaten für die Erfüllung späterer Verträge, die nach Beitritt zur Union geschlossen wurden und unionrechtswidrig sind, der EU gegenüber grundsätzlich nicht auf die Völkerrechtswidrigkeit berufen. Solche Verträge sind vielmehr auf Grund des Vorrangs des Unionsrechts innerunional unwirksam, völkerrechtlich aber dennoch bindend.[206]

---

[203] *Schmalenbach* in *Calliess/Ruffert* (Hrsg) EUV/AEUV[6], Art 351 AEUV Rz 9; für spätere, nicht vorhersehbare Kompetenzzuwächse der Union auch *Khan* in *Geiger/Khan/Kotzur/Kirchmair* (Hrsg) EUV/AEUV[7], Art 351 AEUV Rz 2.

[204] Da die Ausübung dieser Zuständigkeit für die Mitgliedstaaten stets vorhersehbar sei, so etwa *Stöger* in *Jäger/Stöger* (Hrsg) EUV/AEUV[258], Art 351 AEUV Rz 18.

[205] In diesem Sinne *Basener*, Investment Protection, 355, der unter diesen Umständen für eine Nichtanwendung/Nichterfüllung der völkerrechtlichen Verpflichtungen eintritt.

[206] *Kokott* in *Streinz* (Hrsg) EUV/AEUV[3], Art 351 AEUV Rz 4.

Aus unionsrechtlicher Sicht unproblematisch erweist sich letzten Endes die Auflösung jener Kollisionsfälle, die völkerrechtliche Übereinkünfte mit Drittstaaten hervorrufen, die nach Erlass des jeweiligen Unionsrechtsakts abgeschlossen werden. Derartige „Neuverträge" sind keinesfalls von Art 351 AEUV erfasst. In diesem Sinne scheidet auch eine Immunisierung all jener Drittstaats-DBA aus, die nunmehr, also im Nachgang zum Inkrafttreten der GloBE-RL,[207] von den Mitgliedstaaten eingegangen werden. Die Verpflichtungen aus dem EU-Vertrag bleiben ohne Rücksicht auf diese späteren Abkommen vorrangig anzuwenden. Das Unionsrecht zwingt in diesen Fällen zum Verstoß gegen die DBA.[208]

3.4. Richtlinie als Schutzschirm gegen das Verbot staatlicher Beihilfen

Kaum eine Angriffsfläche für die Prüfung der Rechtmäßigkeit am Maßstab des Primärrechts bietet in einem ersten Schritt das Verbot staatlicher Beihilfen nach Maßgabe von Art 107 AEUV. Zwar mag der tatbestandliche Anwendungsbereich der GloBE-RL zu Differenzierungen führen, die isoliert betrachtet mit den Voraussetzungen des Art 107 AEUV in Konflikt geraten könnten,[209] es scheitert jedoch an der Verantwortlichkeit der Mitgliedstaaten für die allenfalls entstehenden Wettbewerbsverzerrungen. Denn damit steuerliche Begünstigungen überhaupt unter den Beihilfebegriff des Art 107 Abs 1 AEUV fallen, haben sie nicht nur *„unmittelbar oder mittelbar aus staatlichen Mitteln gewährt"* zu werden,[210] die Gewährung muss

---

[207] Die Richtlinie wurde am 22.12.2022 im Amtsblatt der EU veröffentlicht ist folglich mit 23.12.2022 in Kraft getreten (Art 59 GloBE-RL).

[208] *Bendlinger* in *Smit/Herzog/Campell/Zagel* (eds) Smit & Herzog on The Law of the European Union[33], 351–19 f; *Stöger* in *Jäger/Stöger* (Hrsg) EU/AEUV[258], Art 351 AEUV Rz 17.

[209] Die Umsatzgrenze iHv € 750 Mio nach Art 2 EU GloBE-RL zur Festlegung des Anwendungsbereichs der Richtlinie begünstigt kleinere und mittlere Unternehmensgruppen, sofern diese mangels Anwendbarkeit der Mindestbesteuerungsregelungen nach Maßgabe des originär innerstaatlichen Steuerrechts einer endgültigen Effektivbesteuerung von weniger als 15 % unterworfen werden. Mit Blick auf „Hochsteuerstaaten" und kleinere Mitgliedstaaten läuft die Erfassung von reinen Inlandsgruppen in Kombination mit der Umsatzgrenze zudem Gefahr, eine *De facto*-Benachteiligung von grenzüberschreitenden Unternehmensgruppen zu bewirken. Liegt das allgemeine Steuerniveau in einem Mitgliedstaat über 15 %, geht die grundsätzliche Anwendbarkeit der Richtlinie auf große inländische Gruppen ins Leere; und selbst wenn das Steuerniveau in einem kleinen Mitgliedstaat unterhalb von 15 % liegen sollte, fehlt es in diesem Staat womöglich an großen Inlandsgruppen, die der „Hochschleuseffekt" der Mindeststeuer treffen könnte. Auch der Ausschluss bestimmter Industriezweige vom Anwendungsbereich der Richtlinie erscheint mitunter problematisch. Vgl Brokelind, An Overview of Legal Issues Arising from the Implementation in the European of the OECD's Pillar One and Pillar Two Blueprint, BIT 2021, 212 (218); De Broe, Intertax 2022, 875.

[210] EuGH 22.6.2006, C-182/03 und C-217/03, *Belgien* und *Forum 187 ASBL/Kommission*, EU:C:2006:416, Rn 127; EuGH 29.4.2004, C-308/01, *GIL Insurance* ua; EU:C:2004:252,

den Mitgliedstaaten überdies auch zurechenbar sein.[211] Da es sich bei der GloBE-RL um eine abschließende Harmonisierung durch den Unionsgesetzgeber handelt,[212] führen die Mitgliedstaaten mit der Umsetzung der allenfalls zu beanstandenden Regelungen – entsprechend ihren Verpflichtungen aus dem AEUV – lediglich Unionsrecht aus. Die in Rede stehenden Vorschriften sind mit anderen Worten das Ergebnis eines Gesetzgebungsaktes der Union. Konsequenterweise können sie auch nicht den Mitgliedsstaaten zugerechnet werden,[213] was wiederum die Anwendung von Art 107 AEUV scheitern lässt.[214]

Rn 66. Dies dürfte bei Begünstigungen auf Ebene des Abgabentatbestandes einer Körperschaftsteuer dem Grunde nach kaum zu bezweifeln sein. Vgl *Sutter* in *Mayer/Stöger* (Hrsg) Kommentar zu EUV und AEUV, 171a. Lfg (2014) Art 107 AEUV Rz 24 ff iVm Rz 58 ff mwN.

[211] EuG 27.9.2012, T-139/09, *Frankreich/Kommission*, EU:T:2012:496; Rn 58; EuGH 16.5. 2002, C-482/99, *Frankreich/Kommission (Stardust Marine)* EU:C:2002:294, Rn 24; EuG 5.4.2006, T-351/02, *Deutsche Bahn*, EU:T:2006:104, Rn 92 ff; dazu auch *Kühling* in *Streinz* (Hrsg) EUV/AEUV[3], Art 107 AEUV Rz 60 ff; *Cremer* in *Calliess/Ruffert* (Hrsg) EUV/AEUV[6], Art 107 AEUV Rz 32 ff.

[212] *Johnsten*, Don't Lose Hope on EU Global Minimum Tax Directive, Angel Says, TNI 12.9.2022, 1269 (1270); *Riek/Fehling*, IStR 2022, 58; *Kofler/Schnitger*, Does the "Initial Phase Relief" Make the EU's Pillar II Directive Invalid?, European Taxation 2023, in Druck; verfügbar unter https://ssrn.com/abstract_id=4392892, 5 (insb auch FN 29).

[213] EuG 5.4.2006, T-351/02, *Deutsche Bahn*, EU:T:2006:104, Rn 101 f; EuGH 23.4.2009, C-460/07, *Puffer*, EU:C:2009:254, Rn 68 ff; in diesem Sinne auch EuGH 26.10.2010, C-97/09, *Schmelz*, EU:C:2010:632, Rn 54; *König/Förtsch* in Streinz (Hrsg) EUV/AEUV[3], Art 107 AEUV Rz 64; *Götz* in *Dauses/Ludwigs* (Hrsg) Handbuch des EU-Wirtschaftsrechts, 57. EL (2022) H.III. Staatliche Beihilfen Rn 38; *von Wallenberg/Schütte* in *Grabitz/Hilf/Nettesheim* (Hrsg) Das Recht der EU[77], Art 107 AEUV Rz 42; *Kokott*, Das Steuerrecht der Europäischen Union (2018) § 3 Rz 153.

[214] Abgesehen davon sind in der jüngeren Rechtsprechung des EuGH unübersehbare Tendenzen erkennbar, Umsatzgrenzen für die Bemessung einer Steuer (konkret einer am Umsatz orientierte progressiv ausgestaltete Unternehmenssteuer) als *„neutrales"* und damit aus dem Blickwinkel des Tatbestandsmerkmals der Selektivität unproblematisches Unterscheidungsmerkmal einzustufen (EuGH 16.3.2021, C-562/19 P, *Kommission/Polen*, EU:C:2021:201, Rn 40 ff; iZm den Grundfreiheiten ähnlich EuGH 3.3.2020, C-75/18, *Vodafone*, EU:C:2020:139, Rn 50 ff; EuGH 3.3.2020, C-323/18, *Tesco-Global*, EU:C: 2020:140, Rn 70 ff). Solange die Wahl von Besteuerungskriterien nicht inkohärent in Hinblick auf das Ziel ist und gerade deshalb offensichtlich diskriminierende Parameter aufweist (dazu EuGH 15.11.2011, C-106/09 P und C-107/09 P, *Kommission und Spanien/Gibraltar und Vereinigtes Königreich*) ist eine allgemeine Anknüpfung an Umsätze und Umsatzgrenzen zulässig. Sollten sonach überwiegend ausländisch beherrschte Unternehmensgruppen von einer Steuer betroffen sein, weil diese in einem Markt zu den umsatzstärksten Unternehmen zählen, hängt dies von der Struktur und Größe des betroffenen Marktes und somit von Zufälligkeiten ab, ist aber keine systembedingt zwingende Konsequenz (dazu auch SA von GA *Kokott*, 13.6.2019, C-75/18, *Vodafone*, EU:C: 2019, 492, Rn 75 ff).

3.5. Verstoß gegen den Gleichheitsgrundsatz iSd GRCh?

Über Art 6 Abs 1 EUV wurden die in der Grundrechtecharta verbürgten Rechte in den Rang von unionalem Primärrecht gehoben.[215] Gemäß Art 51 Abs 1 GRCh bindet die Grundrechtecharta in erster Linie die Organe, Einrichtungen und sonstige Stellen der Union, was im steuerlichen Kontext vor allem den Rat als wesentliches Rechtsetzungsorgan betrifft.[216] Für die Mitgliedsstaaten sind die EU-Grundrechte ebenso relevant; allerdings beschränkt auf die *„Durchführung des Rechts der Union"*.[217] Dass Richtlinien den Anforderungen der Charta zu genügen haben[218] und dies auch in Vorabentscheidungsverfahren releviert und vom EuGH eingefordert wird, stellen Entscheidungen wie die Rs *Digital Rights Ireland ua* über die Ungültigkeit der Richtlinie zur Vorratsdatenspeicherung[219] oder jüngst die Rs *Orde van Vaamse Balies ua* über die Ungültigkeit der Meldepflichten von Rechtanwalt-Intermediären im Anwendungsbereich der DAC-6-Richtlinie[220] deutlich unter Beweis.[221] Dies gilt auch, und gerade, wenn das sekundäre Unionsrecht – wie die GloBE-RL – grenzüberschreitende und rein innerstaatliche Fälle unterschiedslos der Mindestbesteuerung unterwirft.[222] Jedenfalls darf es angesichts der zunehmen-

---

[215] Für einen historischen Überblick über die Entwicklung des europäischen Grundrechtsschutzes etwa *Münster/Fehling*, IStR 2021, 624 mwN; *Winkler* in *Jaeger/Stöger* (Hrsg) EUV und AEUV, 221. Lfg (2019) Art 6 EUV Rz 29; *Kingreen* in *Callies/Ruffert*, EUV/AEUV⁶, Art 6 EUV Rz 12.

[216] Art 113 und Art 115 AEUV; *Schönfeld/Ellenrieder/Sendke*, IStR 2022, 518; *Sendke*, Die Bedeutung der Unionsgrundrechte im harmonisierten Steuerrecht – zugleich Anmerkung zum Urteil des EuGH v. 8.12.2022 – C-694/20, ISR 2023, 11 (12).

[217] Bei allen sonstigen mitgliedstaatlichen Maßnahmen bleibt es beim Grundrechtsschutz der jeweiligen nationalen Verfassungen. *Kokott/Dobratz*, Der unionsrechtliche allgemeine Gleichheitssatz im Europäischen Steuerrecht, in *Schön/Heber* (Hrsg) Grundfragen des Europäischen Steuerrechts (2015) 25 (26); *Sendke*, ISR 2023, 12 f; vgl dazu auch EuGH 24.2.2022, C-257/20, *Viva Telecom Bulgaria*, EU:C:2022:125, Rn 126 ff mwN.

[218] Vgl nur *Kokott/Dobratz* in *Schön/Heber* (Hrsg) Grundfragen des Europäischen Steuerrechts, 26 f.

[219] EuGH 8.4.2014, C-293/12 und C-594/12, *Digital Rights Ireland* und *Kärntner Landesregierung*, EU:C:2014:239.

[220] EuGH 8.12.2022, C-694/20, *Orde van Vlaamse Balies ua*, EU:C:2022:963; für eine erste Einordnung etwa *Geringer*, Ungültigkeit der DAC-6-Mitteilungspflicht zwischen (Rechtsanwalts-)intermediären, taxlex 2023, 65 (65 f).

[221] Der Verstoß gegen die Unionsgrundrechte wurde dabei jeweils im Rahmen eines von einem nationalen Verfassungsgericht angestrebten Vorabentscheidungsersuchen argumentiert. Für weitere Entscheidungen siehe etwa EuGH 23.4.2009, C-460/07, *Sandra Puffer*, EU:C:2009:254; EuGH 26.2.2013, C-617/10, *Åkerberg Fransson*, EU:C:2013:280; EuGH 7.3.2017, C-390/15, *RPO*, EU:C:2017:174.

[222] Zur Prüfung von Sekundärrecht am Maßstab des unionsrechtlichen Gleichheitsgrundsatzes der GRCh und möglichen Abweichungen zur verfassungsrechtlichen Gleichheitsprüfung am Beispiel der unterschiedslos anwendbaren Zinsschrankenregelung des Art 4 ATAD siehe *Heber*, The Interest Limitation Rule in the Light of European Constitutional Law, EC Tax Review 2022, 72 (73 ff).

den sekundärrechtlichen Regelungsdichte bei den direkten Steuern und den Grenzen der Grundfreiheiten nicht verwundern, wenn verstärkt die unionalen Grundrechte als Kontrollmaßstab ins Blickfeld rücken.[223] Doch verbürgen die EU-Grundrechte, insbesondere der Gleichheitssatz, ein vergleichbares Schutzniveau wie die verfassungsrechtlich gewährleisteten Rechte oder die Grundfreiheiten des AEUV?

Zu klären gilt es in einem ersten Schritt, ob Richtlinien wie im Bereich der Grundfreiheiten eine Sperrwirkung dahingehend entfalten, dass nur die Richtlinie selbst an den Grundrechten zu messen ist, nicht jedoch das nationale Umsetzungsrecht.[224] Dies wird mitunter kritisch gesehen, weil die Grundrechte – anders als die Grundfreiheiten – nicht in erster Linie der Verwirklichung des Binnenmarktes dienen, sondern der Wahrung *„der unteilbaren und universellen Werte der Würde des Menschen, der Freiheit, der Gleichheit und der Solidarität“*.[225] Konsequenterweise sollten nationale Steuerregelungen, die der Umsetzung von harmonisierendem Sekundärrecht dienen, ganz generell nach Maßgabe der EU-Grundrechte geprüft werden können.[226] Unstrittig ist die Bedeutung des Gleichheitssatzes als Kontrollmaßstab jedenfalls für das steuerliche Sekundärrecht als solches und dessen Gültigkeit; also auch für die GloBE-RL. Gleichwohl bezieht sich die bisherige Rechtsprechung zur Vereinbarkeit von EU-Richtlinien mit den europäischen Grundrechten (noch) nicht auf materielle Aspekte der *direkten* Steuern.[227] Dem entspricht es auch, dass – soweit ersichtlich – bis *dato* nur das Grundrecht auf den Schutz personenbezogener Daten (Art 8 GRCh) oder das Recht auf Achtung des Privat- und Familienlebens (Art 7 GRCh) herangezogen wurden, um den Unionsgesetzgeber in die Schranken zu weisen.[228] Im Hinblick auf die GloBE-RL ist aber in erster Linie der allgemeine Gleichheitssatz des Art 20 GRCh relevant.[229]

---

[223] *Sendke*, Der Anwendungsbereich von unionalen und nationalen Grundrechten im Steuerrecht, StuW 2020, 219 (219); allgemein zur Bedeutung der GRCh für Sekundärrechtsakte siehe *Lemmen*, Die Bedeutung der EU-Grundrechtecharta für das nationale Steuerrecht (2022) 46 mwN.

[224] Dazu etwa *Englisch*, Gemeinschaftsgrundrechte im harmonisierten Steuerrecht, in *Schön/Beck* (Hrsg) Zukunftsfragen des deutschen Steuerrechts (2009) 39 (46 f); in diese Richtung kann auch die Rechtsprechung verstanden werden, die die Sperrwirkung von Richtlinien allgemein auf das Primärrecht bezieht, zu dem neben den Grundfreiheiten eben auch die EU-Grundrechte gehören. Vgl etwa EuGH 8.3.2017, C-14/16, *Euro Park Service*, EU:C:2017:177, Rn 19; EuGH 12.11.2015, C-198/14, C-198/14, *Visnapuu*, EU:C: 2015:751, Rn 40 mwN.

[225] Abs 2 der Präambel der Charta der Grundrechte der Europäischen Union (2010/C 83/02) ABl C 83/369.

[226] *Münster/Fehling*, IStR 2021, 625; für ein weiteres Verständnis auch *Sendke*, ISR 2023, 12 f mwN.

[227] Vgl *Münster/Fehling*, IStR 2021, 626 f mwN.

[228] EuGH 8.12.2022, C-694/20, *Orde van Vlaamse Balies ua*, EU:C:2022:963; EuGH 8.4. 2014, C-293/12 und C-594/12, *Digital Rights Ireland* und *Kärntner Landesregierung*, EU:C:2014:239.

[229] Allenfalls auch das Eigentumsrecht iSd Art 17 GRCh, wenn die Anwendung der UTPR zu einer gemessen am eigenen Gewinn oder bei Verlusten exzessiven und damit „ent-

Nach Art 20 GRCh sind *„[a]lle Personen [...] vor dem Gesetz gleich"*.[230] Die gleichheitsrechtliche Gewährleistung entspricht damit weitgehend Art 7 B-VG.[231] Parallel zur verfassungsrechtlichen Gleichheitsprüfung, liegt eine Beeinträchtigung des allgemeinen Gleichheitssatzes vor, wenn *„vergleichbare Sachverhalte in unterschiedlicher Weise behandelt"*, oder *„unterschiedliche Sachverhalte gleich behandelt"* werden.[232] Doch bevor man diese Prüfung vornehmen kann, müssen die zulässigen Vergleichspaare identifiziert werden.

Für die Prüfung der unterschiedslos anwendbaren Zinsschrankenregelung des Art 4 ATAD am Maßstab des Art 20 GRCh vertritt etwa *Heber,* dass nur Sachverhalte innerhalb des tatbestandlichen Anwendungsbereichs der Richtlinie miteinander verglichen werden dürfen; nicht jedoch Differenzierungen, die sich erst im Zusammenspiel mit dem nationalen Recht der Mitgliedstaaten für jene Fälle ergeben, die außerhalb des Anwendungsbereichs der Richtlinie liegen.[233] Geht man daher

---

eignenden" Besteuerung führen sollte (vgl *Boidman*, Normative Principles and Conflicting Views on the UTPR, TNI 6.3.2023, 1221 [1221]). Auf eine nähere Analyse dieser Frage wird jedoch im Rahmen des vorliegenden Beitrages verzichtet. Zu bedenken gilt es in diesem Kontext aber, dass das System aufgrund der Gefahr des Ausscherens ohne UPTR nicht stabil wäre, die UTPR damit als Ausfallsicherung iSe *„ultima ratio"* wohl dem Grunde nach erforderlich ist. Zudem wird bei der „Erdrosselungswirkung" (Frage der konfiskatorischen Effekte oder exzessiven Besteuerung) aufgrund der Konzernbetrachtung der Richtlinie möglicherweise auch die Konzernbelastung mit zu berücksichtigen sein; und diese liegt auf den Konzern umgelegt eben „nur" bei 15 %. Nichtsdestoweniger hat die betroffene Tochtergesellschaft nicht zwingend die Liquidität zur Begleichung der Steuer und gesellschaftsrechtlich besteht jedenfalls keine Verpflichtung der Muttergesellschaft, ihren Tochtergesellschaften die nötige Liquidität zuzuführen. Aus diesem Grund erachten etwa *Schönfeld/Ellenrieder/Sendke* die bloße Konzernzugehörigkeit als Rechtfertigungsargument für untauglich; dies jedoch aus dem Blickwinkel eines aus dem Gleichheitssatz abgeleiteten europäischen Leistungsfähigkeitsprinzips (*Schönfeld/Ellenrieder/Sendke*, IStR 2022, 524 f). Zum Eigentumseingriff von Steuern in der Judikatur des EGMR siehe EGMR 14.5.2013, Bsw 66529/11, N.K.M. gegen Ungarn); allgemein auch *Hohenwarter-Mayr*, Rechtsnachfolge im Unternehmenssteuerrecht (2019) 443 ff mwN.

[230] Schon vor Geltung der Grundrechtecharta wurde der allgemeine Gleichheitsgrundsatz als Grundprinzip des Unionsrechts anerkannt. Grundlegend EuGH 19.10.1977, C-117/76, *Ruckdeschel ua*, EU:C:1977:160, Rn 7.

[231] *Rust/Blum*, Grundrechtsschutz im Steuerrecht (2018) 23; *Holoubek* in *Korinek/Holoubek/Bezemek/Fuchs/Martin/Zellenberg* (Hrsg) Österreichisches Bundesverfassungsrecht[14] (2018) Art 7 Abs 1 Satz 1 und 2 B-VG (und Art 20 GRC) Rz 98.

[232] Zum zweiten Aspekt siehe vor allem *Rossi* in *Calliess/Ruffert* (Hrsg) EUV/AEUV[6], Art 20 GRCh Rz 24; allgemein auch EuGH 7.7.1993, C-217/91, *Kommission/Spanien*, EU:C:1993:293, Rn 37 f; EuGH 13.12.1994, C-306/93, *SMW Winzersekt*, EU:C:1994:407, Rn 30 ff.

[233] *Heber*, EC Tax Review 2022, 77 („*The European principle of equal treatment can only require equality within the secondary EU law act"*.) Konkret ging es um die nach nationalem Recht allgemein gegebenen Abzugsfähigkeit von Zinsen von Konzerngesellschaften außerhalb der Richtlinie. Der Zinsabzug sei hier (nur) Folge des nationalen Rechts und eigne sich daher nicht zur Bestimmung einer Vergleichsgruppe.

zunächst davon aus, dass für Zwecke der Gültigkeitsprüfung von Sekundärrechtsakten eine derartige Vergleichspaarbildung vorgezeichnet ist, kristallisiert sich die
augenscheinliche Gleichbehandlung von grenzüberschreitend tätigen „*In Scope*-
Unternehmensgruppen" und großen Inlandsgruppen nach Maßgabe von Art 1 Abs 1
und Art 2 Abs 1 iVm Art 5 bis 14 GloBE-RL als mögliches Problemfeld heraus.
Denn die Gleichbehandlung kann zur Ungleichbehandlung mutieren, wenn die
gleichermaßen erfassten Sachverhalte rechtlich wie tatsächlich gar nicht vergleichbar sind. Mangels intrinsischer Wertungen, die Art 20 GRCh entnommen werden
könnten, hat das *tertium comparationis* zur Feststellung der Gleichheit aus dem mit
der Richtlinie verfolgten Ziel abgleitet zu werden.[234] Anders als die ATAD soll die
GloBE-RL, wie in Kapitel 3.2. aufgezeigt, nun aber nicht nur BEPS vermeiden,
sondern insbesondere den Steuerwettbewerb um niedrige KöSt-Sätze nach unten
hin verhindern, um so gleiche Wettbewerbsbedingungen zu schaffen. Es soll ein
„*level playing field*" innerhalb des gesamten Binnenmarktes erzielt werden. Dies
bedingt notwendigerweise die Vergleichbarkeit rein inländischer und grenzüberschreitender Unternehmensgruppen. Denn die Schaffung gleicher Wettbewerbsbedingungen lässt sich auch für reine Inlandskonzerne einwenden, in denen die effektive Steuerbelastung von 15 % nicht erreicht wird. So gesehen finden sich große
„*In Scope*-Konzerne" unabhängig von der Ausrichtung der Tätigkeit gemessen am
Ziel der Schaffung gleicher Wettbewerbsbedingungen in einer vergleichbaren Situation; auch wenn in den reinen Inlandsfällen kein oder nur ein marginales BEPS-
Risiko besteht. Als Folge einer so argumentierten Vergleichbarkeit der Situationen
läge nicht einmal eine relevante Ungleichbehandlung iSd Art 20 GRCh vor. Die
unterschiedslose Erfassung von grenzüberschreitenden Gruppen und großen Inlandsgruppen durch die GloBE-RL wäre somit nicht angreifbar. Schließt man allerdings das zweite Ziel der Richtlinie, die Verhinderung von BEPS, stärker mit in
die Betrachtung ein, verschieben sich auch die Argumente etwas. Denn bei reinen
Inlandskonzernen besteht schlichtweg keine BEPS-Gefahr. „*In Scope*-Gruppen",
die nur national tätig sind und gleich behandelt werden wie grenzüberschreitend
agierende Unternehmensgruppen, obwohl kein signifikantes BEPS-Risiko besteht,
wären so womöglich gar nicht vergleichbar.[235] Die Gleichbehandlung wäre einem
Rechtfertigungsdruck ausgesetzt; mE aber nur dann, wenn man das Ziel der Bekämpfung von BEPS zwecks Vergleichbarkeitsprüfung als dominantes Ziel wertet.
Und genau dies erscheint problematisch, weil die beiden Ziele derart miteinander
verflochten sind, dass man sie weder in einzelne Komponenten aufsplitten noch in
eine hierarchische Ordnung bringen kann.

Ungeachtet dessen führte selbst eine identifizierte „Ungleichbehandlung" durch
Gleichbehandlung nicht automatisch zu einem Verstoß gegen den allgemeinen
Gleichheitssatz. Ein solcher wäre schließlich nur insoweit anzunehmen, als keine

---

[234] *Heber*, EC Tax Review 2022, 76; allgemein auch *Rossi* in *Calliess/Ruffert* (Hrsg) EUV/
AEUV[6], Art 20 GRCh Rz 21 mwN.

[235] Ähnlich im Hinblick auf die Zinsschrankenregelung der ATAD siehe *Heber*, EC Tax
Review 2022, 78.

ausreichenden Gründe für die Gleichbehandlung bestehen.[236] Es bliebe daher zu prüfen, ob es für die festgestellte Beeinträchtigung durch Gleichbehandlung eine „*gebührende Rechtfertigung*" gibt.[237] Diese nimmt der EuGH gemeinhin an, wenn die – in dem Fall unterschiedslose – Behandlung „*im Zusammenhang mit einem rechtlich zulässigen Ziel steht, das mit der Maßnahme, die zu einer solchen [...] Behandlung führt, verfolgt wird, und wenn die [unterschiedslose] Behandlung in angemessenem Verhältnis zu diesem Ziel steht*".[238] Dabei erkennt der EuGH dem Unionsgesetzgeber auch hier ein weites Ermessen zu. Immerhin habe der Unionsgesetzgeber beim Erlass von steuerlichen Maßnahmen, Entscheidungen politischer, wirtschaftlicher und sozialer Art zu treffen, divergierende Interessen in eine Rangfolge zu bringen und komplexe Beurteilungen vorzunehmen.[239] Dementsprechend beschränkt sich die gerichtliche Kontrolle auch in diesem Kontext ausschließlich auf „*offensichtliche Fehler*".[240] Für unterhalb der Grenze „*offensichtlicher Fehler*" angesiedelte Unzulänglichkeiten von Sekundärrechtsakten verzichtet der EuGH mit anderen Worten auf eine eingehende inhaltliche Überprüfung.[241] Damit fällt die Verhältnismäßigkeitsprüfung von Richtlinien durch den Unionsgesetzgeber im Ergebnis auch weit „großzügiger" aus, als dies bei (unilateralen) nationalen Bestimmungen im Lichte der Grundfreiheiten der Fall ist.[242]

Die Vermeidung von Wettbewerbsverzerrungen durch schädlichen Steuerwettbewerb und die durchgängige Sicherstellung eines gewissen Steuerniveaus zur Schaffung eines fairen Binnenmarktes wird man als im Gemeinwohl stehende Zielsetzung und damit als Rechtfertigungsgrund anerkennen dürfen. Ohne die Erfassung

---

[236] Vgl *Rossi* in *Calliess/Ruffert* (Hrsg) EUV/AEUV[6], Art 20 GRCh Rz 25; *Köchle/Pavlidis* in *Holoubek/Lienbacher* (Hrsg) GRC-Kommentar[2] (2019) Art 20 Rz 20 ff; *Jarass*, EU-Grundrechte-Charta[4] (2021) Art 20 Rz 8 ff.

[237] Vgl etwa EuGH 7.3.2017, C-390/15, *RPO*, EU:C:2017:174, Rn 52 mwN.

[238] EuGH 7.3.2017, C-390/15, *RPO*, EU:C:2017:174, Rn 53; EuGH 17.10.2013, C-101/12, *Schaible*, EU:C:2013:661, Rn 77; EuGH 22.5.2014, C-356/12, *Glatzel*, EU:C:2014:350, Rn 43. In Bezug auf Beeinträchtigungen iSd Art 20 GRCh, die durch eine Gleichbehandlung ungleicher Sachverhalte entsteht, argumentiert *Rossi* darüber eine weniger strikte Rechtfertigungsprüfung. Kann Art 20 auch durch Gleichbehandlung beeinträchtigt werden, unterwirft dies „*insbesondere die Legislative einem Rechtfertigungszwang für praktisch jede Maßnahme*". Deshalb müssen, wenn diese Beeinträchtigungsmöglichkeit anerkannt werden soll, jedenfalls auf Ebene der Rechtfertigung unterschiedliche Anforderungen an Ungleich- und Gleichbehandlungen gestellt werden. *Rossi* in *Calliess/Ruffert* (Hrsg) EUV/AEUV[6], Art 20 GRCh Rz 24.

[239] EuGH 7.3.2017, C-390/15, *RPO*, EU:C:2017:174, Rn 54.

[240] EuGH 7.3.2017, C-390/15, *RPO*, EU:C:2017:174, Rn 54.

[241] Kritisch dazu *Englisch* in *Schön/Beck* (Hrsg) Zukunftsfragen des deutschen Steuerrechts, 52 ff; vgl dazu auch EuGH 23.4.2009, C-460/07, *Sandra Puffer*, EU:C:2009:254, Rn 39 ff, wo der EuGH letztlich ebenso keinen Verstoß gegen den Gleichheitssatz erkennen konnte.

[242] Vgl dazu nur *Kofler*, Europäischer Grundrechtsschutz im Steuerrecht, in *Lang* (Hrsg) Europäisches Steuerrecht DStjG Band 41 (2018) 125 (146 ff); differenzierend *Kokott/Dobratz* in *Schön/Heber* (Hrsg) Grundfragen des Europäischen Steuerrechts, 33 f.

von Inlandssachverhalten würde sich dieses Ziel wohl nicht umfassend erreichen lassen und zudem der Gefahr eines Verstoßes gegen die Grundfreiheiten ausgesetzt sein. Ein „*offensichtlicher Fehler*" ist im Lichte dessen nur schwer auszumachen.

Kokott führt die Zurückhaltung des EuGH vor allem auf die „*gebotene Achtung der Steuerhoheit der Mitgliedstaaten*" zurück. Diese habe den Gerichtshof bislang daran gehindert, das volle Potenzial des Gleichheitsgrundsatzes auszuschöpfen; auch deshalb, um die schwer gefundenen Kompromisse in Richtlinien nicht zu gefährden.[243] Insgesamt zeigt sich der EuGH also bei der Prüfung von Sekundärrecht am Maßstab des allgemeinen Gleichheitssatzes noch sehr zurückhaltend.[244] Gegenwärtig mag damit ein Gefälle im Schutzniveau zwischen Grundfreiheiten und Grundrechten einhergehen,[245] dies steht jedoch einer Weiterentwicklung nicht entgegen. Ob die Entscheidung in der Rs *Orde van Vlaamse Balies* als erster Schritt in diese Richtung gesehen werden kann, mit der der EuGH allgemein ein neues Kapitel in der Prüfintensität aufgeschlagen hat, ist unklar. Denn in der genannten Rechtssache ging es letztlich erneut nur um Verfahrensrecht und nicht um materielles Steuerrecht. Zudem unterliegt das im konkreten Fall einschlägige Recht auf Achtung des Privat- und Familienlebens iSd Art 7 GRCh allgemein einer höheren Prüfintensität als der Gleichheitsgrundsatz.[246] Nichtsdestoweniger bildet die DAC-6-Richtlinie einen Puzzleteil in der Umsetzung der OECD Anti-BEPS-Maßnahmen. Die weitere Entwicklung bleibt abzuwarten.

Abschließend stellt sich trotzdem noch die Frage der Zulässigkeit von anderen Vergleichspaaren. Immerhin deckt der Gleichheitssatz schon seinem Wortlaut nach ein breites Spektrum ab, das neben grenzüberschreitenden und rein innerstaatlichen Vergleichsgruppen auch ausschließlich grenzüberschreitende Vergleichsgruppen erfassen kann.[247] Nichtsdestoweniger sind Richtlinien als Folge eines Verstoßes gegen die Unionsgrundrechte nur insoweit ungültig, als die Grundrechtverletzung in der Richtlinie selbst angelegt oder in einer Ermächtigung an die Mitgliedstaaten vorgezeichnet ist. Letzteres wird dann angenommen, wenn die Richtlinie den Mitgliedstaaten explizit oder implizit den Erlass oder die Beibehaltung nationaler Gesetze gestattet, die absehbar die Grundrechte missachten würden.[248] Lässt eine Richtline den Mitgliedstaaten jedoch einen Ermessensspielraum, der weit genug ist, um die Anwendung der darin enthaltenen Vorschriften in einer mit den Erfordernissen des Grundrechtsschutzes in Einklang stehende Weise zu ermöglichen, kann die

---

[243] *Kokott*, Das Steuerrecht der Europäischen Union, § 3 Rn 16.

[244] Zu dieser Einschätzung *Kofler* in *Lang* (Hrsg) Europäisches Steuerrecht DStjG Band 41, 148 ff; ebenso *Münster/Fehling*, IStR 2021, 625 ff.

[245] So auch *Münster/Fehling*, IStR 2021, 628.

[246] EuGH 8.4.2014, C-293/12 und C-594/12, *Digital Rights Ireland* und *Kärntner Landesregierung*, EU:C:2014:239.

[247] *Schönfeld/Ellenrieder/Sendke*, IStR 2022, 519.

[248] *Englisch* in *Schön/Beck* (Hrsg) Zukunftsfragen des deutschen Steuerrechts, 46 mwN.

Richtlinie als solche nicht beanstandet werden.[249] Es sind dann vielmehr Mitgliedstaaten, die bei der Ausübung der Gestaltungs- und Beurteilungsspielräume dem Grundrechtsschutz Rechnung tragen müssen, also bei der Umsetzung und beim Vollzug der Richtlinie an die Grundrechte gebunden sind.[250]

Legt man diese Aussagen auf die GloBE-RL und die darin verankerte Umsatzgrenze als tatbestandliche Anwendungsvoraussetzung um, scheint der „Bewegungsradius" der Mitgliedstaaten beschränkt zu sein. So wird in den Erwägungsgründen der GloBE-RL ausdrücklich betont, dass die Mindestbesteuerung keine negativen Auswirkungen auf kleinere multinationale Unternehmen im Binnenmarkt haben soll. *„Zu diesem Zweck"* soll die Richtlinie auch *„nur"* auf *„in der Union gelegene Einheiten Anwendung finden, die multinationalen Unternehmensgruppen oder großen inländischen Gruppen angehören, welche konsolidierte Umsatzerlöse von jährlich mindestens 750.000.000 EUR erzielen."*[251] Eine Mindestbesteuerung für kleine Unternehmensgruppen wäre überdies ein administrativer *„Overkill"*. Vor diesem Hintergrund spricht daher einiges dafür, dass die Richtlinie (zumindest implizit) von der Beibehaltung des nationalen Konzernsteuerrechts für kleine Unternehmensgruppen in den Mitgliedstaaten ausgehen und konsequenterweise in diesen Fällen auch eine effektive Besteuerung unterhalb von 15 % tolerieren dürfte. Damit eröffnet sich aber zugleich die Möglichkeit einer grundrechtlichen Überprüfung der Umsatzgrenze iSe Sachlichkeitsprüfung. Besteht für den Ausschluss von Unternehmensgruppen unterhalb der Umsatzgrenze von € 750 Mio eine sachliche Rechtfertigung? Im Ergebnis entspricht dies wiederum einer verkürzten Gleichheitsprüfung von *„In Scope-*Unternehmensgruppen" und solchen, die mangels Erfüllung der Umsatzgrenze trotz gleichartiger Tätigkeit oder geographischen Reichweite nicht von der Richtlinie erfasst sind. Verneint man die Zulässigkeit einer solchen Vergleichspaarbildung, könnte der Anwendungsbereich der Richtlinie – nämlich die Umsatzgrenze als solche – keiner grundrechtlichen Überprüfung zugänglich gemacht werden. Ein derartiges Vakuum dürfte nicht intendiert sein.

Unbestritten schafft die € 750 Mio-Grenze eine rechtliche Differenzierung zwischen Unternehmensgruppen, die diese Schwelle über- und unterschreiten. Die Um-

---

[249] So bereits EuGH 13.7.1989, C-5/88, *Wachauf*, EU:C:1989:321, Rn 22 f; EuGH 27.6.2006, C-540/03, *Parlament/Rat*, EU:C:2006:429, Rn 104.

[250] EuGH 29.1.2008, C-275/06, *Promusicae*, EU:C:2008:54, Rn 68; mit weiteren Literaturhinweisen *Brosius-Gersdorf*, Bindung der Mitgliedstaaten an die Gemeinschaftsgrundrechte (2005) 21.

[251] Erwägungsgrund 7 GloBE-RL. In diesem Sinne betont auch die Kommission, die Notwendigkeit, die GloBE-Musterregelungen ohne *„gold-plating"* in der EU umzusetzen (Europäische Kommission 22.12.2021, Questions and Answers on Minimum corporate taxation; https://ec.europa.eu/commission/presscorner/detail/en/qanda_21_6967). Dies bekräftig der Europäische Wirtschafts- und Sozialausschuss in seiner Stellungnahme zum Richtlinienvorschlag, wonach *„eine gemeinsame globale Umsetzung (ohne goldplating) [...] von entscheidender Bedeutung [ist], damit die Vorschriften wirksam sind und den Wettbewerb nicht verzerren"* (EESC 2021/06525, ABl C 290/52 vom 29.7.2022, Rn 1.3).

satzgrenze als Anwendungsvoraussetzung stellt für die Normunterworfenen aber eine Vereinfachung dar,[252] bietet Rechtssicherheit[253] und verhindert umgekehrt negative Auswirkungen auf kleinere multinationale Unternehmen im Binnenmarkt.[254] Die Wahl der Umsatzschwelle erfolgte schließlich vor dem Hintergrund der bereits bestehenden *Country-by-Country-Reporting*-Regelungen.[255] Auch hier sind multinationale Unternehmensgruppen, deren Umsatz weniger als € 750 Mio beträgt, tatbestandlich ausgenommen. Die Umsatzschwelle ist mithin Ausdruck des internationalen Verständnisses, wonach ab dieser Größenordnung eine Ausnutzung des Steuerwettbewerbs und der Steuerarbitrage besteht.[256] Zudem ist bei Konzernen dieser Größenordnung davon auszugehen, dass sie das *Know-How* für die Rechtsbefolgung haben und bündeln können.[257] Dementsprechend dürfte die Festlegung der Umsatzschwelle bei € 750 Mio kaum als *„offensichtlicher Fehler"* zu qualifizieren sein. Bleibt noch die Verhältnismäßigkeitsprüfung ieS, wonach von *„den in Betracht kommenden geeigneten Maßnahmen die am wenigsten belastende zu wählen [ist] und [...] die verursachten Nachteile nicht außer Verhältnis zu den angestrebten Zielen stehen dürfen"*.[258] Die Wahl der Umsatzschwelle für die Anwendbarkeit der GloBE-RL dürfte in diesem Sinne aber nicht außer Verhältnis zu den angestrebten Zielen der Sicherstellung einer effektiven Mindestbesteuerung bei gleichzeitiger Vermeidung von adversen Effekten auf kleinere Unternehmensgruppen und der Gewährung von Rechtssicherheit stehen. Zumindest erscheint eine allfällige Unverhältnismäßigkeit nicht offensichtlich.[259]

Erachtet man indessen einen weiteren Umsetzungsspielraum der Mitgliedstaaten im Sinne einer möglichen „Überimplementierung" für gegeben, würde mit der Entscheidung des nationalen Gesetzgebers, kleine Unternehmensgruppen von der Mindestbesteuerung auszunehmen, nicht nur eine Erweiterung der Vergleichspaare einhergehen, sondern auch die Verantwortlichkeit von der Ebene des Unionsgesetzgebers auf die Mitgliedstaaten transferiert werden. Dann wären es nämlich die Mitgliedstaaten, die bei der Durchführung, also der legislativen Umsetzung von Unions-

---

[252] Zum Gedanken der Vereinfachung als legitimes Ziel EuGH 7.3.2017, C-390/15, *RPO*, EU:C:174, Rn 57 f.

[253] EuGH 7.3.2017, C-390/15, *RPO*, EU:C:2017:174, Rn 59; EuGH 15.7.2010, C-582/08, *Kommission/Vereinigtes Königreich*, EU:C:2010:429, Rn 49 mwN.

[254] Erwägungsgrund 7 GloBE-RL.

[255] Erwägungsgrund 7 GloBE-RL; dazu auch *Benecke/Rieck*, IStR 2021, 694; zum weiteren Anwendungsfeld dieser Umsatzgrenze in der europäischen Rechtsordnung vgl weiters FN 307.

[256] In diesem Sinne auch *Pinkernell/Ditz*, Die Zwei-Säulen-Lösung zur Reform des internationalen Steuerrechts vom Oktober 2021, ISR 2021, 449 (452 f); ausführlich auch *Englisch*, EC Tax Review 2021, 216 f.

[257] Vgl *Englisch*, FR 2021, 7.

[258] EuGH 7.3.2017, C-390/15, *RPO*, EU:C:174, Rn 64. Hervorhebung im Text durch die Autorin.

[259] Zum weiten Ermessensspielraum EuGH 7.3.2017, C-390/15, *RPO*, EU:C:2017:174, Rn 65 ff.

recht, an den Gleichheitssatz gebunden sind. Am Ergebnis der Prüfung sollte dies dennoch nichts ändern.[260] Ob sich die GloBE-RL daher als Gefahr entpuppt, dass die Mitgliedstaaten sich zu einem Kartell der Gesetzgeber zusammenschließen, um Regelungen zu erlassen, die aus Sicht nationaler verfassungsrechtlicher Bestimmungen unzulässig wären,[261] bleibt abzuwarten. Denn auch nationale Verfassungsordnungen lassen Gesetzgebern rechtspolitische Spielräume, die mitunter sehr großzügig bemessen sind. Damit bleiben – trotz aller Bestrebungen der Kommission zur Schaffung von *prima facie* diskriminierungsfreien Regelungen – die Grundfreiheiten des AEUV als Prüfmaßstab.

3.6. Verstoß gegen die Grundfreiheiten iSd AEUV?

Primäre Adressaten der Grundfreiheiten sind die einzelnen Mitgliedsstaaten, deren Handlungen oder Unterlassungen üblicherweise Prüfgegenstand der unionsrechtlichen Grundfreiheiten durch den EuGH sind.[262] Somit stehen regelmäßig auch nationale Rechtsvorschriften im Zentrum der Vorabentscheidungs- oder Vertragsverletzungsverfahren. Gleichwohl sind auch die Unionsorgane durch die Grundfreiheiten gebunden: Sämtliche Unionsrechtsakte, einschließlich Richtlinien, dürfen nicht mit den Grundfreiheiten im Widerspruch stehen.[263] Nun handelt es sich bei der GloBE-RL um eine Form der Harmonisierung, die den Umsetzungsspielraum der Mitgliedsstaaten auf Randbereiche reduziert. Die wesentlichen Parameter der globalen Mindestbesteuerung für multinationale Unternehmensgruppen und große Inlandsgruppen sind verpflichtend umzusetzen. Für diesen Bereich wird man daher von einer vollständigen Harmonisierung ausgehen können.[264] Als Konsequenz da-

---

[260] Auch hinsichtlich der Konsequenzen eines allfälligen Verstoßes gegen den Gleichheitssatz. Widersprechen nationale Gesetze zur Umsetzung von Unionsrecht den EU-Grundrechten, haben sie unangewendet zu bleiben. Ähnliches gilt auch für den Fall einer Ungültigkeit der Richtlinie. Hat die Richtlinie dem nationalen Gesetzgeber keine Umsetzungsspielräume gelassen, muss sich ihre Nichtigkeit in irgendeiner Form auf den nationalen Umsetzungsakt „durchschlagen", zumal es sich bei der GloBE-RL nicht mehr um eine bloß punktuelle Harmonisierung handelt. Die Grundrechtswidrigkeit wird in die nationale Rechtordnung hineingetragen und das nationale Umsetzungsrecht wird deshalb aufgrund des Anwendungsvorranges des Unionsrechts unanwendbar, ohne dass es hierfür ein anderes verfassungsrechtliches Verfahren oder einer Handlung des Gesetzgebers bedürfte. Dazu *Englisch* in *Schön/Beck* (Hrsg) Zukunftsfragen des deutschen Steuerrechts, 47 f.

[261] Diese Frage aufwerfend *Schönfeld/Ellenrieder/Sendke*, IStR 2022, 518.

[262] Für viele *Klamert*, EU-Recht³ (2021) Rz 626; *Kofler*, Wer hat das Sagen im Steuerrecht – EuGH (Teil 1), ÖStZ 206, 106 (107 f).

[263] Grundlegend etwa EuGH 17.5.1984, 15/83, *Denkavit Nederland*, EU:C:1984:183, Rn 15; EuGH 9.8.1994, C-51/93, *Meyhui*, EU:C:1994:312, Rn 11; EuGH 25.6.1997, C-114/96, *Kieffer und Thill*, EU:C:1997:316, Rn 27; EuGH 26.10.2010, C-97/09, *Schmelz*, EU:C: 2010:632, Rn 50.

[264] Ebenso *Kofler/Schnitger*, Does the "Initial Phase Relief" Make the EU's Pillar II Directive Invalid?, ET 2023, in Druck; verfügbar unter https://ssrn.com/abstract_id=4392892,

raus ist das nationale Recht, das in Umsetzung der Richtlinie ergangen ist, nur noch am Maßstab der Richtlinie zu messen. Die Richtlinie entfaltet somit eine Sperrwirkung.[265] Allfällige Beschränkungen der Grundfreiheiten aufgrund der nationalen Umsetzungsvorschriften sind mit anderen Worten nicht den Mitgliedsstaaten zuzurechnen.[266] Nur noch die Richtlinie selbst ist am Maßstab der Grundfreiheiten zu messen, während das nationale Umsetzungsrecht in der Richtlinie seinen Prüfstandard hat.

Vorweg gilt es im Zusammenhang mit der Prüfung von Richtlinien auf ihre Grundfreiheitskonformität jedoch Folgendes zu beachten: Wenn sämtliche Mitgliedsstaaten einstimmig für eine Richtlinie im an sich nichtharmonisierten Bereich der direkten Steuern stimmen, drücken sie damit ein gemeinsames Interesse aus. Hieraus resultiert eine geringere Gefahr von nationalem Protektionismus durch die Mitgliedsstaaten.[267] Konsequenterweise haben Richtlinien eine Vermutung der Rechtmäßigkeit auf ihrer Seite und der EuGH beschränkt sich auf die Sanktionierung *offensichtlicher* und *unverhältnismäßiger* Verstöße gegen das Primärrecht.[268] Schon alleine daraus lässt sich eine Nuancierung bei der Rechtfertigungs- und Verhältnismäßigkeitsprüfung durch den EuGH ableiten; was auch ein Blick in die Rechtsprechung bestätigt.[269] Zudem soll der oft mühevolle und komplexe Prozess der schrittweisen sekundärrechtlichen Rechtsangleichung nicht deshalb scheitern, weil er an-

---

5 (insb auch FN 29), weiters *Riek/Fehling*, IStR 2022, 51 (58). Allgemein zur Voraussetzung des abschließenden Charakters der Harmonisierung in einem bestimmten „*Bereich*" etwa EuGH 12.11.2015, C-198/14, *Visnapuu*, EU:C:2015:751, Rn 40 ff; EuGH 13.12.2001, C-324/99, *DaimlerChrysler*, EU:C:2001:682, Rn 32 ff; EuGH 9.3.2006, C-421/04, *Matratzen Concord*, EU:C:2006:165: Rn 20 ff; EuGH 19.10.2017, C-573/16, *Air Berlin*, EU:C:2017:772, Rn 28 jeweils mwN. Darüber hinaus kann sich die Sperrwirkung auch auf einzelne Richtlinienbestimmungen beziehen, sofern diese Verpflichtungen für die Mitgliedstaaten (ohne Möglichkeit zur Abweichung davon) enthalten. Vgl SA von GA *Kokott* 13.7.2017, C-292/16, *A Oy*, EU:C:2017:555, Rn 19 ff.

265 Auch wenn etwa Art 11 GloBE-RL eine Abweichung vom sonst zwingenden Charakter aufweist und den Mitgliedsstaaten die optionale Einführung einer anerkannten nationalen Ergänzungssteuer (domestic top-up tax) erlaubt, sollte ein solches Wahlrecht, ähnlich wie in der Rs *Schmelz*, das Vorliegen einer vollständigen Harmonisierung nicht verhindern. Auch in der Rs *Schmelz* wurde die beschränkende Wirkung durch ein in der Richtlinie eingeräumtes Wahlrecht (konkret Kleinunternehmerbefreiung) nicht dem Mitgliedsstaat zugerechnet, der vom Wahlrecht Gebrauch gemacht hat. EuGH 26.10.2010, C-97/09, *Schmelz*, EU:C:2010:632, Rn 54.

266 Im Hinblick auf die Dienstleistungsfreiheit EuGH 26.10.2010, C-97/09, *Schmelz*, EU:C: 2010:632, Rn 54.

267 Vgl *Englisch*, EC Tax Review 2021, 136 und 139.

268 EuGH 7.3.2017, C-390/15, *RPO*, EU:C:2017:174, Rn 54 („*offensichtliche Fehler*"); EuGH 8.12.2020, C-620/18, *Ungarn/Parlament und Rat der EU*, EU:C:2020:1001, Rn 112 („*offensichtlich ungeeignet*"); *De Broe*, Intertax 2022, 875; *De Broe/Massant*, Intertax 2021, 94; *Szudoczky*, in *Panayi/Haslehner/Traversa* (Hrsg) Research Handbook on European Union Law, 104 f mwN.

269 EuGH 26.10.2010, C-97/09, *Schmelz*, EU:C:2010:632, Rn 56–72; ähnlich zum allgemeinen Gleichheitssatz EuGH 7.3.2017, C-390/15, *RPO*, EU:C:2017:174, Rn 62 ff.

schließend an einem grundfreiheitsrechtlichen Idealzustand gemessen wird.[270] Der Union wird vor diesem Hintergrund daher ein weiter Handlungsspielraum zugemessen, soweit sie Schutzanliegen im Allgemeininteresse europaweit und diskriminierungsfrei verwirklicht.

Bevor man allerdings auf die Rechtfertigungsebene gelangt, stellt sich zuvorderst die Frage, ob die in der Richtlinie enthaltenen Regelungen überhaupt eine verbotene Diskriminierung bzw Beschränkung verursachen; und vor allem nach welcher Bestimmung des AEUV, bestimmt sich doch dadurch in weiterer Folge der territoriale Schutzbereich. Die Richtlinie selbst spricht in diesem Zusammenhang *„insbesondere"* die Niederlassungsfreiheit iSd Art 49 AEUV an.[271] Dieser Fokussierung auf die Niederlassungsfreiheit ist zuzustimmen. Mehr noch, es ist ausschließlich die Niederlassungsfreiheit, anhand derer die Auswirkungen der Richtlinie auf den grenzüberschreitenden Wirtschaftsverkehr zu prüfen sind.[272] Immerhin ist zur Abgrenzung der Niederlassungsfreiheit von der Kapitalverkehrsfreiheit nach der ständigen Rechtsprechung des EuGH auf den Regelungsgegenstand der Norm abzustellen.[273] Verlangen die zu prüfenden Rechtsnormen das Vorliegen eines dauerhaften Beherrschungsverhältnisses zwischen betroffenen Steuerpflichtigen, stellen sie mit anderen Worten normativ auf Sachverhalte ab, die in erster Linie als Anwendungsfälle der Niederlassungsfreiheit zu qualifizieren sind, scheidet eine gleichzeitige Berufung auf die Kapitalverkehrsfreiheit aus. Damit fallen Drittstaatskonstellationen insgesamt aus dem Diskriminierungsschutz der Grundfreiheiten heraus, gilt doch ausschließlich die Kapitalverkehrsfreiheit auch im Verhältnis zu Drittstaaten. Ab welchem Schwellenwert von einer Beteiligung ausgegangen werden kann, *„die es ermöglich[t], einen sicheren Einfluss auf die Entscheidungen einer Gesellschaft auszuüben und deren Tätigkeit zu bestimmen"*,[274] lässt sich zwar nicht mit abschließender Eindeutigkeit beantworten, bei einer Beteiligungshöhe von 25 %

---

[270] So *Münster/Fehling*, IStR 2021, 625.

[271] Erwägungsgrund 6 GloBE-RL.

[272] *De Broe/Massant*, Intertax 2021, 89 ff insb auch FN 45; *De Broe*, Intertax 2022, 875; *Englisch/Becker*, Implementing an international effective minimum tax in the EU, Materialien zu Wirtschaft und Gesellschaft Nr 224, 48 ff; *Englisch*, EC Tax Review 2021, 137; *Schmidt*, Intertax 2020, 986 ff; *Devereux* et al, The OECD Global Anti-Base Erosion Proposal, Oxford University Centre for Business Taxation (2020) 49 f; *Schnitger*, Vereinbarkeit der Vorschläge zur Einführung von GloBE mit den Grundfreiheiten des AEUV, IStR 2022, 741 (741); zurückhaltender *Pinto Nogueira/Turina* in *Perdelwitz/Turina* (eds) Global Minimum Taxation?, 288.

[273] Vgl etwa EuGH 12.6.2006, C-196/04, *Cadbury Schweppes*, EU:C:2006:544, Rn 32 f; EuGH 23.4.2008 C-201/05, *Test Claimants in the CFC and Dividend GLO*, EU:C:2008:239, Rn 72 ff; EuGH 13.3.2007, C-524/04, *Thin Cap GLO*, EU:C:2007:161, Rn 27–35; EuGH 13.11.2012, C-35/11, *FII GLO*, EU:C:2012:707, Rn 99 ff; EuGH 24.11.2016, C-464/14, *SECIL*, EU:C:2016:896, Rn 39–41; EuGH 16.2.2023, C-707/20, *Gallaher*, EU:C:2023:101, Rn 56 f.

[274] ZB EuGH 16.2.2023, C-707/20, *Gallaher*, EU:C:2023:101, Rn 56 mwN.

wird diese Bedingung jedoch gemeinhin angenommen.[275] Im Übrigen muss der Grad an unternehmerischer Kontrolle, den eine Muttergesellschaft innerhalb einer Unternehmensgruppe ausübt, nicht ausschließlich über die Beteiligung an der Tochtergesellschaft hergestellt werden, um von der Niederlassungsfreiheit erfasst zu sein.[276]

Nimmt man zunächst die IIR in den Blick, ergibt sich der Regelungsgegenstand aus dem Anwendungsbereich der Richtlinie (Art 1 bis 3) iVm den Erhebungsmechanismen der Top-Up Tax nach den Art 5 bis 10. Durch die Anknüpfung an die Konsolidierungsvoraussetzungen anerkannter Rechnungslegungsstandards wird das Bestehen einer *„die Kontrolle begründenden Beteiligung"*[277] der obersten Muttergesellschaft zu den von der Mindestbesteuerung erfassten Geschäftseinheiten tatbestandlich vorausgesetzt. Dies gilt auch dann, wenn ein Investor mit einer geringeren Beteiligung als einer Mehrheitsbeteiligung zur Konsolidierung verpflichtet ist,[278] weil er aufgrund zusätzlicher vertraglicher Vereinbarungen in der Lage ist, die maßgeblichen Tätigkeiten der beherrschten Geschäftseinheit wesentlich zu beeinflussen und zu lenken. Doch selbst in einem solchen Szenario würde die Beteiligung in der Regel den relevanten Schwellenwert für einen „sicheren Einfluss" im Sinne der EuGH-Rechtsprechung überschreiten.[279] Die Zugehörigkeit zu einem Konzern ist mithin die *conditio sine qua non* für die Anwendbarkeit der Mindestbesteuerungsregelungen durch die IIR.[280] Der globalen Mindestbesteuerung liegt also ein Kontroll- oder Beherrschungstatbestand immanent zugrunde.[281] Allfällige Beschränkungen der Kapitalverkehrsfreiheit sind daher als unvermeidbare Konsequenz der Ausübung eines Niederlassungsvorganges hinzunehmen und rechtfertigen keine gesonderte Prüfung aus dem Blickwinkel der Kapitalverkehrsfreiheit.[282] *„Da der AEU-Vertrag die Niederlassungsfreiheit nämlich nicht auf Drittländer ausdehnt, muss verhindert werden, dass die Auslegung von Art. 63 Abs. 1 AEUV in Bezug auf die Beziehungen mit diesen Drittstaaten es Wirtschaftsteilnehmern, die*

---

[275] *Devereux* et al, The OECD Global Anti-Base Erosion Proposal, Oxford University Centre for Business Taxation, 49. Eine Mehrheitsbeteiligung wird gerade nicht gefordert. Siehe etwa EuGH 21.1.2010, C-311/08, *SGI*, EU:C:2010:26, Rn 34 f (34 %); EuGH 20.12.2017, C-504/16 und C-613/16, *Deister Holding* und *Juhler Holding*, EU:C:2017:1009, Rn 82 (26,5 %).

[276] Vgl *Englisch/Becker*, Implementing an international effective minimum tax in the EU, Materialien zu Wirtschaft und Gesellschaft Nr 224, 48 mit Judikaturhinweisen.

[277] Art 3 Abs 6 lit a.

[278] Etwa nach Maßgabe von IFRS 10 § 7 iVm §§ 10–14.

[279] Ebenso *Englisch/Becker*, Implementing an international effective minimum tax in the EU, Materialien zu Wirtschaft und Gesellschaft Nr 224, 49.

[280] Vgl auch EuGH 16.2.2023, C-707/20, *Gallaher*, EU:C:2023:101, Rn 61 f.

[281] Nach *Englisch/Becker*, fallen die GloBE-Regelungen *„by design"* unter den (ausschließlichen) sachlichen Anwendungsbereich der Niedererlassungsfreiheit. *Englisch/Becker*, Implementing an international effective minimum tax in the EU, Materialien zu Wirtschaft und Gesellschaft Nr 224, 49.

[282] Zusammenfassend EuGH 13.11.2012, C-35/11, *Test Claimants in the FII GLO*, EU:C:2012:707, Rn 90 ff; weiters EuGH 16.2.2023, C-707/20, *Gallaher*, EU:C:2023:101, Rn 61.

sich außerhalb des territorialen Anwendungsbereichs der Niederlassungsfreiheit befinden, erlaubt, in den Genuss der Freiheit zu gelangen."[283] Regelungen, die nur auf Konzerne anwendbar sind, fallen somit nicht in den Anwendungsbereich der Kapitalverkehrsfreiheit,[284] wodurch sich mögliche Angriffsflächen der GloBE-Regelungen aus grundfreiheitsrechtlicher Sicht jedenfalls zahlenmäßig reduzieren: auf EU-interne Fälle und hierbei wiederum auf die Anwendung der IIR, weil die UTPR innerhalb der EU durch Art 12 Abs 1 und Art 13 Abs 2 ausgehebelt wird.[285] Im Verhältnis zu Drittstaaten bieten die Grundfreiheiten keinen Schutz vor allfälligen Beschränkungen, die sich aus der Anwendung der IIR ergeben.

Diese Überlegungen gelten grundsätzlich ebenso für die UTPR: Auch hier ist die Konzernzugehörigkeit Voraussetzung dafür, dass die Regelungen überhaupt zur Anwendung gelangen. Allerdings können iZm der UTPR Situationen auftreten, in denen die Regelung primär zu Lasten von Minderheitsgesellschaftern in Drittstaatskonstellationen geht. Dazu ein Beispiel:

Die UPE A ist in einem Drittstaat ohne qualifizierte IIR ansässig. Diese UPE ist zu 70 % an einer EU-Tochtergesellschaft (POPE) beteiligt, die wiederum 80 % der Anteile an einer niedrigbesteuerten Geschäftseinheit X hält, die in einem weiteren Drittstaat ansässig ist. Zusätzlich ist die UPE auch direkt zu 10 % an X beteiligt. Die restlichen 10 % der Anteile werden von Minderheitsgesellschaftern außerhalb des Konsolidierungskreises gehalten. Geht man davon aus, dass die Ergänzungssteuer von X 100 beträgt, hat die EU-POPE im Rahmen der IIR eine Ergänzungssteuer iHv 80 (entsprechend ihrer Beteiligungsquote) zu erheben.[286] Da aber nicht *alle* Anteile an X (soweit sie zur MNE-Gruppe gehören) direkt oder indirekt durch eine oder mehrere Muttergesellschaften gehalten werden, die in Bezug auf die niedrig besteuerte Geschäftseinheit einer IIR unterliegen,[287] kommt auch die UTPR zur Anwendung; im konkreten Fall auf Ebene der EU-POPE. Allerdings wird der Betrag an UTPR-Ergänzungssteuer hier nicht nach Maßgabe von Art 14 Abs 3 auf 0 reduziert, sondern es greift lediglich die Kürzungsregelung des Art 14 Abs 4. Da sich die Kürzung danach nur auf den der POPE zuzurechnenden Anteil an Ergänzungssteuer bezieht (dh 80), wird von der Mindestbesteuerung insgesamt auch der Teil der niedrig besteuerten Einkünfte erfasst, der auf die Minderheitsgesellschafter entfällt.[288] Wäre die UPE demgegenüber in einem EU-Staat ansässig, würde Art 14 Abs 3 greifen und die UTPR Ergänzungssteuer könnte auf 0 reduziert werden. Ge-

---

[283] Jüngst EuGH 16.2.2023, C-707/20, *Gallaher*, EU:C:2023:101, Rn 64; EuGH 24.11.2016, C-464/14, *SECIL*, EU:C:2016:896, Rn 41 mwN.

[284] EuGH 16.2.2023, C-707/20, *Gallaher*, EU:C:2023:101, Urteilstenor 1.

[285] Art 12 Abs 1 und 13 Abs 2 iVm Art 1 Abs 1 lit b GloBE-RL. Die UTPR greift nur bei entsprechendem Drittstaatsbezug.

[286] Art 8 und 9 GloBE-RL.

[287] Im Hinblick auf den Anteil iHv 10 %, der direkt von der UPE gehalten wird, erfolgt keine Erfassung durch eine IIR.

[288] Dieses Phänomen wird auch von der OECD im Kommentar zu den GloBE-Musterregelungen erkannt und besprochen. OECD, Commentary to the Global Anti-Base Erosion Model Rules (Pillar Two) Art 2.5 Rn 87.

nauso wenig gelänge Art 14 Abs 4 zur Anwendung, wenn sich der gesamte Sachverhalt innerhalb eines niedrigbesteuerten Mitgliedstaates abspielen würde. Mangels Involvierung eines Drittstaats würde die Anwendung der UTPR als Auffangmechanismus von vornherein ausscheiden.[289]

In Summe wirkt die Regelung daher zulasten von Minderheitsgesellschaftern bei Bestehen von Drittstaatsbeteiligungen. Anders als im Kontext der IIR könnte die Kapitalverkehrsfreiheit hier aber schlagend werden. Denn die Minderheitsgesellschafter sind nicht Teil der Unternehmensgruppe und daher auch außerhalb des beherrschenden Einflusses des Konzerns. Gleichwohl kommt diese Form der Benachteiligung nur dann zum Tragen, wenn überhaupt der Anwendungsbereich der Richtlinie durch Bestehen eines Kontroll- oder Beherrschungsverhältnisses eröffnet ist. Die Benachteiligung ist gewissermaßen eine Konsequenz der Beherrschung; nur ob sie auch unvermeidbar ist, erscheint fraglich. Das von der OECD gegen eine Berücksichtigung der Minderheitsanteile für Zwecke der Kürzung ins Treffen geführte Argument der Vereinfachung überzeugt nämlich nicht wirklich. Unbeschadet dessen wird die Ergänzungssteuer von der Konzerngesellschaft bezahlt und ist Folge des Konzerntatbestandes, was wiederum im Lichte des Regelungsgegenstandes der Norm als vorrangiger Anwendungsfall der Niederlassungsfreiheit gewertet werden könnte. Fügt man hier die pauschalen Aussagen der Rs *Gallaher* hinzu,[290] sind die Mindestbesteuerungsregelungen als Konzernregelungen vorrangig von der Niederlassungsfreiheit erfasst und allfällige Nachteile im Lichte der Kapitalverkehrsfreiheit sind als irrelevante Kollateralschäden zu qualifizieren. In diesem Sinne geht die hM[291] auch im Hinblick auf die UPTR von einer ausschließlichen Anwendbarkeit der Niederlassungsfreiheit iSd Art 49 iVm 54 AEUV aus.

Durch Ausdehnung der GloBE-Regelung auf reine Inlandsfälle behandelt die Richtlinie in- und ausländische Sachverhalte unterschiedslos;[292] sie führt also *prima facie* zur Gleichbehandlung. Auf den zweiten Blick werden allerdings Unterschiede

---

[289] Zu dieser Konstellation auch *Bendlinger*, The OECD's Global Minimum Tax and its Implementation in the EU – A Legal Analysis of GloBE in the Light of Tax Treaty and EU Law (WU-Dissertation, in Vorbereitung) Kapitel 4.4.2.8.3.

[290] EuGH 16.2.2023, C-707/20, *Gallaher*, EU:C:2023:101, Rn 54–66.

[291] *De Broe/Massant*, EC Tax Review 2021, 93; *Englisch*, EC Tax Review 2021, 209; *Englisch/Becker*, Implementing an international effective minimum tax in the EU, Materialien zu Wirtschaft und Gesellschaft Nr 224, 49-50; wohl auch *Kofler/Schnitger*, Does the "Initial Phase Relief" Make the EU's Pillar II Directive Invalid?, ET 2023, in Druck; verfügbar unter https://ssrn.com/abstract_id=4392892, 6 mwN.

[292] Mit einer Ausnahme: Art 49 der Richtline sieht für rein nationale Unternehmensgruppen im Vergleich zu internationalen Unternehmensgruppen unterschiedliche Übergangsregelungen vor, die zu diskriminierenden Effekten führen können und so eine offene Flanke für allfällige Verstöße gegen die Grundfreiheiten bieten. Ob der Vorwurf eines Verstoßes in diesen Konstellationen allerdings insgesamt durchzugreifen vermag, erscheint zum gegenwärtigen Stand alles andere als klar. Ausführlich zu dieser Diskussion *Kofler/Schnitger*, Does the "Initial Phase Relief" Make the EU's Pillar II Directive Invalid?, ET 2023, in Druck; verfügbar unter https://ssrn.com/abstract_id=4392892, 5 ff; weiters auch *De Broe*, Intertax 2022, 877.

sichtbar, die zulasten grenzüberschreitender Sachverhalte wirken können. Nun ist es allgemein anerkannt, dass die faktische Benachteiligung grenzüberschreitender Sachverhalte zu einer versteckten Diskriminierung führen kann, die aus Sicht der Grundfreiheiten ebenso verpönt ist.[293] Gleichwohl sind für die Annahme einer versteckten Diskriminierung strengere Maßstäbe anzulegen wie für offene Diskriminierungen. *„Denn die versteckte Diskriminierung soll nicht die Erweiterung eines Diskriminierungstatbestands bewirken, sondern lediglich auch solche Fälle erfassen, die rein formal betrachtet keine Diskriminierung darstellen, aber materiell wie eine solche wirken.“*[294] Man mag zwar allgemein mit *GA Geelhoed* ein *„Anathema für den Binnenmarkt“*[295] darin erkennen, möglichen Diskriminierungsvorwürfen alleine dadurch entgehen zu wollen, indem Regelungen losgelöst von ihrem Sinn und Zweck auf rein innerstaatliche Sachverhalte ausgedehnt werden.[296] Für die GloBE-RL trifft diese Kritik allerdings nur bedingt zu; schlicht und ergreifend deshalb, weil die Regelungen nicht bloß als reine Anti-Missbrauchs-Vorschriften konzipiert sind,[297] sondern darüber hinausgehen.[298] Zudem sollen die Konzerne nach der Grundausrichtung der der GloBE-RL *„einen gerechten Anteil an Steuern zahlen, die durch ihre Tätigkeiten in der EU erzielt werden“*.[299] Da auch der Inlandsmarkt zur EU gehört, entspricht die Ausdehnung auf reine Inlandsfälle diesem Regelungsziel.[300]

Nun schirmt die Richtlinienlösung nationale Maßnahmen zur Umsetzung von GloBE nicht nur von einer Prüfung anhand der Grundfreiheiten ab, der EuGH legt bei einer Prüfung der Richtlinie selbst auch weniger strenge Maßstäbe an. Vor diesem Hintergrund ist daher schon fraglich, ob die rechtliche Ausgestaltung des sachlichen Anwendungsbereichs der Richtlinie überhaupt eine faktische Diskriminierung verursacht. In Hochsteuerländern betrifft die Mindestbesteuerung naturgemäß nur ausländische Geschäftseinheiten. Ebenso besteht in kleineren Mitgliedstaaten die Gefahr, dass die Umsatzgrenze für die Erfassung von reinen Inlandsgruppen in

---

[293] EuGH 3.3.2020, C-75/18, *Vodafone*, EU:C:2020:139, Rn 42 f; EuGH 26.4.2018, C-236/16 und C-237/16, *ANGED*, EU:C:2018:291; Rn 17 f; grundlegend bereits EuGH 12.2.1974, 152/73, *Sotgiu*, EU:C:1974:13, Rn 11; EuGH 8.5.1990, C-175/88, *Biehl*, EU:C:1990:186, Rn 13; dazu auch *Pinto Nogueira*, WTJ 2020, 488.

[294] SA von GA *Kokott* 13.6.2019, C-75/18, *Vodafone*, EU:C:2019:492, Rn 62.

[295] SA von GA Geelhoed, 29.6.2006, C-524/04, *Test Claimants in the Thin Cap GLO*, EU:C:2006:436, Rn 68.

[296] SA von GA Geelhoed, 29.6.2006, C-524/04, *Test Claimants in the Thin Cap GLO*, EU:C:2006:436, Rn 68.

[297] Und GA *Geelhoed* trifft diese Aussage gerade im Hinblick auf Vorschriften wie Unterkapitalisierungsregelungen, die auf die Vermeidung von missbräuchlichen Gestaltungen abzielen.

[298] Dazu bereits Kapitel 3.2.

[299] So bereits Europäische Kommission, GloBE-Richtlinienvorschlag, COM(2021) 823 final, 1.

[300] Vor diesem Hintergrund die Ausdehnung auf reine Inlandsfälle für zulässig erachtend *Pinto Nogueira*, WTJ 2020, 488 f, *Schmidt*, Intertax 2020, 994; *Englisch*, EC Tax Review 2021, 216; *De Broe*, Intertax 2022, 877.

erster Linie nachteilig für grenzüberschreitend tätige Unternehmensgruppen wirkt.[301] Allerdings hängt dies von der Markstruktur des jeweiligen Mitgliedstaates ab. Die Umsatzgrenze als solche stellt ein objektives Kriterium dar, das grenzüberschreitende Fälle benachteiligen kann.

In diesem Sinne hat auch der EuGH in den Rs *Vodafone* und *Tesco-Global* die Anknüpfung von steuerlichen Maßnahmen an die Höhe des Umsatzes als *„neutrales Unterscheidungskriterium"* gewertet, das keine Diskriminierung bewirkt; selbst wenn dadurch aufgrund der zufälligen wirtschaftlichen Gegebenheiten in einem Mitgliedstaat ausländisch beherrschte Unternehmen stärker betroffen sind.[302] Die in der Richtlinie gewählten Umsatzgrenzen lassen weder protektionistische Motive noch die Intention einer Diskriminierung erkennen.[303] Es geht hier vielmehr um die Sicht des Unionsgesetzgebers, der nicht aus dem Blickwinkel eines Hoch- oder Niedrigsteuerstaates reguliert, sondern für den Binnenmarkt als solchen. Das Regelungsdesign ist für alle Mitgliedstaaten gleich, ohne dabei protektionistische Tendenzen zugunsten einzelner Staaten zu beinhalten.[304] Sofern die faktisch stärkere Auswirkung der ungünstigen steuerlichen Behandlung auf grenzüberschreitende Sachverhalte nur *„aleatorisch"*[305] ist und nicht systematisch aus der normativen Konzeption der Maßnahme resultiert, ist deshalb keine versteckte Diskriminierung anzunehmen.[306] Zudem hat die € 750 Mio-Umsatzgrenze auch in anderen Bereichen Eingang in des europäische Rechtssystem gefunden und drückt somit eine allgemeine Akzeptanz innerhalb der Union aus.[307] Damit einhergehend dürfte die

---

301 Kritisch daher *Schnitger*, IStR 2022, 744.

302 EuGH 3.3.2020, C-75/18, *Vodafone*, EU:C:2020:139, Rn 50 ff; EuGH 3.3.2020, C-323/18, *Tesco-Global*, EU:C:2020:140, Rn 70 ff. Diese Rechtsprechungslinie steht zwar in einem kaum auflösbaren Spannungsverhältnis zur Entscheidung in der Rs *Hervis* (EuGH 5.2.2014, C-385/12, *Hervis*, EU:C:2014:47, insb Rn 37 ff), hier wird man aber wohl von einer impliziten Abkehr auszugehen haben. Erste Ansätze für diesen Richtungswechsel in der Judikatur des EuGH erkennt *Englisch* bereits in der Rs *Köln-Aktienfonds* (EuGH 30.1.2020, C-156/17, *Köln-Aktienfonds*, EU:C:2020:51, insb Rn 55 f), *Englisch*, EC Tax Review 2021, 214.

303 So lässt sich alleine aus den Erwägungsgründen das Bestreben erkennen, durch die Ausgestaltung der Richtlinie, *„jegliches Risiko einer Diskriminierung"* zu vermeiden. ZB Erwägungsgrund 6 GloBE-RL.

304 Dazu auch *Englisch*, EC Tax Review 2021, 139; weiters *Pinto Nogueira/Turina* in *Perdelwitz/Turina* (eds) Global Minimum Taxation?, 307 f mwN; vgl auch *Kofler/Schnitger*, Does the "Initial Phase Relief" Make the EU's Pillar II Directive Invalid?, ET 2023, in Druck; verfügbar unter https://ssrn.com/abstract_id=4392892, 8.

305 EuGH 3.3.2020, C-75/18, *Vodafone*, EU:C:2020:139, Rn 42.

306 Der EuGH ist in diesem Kontext selbst bei unilateralen Maßnahmen, die durch die Verwendung von Schwellenwerten zu Differenzierungen führen können, zurückhaltend; solange die Regelungen nicht inhärent protektionistisch sind, indem sie grenzüberschreitende und rein nationale Sachverhalte systematisch unterschiedlich behandeln. EuGH 3.3.2020, C-75/18, *Vodafone*, EU:C:2020:139, Rn 49–54.

307 Etwa für das *„Country-by-Country-Reporting"* (RL [EU] 2016/881 des Rates vom 25. Mai 2016 zur Änderung der Richtlinie 2011/16/EU bezüglich der Verpflichtung zum automatischen Austausch von Informationen im Bereich der Besteuerung, ABl 3.6.2016, L

GloBE-RL auch keine überbordenden Rechtsbefolgungskosten nach sich ziehen, sind doch durch die Ausgestaltung des sachlichen Anwendungsbereiches nur große Konzerne betroffen, die ohnehin schon bestimmten Regelungen wie der Konsolidierung für Rechnungslegungszwecke oder dem CbC-Reporting unterliegen, und so Synergien nutzen können.[308] Hinzu kommen Vereinfachungen durch „*Safe Harbor*-Regelungen".

Nur dann, wenn man entgegen der *Vodafone*-Rechtsprechung[309] und der wohl hM[310] eine *De facto*-Diskriminierung annehmen möchte, gelangt man überhaupt auf die Rechtfertigungsebene.[311] Und auf dieser Ebene wäre berechtigterweise zu erwarten, dass der EuGH ganz im Sinne des Grundsatzes der richterlichen Selbstbeschränkung (*judicial self-restraint*) weniger strenge Maßstäbe anlegen würde;[312] insbesondere was die Anforderungen an den Verhältnismäßigkeitsgrundsatz anbelangt.[313] Das unterscheidet die vorliegende Richtlinienlösung von einer bloßen Über-

---

146/8) oder das „*Public-Country-by-Country-Reporting*" (RL [EU] 2021/2101 des Europäischen Parlaments und des Rates vom 24. November 2021 zur Änderung der Richtlinie 2013/34/EU im Hinblick auf die Offenlegung von Ertragsteuerinformationen durch bestimmte Unternehmen und Zweigniederlassungen, ABl 1.12.2021, L 429/1). Auch die Richtlinienentwürfe für eine Common Consolidated Corporate Tax Base (Vorschlag für eine RL des Rates über eine Gemeinsame konsolidierte Körperschaftsteuer-Bemessungsgrundlage [GKKB], COM[2016] 683 final 2016/0336 CNS [25.10.2016]) oder der Digital Services Tax (Vorschlag für eine RL des Rates zum gemeinsamen System einer Digitalsteuer auf Erträge aus der Erbringung bestimmter digitaler Dienstleistungen, COM[2018] 148 final 2018/0073 CNS [21.3.2018]) knüpf(t)en an ähnliche Umsatzgrenzen an.

[308] Vgl dazu auch *Englisch*, EC Tax Review 2021, 217.

[309] EuGH 3.3.2020, C-75/18, *Vodafone*, EU:C:2020:139 sowie EuGH 3.3.2020, C-232/18, *Tesco-Global*, EU:C:2020:140.

[310] Einschließlich der Kommission; weiters *Pinto Nogueira*, WTJ 2020, 449 ff; *Pinto Nogueira/Turina* in *Perdelwitz/Turina* (eds) Global Minimum Taxation?, 306 ff; *Englisch/Becker*, Implementing an international effective minimum tax in the EU, Materialien zu Wirtschaft und Gesellschaft Nr 224, 53 f; *Englisch*, EC Tax Review 2021, 138 f; *ders*, EC Tax Review 2021, 213 ff; *Dourado*, Is there a need for a Directive on Pillar Two?, Intertax 2022, 521 (525 f); *De Broe,* Intertax 2022, 876 ff; aA *Schnitger*, IStR 2022, 744 ff.

[311] Daher kann mE auch die Substanzausnahme (SBIE) zur Rechtfertigung der Mindestbesteuerung bei einem Verständnis der GloBE-Regelungen als pauschale Anti-Missbrauchsregelung nur dann geprüft werden, wenn man überhaupt auf die Ebene der Rechtfertigungsprüfung gelangt und nicht bereits davor mangels Vorliegens einer Beschränkung aussteigt. Tendenziell aA *Dourado*, Intertax 2022, 394 (die allerdings gleichzeitig einräumt, dass die GloBE-Regelungen nicht als unwiderlegbare Missbrauchsvermutungen einzustufen sind); die Substanzausnahme aufgrund der Gleichbehandlung von grenzüberschreitenden und nationalen Situationen als grundfreiheitskonform einstufend auch *De Broe*, Intertax 2022, 879.

[312] Vgl vor allem EuGH 7.3.2017, C-390/15, *RPO*, EU:C:2017:174, Rn 54 ff.

[313] Umfassend dazu *Szudoczky*, The Sources of EU Law and Their Relationships (2014) 226 ff und 450 ff; *dies*, The relationship between primary, secondary and national law in *Panayi/Haslehner/Traversa* (Hrsg) Research Handbook on European Union Law, 93 (102 ff); *Brokelind/Wattel*, Free movement and tax base integrity, in *Terra/Wattel/Mar-*

nahme der GloBE-Musterregelungen, selbst wenn diese in eine Richtlinie gegossen worden wären. Denn ob eine Richtlinie ohne Ausdehnung auf reine Inlandssachverhalte den Anforderungen des EuGH an eine primärrechtskonforme Ausgestaltung entsprochen hätte, lässt sich kaum beantworten;[314] auch dann nicht, wenn man von einer geringeren Prüfintensität ausgeht und unterstellt, dass der EuGH im Falle einer Richtlinie andere Rechtfertigungsgründe – wie die Schaffung gleicher und fairer Wettbewerbsbedingungen im Binnenmarkt, die Sicherstellung einer Mindestbesteuerung oder die Verhinderung von BEPS – akzeptieren würde.[315] Wo hier nämlich die Grenze verlaufen könnte, bleibt offen.[316] Aus diesem Grund ist nachvollziehbar, dass der europäische Gesetzgeber auf das Experiment einer Umsetzung der GloBE-Musterregelungen ohne Ausdehnung auf rein nationale Sachverhalte verzichtet hat. Ganz nach dem Motto: Vorsicht ist besser als Nachsicht.[317]

4. Zusammenfassende Würdigung und Ausblick

Die GloBE-RL bringt mit Sicherheit eine weitere Schicht an Komplexität in das Steuerrecht. Angesichts ihrer enormen Regelungsdichte und -tiefe wirkt sie wie ein Koloss, der die Tragfähigkeit des rechtlichen Fundaments, auf dem er gebaut ist,

---

res/Vermeulen (Hrsg) European tax law: General Topics and Direct Taxation, Volume 1 (2018) 649 (655 ff).

[314] Befürwortend etwa *Heber* im Hinblick auf die ATAD-Zinsschrankenregelung, die ebenso auf reine Inlandssachverhalte ausgedehnt wurde, um einen Verstoß gegen die Niederlassungsfreiheit zu vermeiden. *Heber*, EC Tax Review 2022, 82; kritisch zur Ausdehnung der GloBE-Richtlinie auch *Weber*, Some Remarks about the Difference in the EU Legality Review between Unilateral Measures of the EU Member States and Multilateral Measures of the EU Legislator, with Special Attention on the EU GloBE Directive, in *Pistone* (Hrsg) Building Global International Tax Law – Essays in Honour of Guglielmo Maisto (2022) 471 ff.

[315] So hat etwa GA *Kokott* in ihren Schlussanträgen zur Rs *Memira Holding* die streitgegenständliche diskriminierende Regelung auch aus dem Blickwinkel eines möglichen neuen Rechtfertigungsgrunds, nämlich des im Rahmen der BEPS-Debatte in den Vordergrund gerückten Ziels eines „*fairen Binnenmarkts*" beleuchtet (SA von GA *Kokott* 10.1.2019, C-607/17, *Memira Holding*, EU:C:2019:8, Rn 76 f). In ihren Schlussanträgen zur Rs AllianzGI-Fonds AEVN hat die Generalanwältin schließlich die Sicherstellung einer Mindestbesteuerung als zwingenden Grund des Allgemeininteresses gerade vor dem Hintergrund der „*zweite[n] Säule der Maßnahmen, die die OECD zur Bekämpfung von Steuervermeidung empfiehlt*", diskutiert (SA von GA *Kokott* 6.5.2021, *AllianzGI-Fonds AEVN*, C-545/19, EU:C:2021:372, Rn 96 f). Wenngleich der EuGH in keinem der beiden Fälle sodann auf die einzelnen Argumente der Generalanwältin zum Ziel eines „*fairen Binnenmarktes*" und der „*Sicherstellung einer Mindestbesteuerung*" eingegangen ist, könnten die Überlegungen von GA *Kokott* als Auftakt für eine Neujustierung der Rechtsprechung zu den Grundfreiheiten gewertet werden; insbesondere im Hinblick auf die anstehenden Harmonisierungsprojekte im Bereich der direkten Steuern.

[316] Ebenso *Englisch*, EC Tax Review 2021, 138.

[317] In diesem Sinne auch *Weber*, in *Pistone* (Hrsg) Building Global International Tax Law – Essays in Honour of Guglielmo Maisto, 471 ff.

durchaus belastet. Inwieweit die aufgezeigten Zweifelsfragen allerdings in der Lage sind, die Standfestigkeit der zweiten Säule des Projekts der neuen Weltsteuerordnung insgesamt zu erschüttern, wird die Zukunft zeigen. Mit der vordergründig diskriminierungsfreien Ausgestaltung der Richtlinie hat man die primärrechtlichen Angriffsflächen zweifelsohne reduziert, dennoch bleiben Fragen offen. Und neue Fragen werden hinzukommen, sind doch viele Aspekte des Zusammenwirkens der einzelnen Bestimmungen noch gar nicht absehbar. Diesen Fragen wird sich der EuGH zu stellen haben. Anders als bisher im Ertragsteuerrecht wird der EuGH auch zunehmend mit inhaltlichen Auslegungsfragen zu Details der Richtlinie konfrontiert sein.

Darüber hinaus ist mit der Richtlinie nur der erste Schritt getan. Denn auf OECD-Ebene dreht sich die Welt weiter; und dies mit einer enormen Geschwindigkeit. Allein seit Verabschiedung der Richtlinie am 15.12.2022 wurde eine Einigung über die Ausgestaltung von vorübergehenden „*safe harbors*" erzielt, der Rechtsrahmen für die Entwicklung von dauerhaften „*Safe Harbor*-Regelungen" abgesteckt und ein gemeinsames Verständnis über vorübergehende Straferleichterungen gefunden.[318] Wenig später wurden gemeinsame Leitlinien („*Administrative Guidance*") zur Anwendung und Umsetzung der GloBE-Regelungen veröffentlicht.[319] Die darin enthaltenen Aussagen gehen zum Teil über die GloBE-Musterregelungen und den dazu ergangenen Kommentar hinaus. Damit droht aber die Richtlinie von heute, morgen schon veraltet zu sein. Und wie man innerhalb der EU auf solche Neuerungen reagieren wird, ist völlig unklar. Wirft man allerdings einen Blick auf das zähe Ringen um Einstimmigkeit bei der Verabschiedung der Richtlinie zurück, bleibt zu hoffen, dass sich das Einstimmigkeitsprinzip nicht auch noch zum Stolperstein für notwendige Anpassungen der Richtlinie erweisen wird. Andererseits steckt in der GloBE-RL das Potential, ganz generell als Motor für die Harmonisierung des Konzernsteuerrechts zu wirken. Auf dem Verständnis über eine einheitliche steuerliche Bemessungsgrundlage für große Unternehmensgruppen lässt sich nämlich aufbauen. Der Grundstein für weitere Maßnahmen ist gelegt.

---

[318] OECD, Safe Harbours and Penalty Relief: Global Anti-Base Erosion Rules (Pillar Two), OECD/G20 Inclusive Framework on BEPS, www.oecd.org/tax/beps/safe-harbours-and-penalty-relief-global-anti-base-erosion-rules-pillar-two.pdf.

[319] OECD, Administrative Guidance on the Global Anti-Base Erosion Model Rules (Pillar Two), OECD/G20 Inclusive Framework on BEPS, www.oecd.org/tax/beps/agreed-administrative-guidance-for-the-pillar-two-globe-rules.pdf. Die Richtlinien enthalten unter anderem Ausführungen zur Anerkennung der US-amerikanischen Mindeststeuer (GILTI) sowie zur Ausgestaltung der nationalen *Top-up Tax* (QDMTT). Darüber hinaus sind dem Dokument auch allgemeine Aussagen zum Anwendungsbereich der GloBE-Rules, ihrer Funktionsweise sowie zu Übergangsregelungen zu entnehmen.

Welches zusätzliche Steueraufkommen bringt die globale Mindeststeuer wirklich?

Marliese Wolf / Ralf Kronberger

Übersicht:

Am 7. Juni 2021 berichtete die Tageszeitung der Kurier in einem Beitrag, dass laut EU-Steuerbeobachtungsstelle die globale Mindeststeuer (*Pillar Two*) zusätzlich 50 Milliarden Euro an zusätzlichen Steuereinnahmen für die EU-Mitgliedstaaten bringen würde. „Für Österreich werden rund 3,0 Milliarden Euro geschätzt" (Kurier, 2021a). Rund eine Woche später erschien in der gleichen Tageszeitung ein Beitrag mit dem Titel „Globale Mindeststeuer bringt Österreich viel weniger als gedacht". (Kurier, 2021b). Dort wurde festgehalten, dass das Finanzministerium in Wien von rund 600 bis 700 Millionen Mehraufkommen für die globale Mindeststeuer ausgehen würde. Die Bandbreite dieser beiden Schätzungen ist beachtlich und war letztlich Motivation für den gegenständlichen Beitrag, in welchem die Simulationen primär der OECD und dem EU Tax Observatory betrachtet werden. Für Österreich, als Einzelstaat, liegt außer der Simulation des EU Tax Observatory keine veröffentlichte Simulation vor. *Bernhofer/Petutschnig* (2023) schätzten für 19 börsenotierte österreichischen Unternehmen (ATX) auf Basis der Jahresabschlüsse 2016 bis 2020 ein zusätzliches Aufkommen von 135 Millionen Euro. Simulationen zum zusätzlichen Steueraufkommen aus der globalen Mindeststeuer sind für Deutschland und die Schweiz veröffentlicht, die auch eine Gegenüberstellung zu den Ergebnissen des EU Tax Observatory zulassen.

1. Eine Analyse des „OECD Economic Impact Assessment" für alle OECD-Staaten

Die OECD hat im Rahmen des „OECD/G20 Base Erosion and Profit Shifting (BEPS) Project" eine ex-ante Einschätzung der fiskalischen Effekte einer Mindestbesteuerung der Gewinne multinationaler Unternehmen entwickelt. Im Oktober 2020 veröffentlichte das OECD-Generalsekretariat den Endbericht „*Tax Challenges Arising from Digitalisation – Economic Impact Assessment*". Das empirische Modell bildete den Stand der „*Blueprints*" ab, die lediglich Grundlage für die weiterlaufenden Verhandlungen darstellten. Zu diesem Zeitpunkt standen zahlreiche determinierende Parameter noch nicht fest. Seit Veröffentlichung des Berichts kam es mehrfach zu Änderungen von Elementen des *Pillar Two*. Von insgesamt 141 mitwirkenden stimmten bis November 2021 bereits 137 Jurisdiktionen grundsätzlich einer Reform der internationalen Unternehmensbesteuerung zu.[1]

Die Methode zur Ermittlung des Aufkommenseffektes von *Pillar Two* lässt sich vereinfacht mittels der wesentlichsten Eigenschaften illustrieren. Der Grundsatz des modellierten *„jurisdictional blendings"* verlangt Folgendes: Die Gewinne von multinationalen Unternehmensgruppen müssen durchschnittlich dem Mindeststeuersatz von 15 % unterliegen. Die effektive Gewinnbesteuerung ist jeweils für alle in einem Land ansässigen Tochtergesellschaften einer Unternehmensgruppe zu berechnen. Auf zu niedrig besteuerte Profite wird die sogenannte „top-up rate" angewandt. Dieser Aufstockungssatz berechnet sich als Differenz zwischen festgelegtem Mindeststeuersatz und aktuellem Effektivsteuersatz. Im Sinne der *„income inclusion rule"* (fortan IIR) entfällt dieses Mehraufkommen an die Jurisdiktion mit Sitz der obersten Muttergesellschaft. Wenn das Land der obersten Muttergesellschaft aktuell keine Körperschaftsteuer einhebt oder von der Anwendung der *„income inclusion rule"* absieht, greift die Modellrechnung auf die *„undertaxed payment rule"* (fortan UTPR) zurück. In diesem Fall entsteht das Mehraufkommen am Ort der zugrundeliegenden Wirtschaftstätigkeit. Zusätzlich wird eine Ausnahme des Gewinnes im Ausmaß eines prozentuellen Anteils an der wirtschaftlichen Substanz modelliert. Der Fokus des Geltungsbereiches von *Pillar Two* liegt somit auf potentiell verschobenen Profiten.[2]

Durch eine schrittweise Modellierung mehrerer Szenarien können verschiedenartige Auswirkungen einer Implementierung von *Pillar Two* quantifiziert werden. Der Ansatz berücksichtigt, neben den direkten Effekten der Anwendung eines Mindeststeuersatzes, die am ehesten erwarteten Verhaltenseffekte. In Folge geänderter Anreizstrukturen ändern multinationale Unternehmensgruppen die Intensität der vorgenommenen Gewinnverschiebung.[3] Genauso ist von Modifikationen der gesetzlichen Grundlagen seitens der Staaten in Form erhöhter Effektivbesteuerung von multinationalen Unternehmen auszugehen. Folgende Logik steht hinter dieser Reaktion: Die Erhöhung des Effektivsteuersatzes verändert nicht notwendigerweise den Gesamtbetrag der von multinationalen Unternehmen gezahlten Steuern. Es kommt also global gesehen zu keiner höheren Steuerbelastung des Konzerns. Aus diesem Grund entstehen keine zusätzlichen Anreize zu Verlagerung der wirtschaftlichen Tätigkeit weg aus diesen Staaten. Gleichzeitig ermöglicht es jenen Ländern, die ihre ETR erhöhen, einen größeren Anteil der globalen Steuereinnahmen zu erhalten.[4]

Für die empirische Aufkommensabschätzung bedarf es Informationen zum Ort der Gewinne und wirtschaftlichen Tätigkeit der multinationalen Unternehmen so-

---

[1]   OECD (2021b).

[2]   OECD (2020), S 78 ff.

[3]   OECD (2020), S 98 ff.

[4]   OECD (2020), S 110 ff.

wie zu den von den einzelnen Staaten angewandten Effektivsteuersätzen. Ein umfassender Datensatz, der die benötigten Größen in erforderlichem Disaggregationslevel (nach Jurisdiktionen und relevanten Unternehmensgruppen) ausweist und dabei alle geographischen Regionen abdeckt, existiert nicht. Daher führt die OECD verschiedene Quellen zu einem konsistenten Datensatz für über 200 Jurisdiktionen zusammen. Die Datengrundlage wird in Form von Matrizen aufbereitet. Diese ordnen jedem Jurisdiktionen-Paar aus Sitz der Mutter- sowie Tochtergesellschaft die Größe der jeweiligen Variable zu. Als Proxies der für die Aufkommensabschätzung benötigten Informationen werden Gewinn, Umsatz, Anlagevermögen und Lohnsumme herangezogen. Primäre Datenquellen sind Country-by-Country Reporting (CbCR)-Daten und ORBIS-Daten. Beide bilden unternehmensspezifische Daten ab. Auch Daten der OECD AMNE- und Analytischen AMNE-Datenbanken werden verwendet. Diese Datensätze fassen Informationen zu Wirtschaftsaktivitäten multinationaler Konzerne mit Sitz in Nicht-OECD-Staaten zusammen. Je nach Verfügbarkeit und priorisiert entsprechend der Aufzählung gehen diese Datenquellen direkt in die Matrizen ein. Die zahlreichen Überschneidungen der Abdeckung durch die Datenquellen werden zum Benchmarking genutzt. Die verwendeten Daten beziehen sich im Wesentlichen auf das Jahr 2016. Auch im Falle der Effektivsteuersätze muss auf durchschnittliche Werte, ermittelt auf Basis aggregierter Daten, abgestellt werden. Die Daten stammen aus drei verschiedenen Quellen: einem Paper von *Tørsløv* et al[5], dem „*US Bureau of Economic Analysis (BEA)*" und den CbC Reports. Alle drei enthalten explizit Zahlen für multinationale Unternehmen. Bei Verfügbarkeit mehrerer Datenquellen wird der Median gebildet. Grundsätzlich ist der Diskussion der empirischen Resultate vorwegzuschicken, dass diese als grobe, illustrative Größenordnungen zu interpretieren sind. Das Mehraufkommen aus *Pillar Two* wurde von der OECD 2020 auf 2,4 % bis 3,9 % des globalen Körperschaftsteueraufkommens bzw 60 bis 100 Mrd USD geschätzt.[6][7]

Der größere Teil der zusätzlichen Steuereinnahmen entsteht aus der Umsetzung der effektiven Mindestbesteuerung. Einerseits erfasst dieser die Anwendung der GloBE-Regelungen auf weiterhin verschobene Gewinne, andererseits auch die Anhebung der Effektivbesteuerung von multinationalen Unternehmen in manchen Jurisdiktionen. Den direkten Aufkommenseffekt beziffert die OECD mit einem Volumen von über 30 bis 50 Mrd USD. Primär ist die Höhe des Mindeststeuersatzes für den direkten Effekt durch einen erhöhten Effektivsteuersatz ausschlaggebend.

---

[5] *Tørsløv, T., L. Wier* and *G. Zucman* (2018).

[6] Annahme eines Mindestsatzes iHv 15 % und Anwendung des kombinierten Carve-outs im Ausmaß von 10 % der Lohnsumme und Abschreibung von Sachanlagen. Abbildung der Resultate unter Exklusion von US-Konzernen aus dem Anwendungsbereich von *Pillar 2*, da diese weiterhin unter das GILTI-Regime fallen.

[7] Da die Staaten des Inclusive Framework sich im Rahmen des „Statement on a Two-Pillar Solution" bereits auf den zu erreichenden Effektivsatz iHv 15 % sowie ein Carve-out System geeinigt hat, wird von der Präsentation der Ergebnisse andersartiger Modellierungen abgesehen. Diese können in der Publikation „Tax Challenges Arising from Digitalisation – OECD (2020)" (insbesondere S 115–120) nachgelesen werden.

Das Design des „*carve-outs*", also Art und Ausmaß der Eingrenzung des zu berücksichtigenden Gewinns, spielt nur eine untergeordnete Rolle.

Schätzungen zufolge belaufen sich die verschobenen Profite multinationaler Konzerne auf 700 bis 800 Mrd USD. Das entspricht global gesehen über 10 % der Gewinne dieser Unternehmen. Die OECD geht davon aus, dass in „BEPS-Zielländern"[8] – abhängig vom dortigen Effektivsteuersatz – zwischen 50 % und 90 % der dort erfassten Gewinne nicht tatsächlich dort erwirtschaftet, sondern verschoben sind.[9] Durch eine Reduktion der zwischenstaatlichen Steuerdifferenziale soll der Hauptanreiz zur Profitverschiebung abgeschwächt werden. Eine ganzheitliche Auslöschung von BEPS kann nicht erwartet werden, da auch nicht-steuerliche Faktoren eine Rolle im Entscheidungsprozess spielen. Die Resultate der Wirkungsanalyse suggerieren, dass das Körperschaftsteueraufkommen auf Grund dieses indirekten Effekts in jedem Fall signifikant steigt. Grund dafür ist die Anwendung des gesetzlichen Steuersatzes am „Herkunftsort" des Gewinns, der nun bei der Besteuerung zum Zug kommt. Dieser gesetzliche Steuersatz übersteigt für gewöhnlich den in „BEPS-Zielländern", wo die verschobenen Profite bisher besteuert wurden, auf Gewinne internationaler Konzerne zur Anwendung gekommenen Effektivsteuersatz. Die Einnahmen in Folge der reduzierten Gewinnverschiebung sollen sich auf 30 bis zu über 40 Mrd USD belaufen.

Aufkommenszuwächse durch den direkten Effekt kommen primär der Gruppe der einkommensstarken Länder zugute. Grund dafür ist, dass der Sitz oberster Muttergesellschaften von multinationalen Unternehmensgruppen vorwiegend in diesen Staaten liegt. Der indirekte Effekt durch reduzierte Gewinnverschiebung fällt – der Modellierungslogik folgend – an Jurisdiktionen, die durch das bisherige Gewinnverschiebungsverhalten Nachteile erfuhren. Das führt auch in Jurisdiktionen mit niedrigerem und mittlerem Einkommen zu deutlichen Aufkommenszuwächsen. Da diese Länder tendenziell in einer schwächeren Verhandlungsposition gegenüber großen Unternehmensgruppen sind, stellt die Einschränkung der Möglichkeiten zur Einräumung steuerlicher Vorteile eine Verbesserung ihrer Situation dar. Die Einschätzung der Auswirkungen von *Pillar Two* für als „*investment hubs*" (Jurisdiktionen mit ausländischen Direktinvestitionen von über 150 % des BIPs) eingeordnete Staaten ist komplex. Einerseits resultiert eine global reduzierte Gewinnverschiebung vermutlich in einem Verlust von Steuerbasis. Viele der verschobenen Unternehmensgewinne kamen bisher in diese Länder. Andererseits kann dieser Wegfall durch die Anhebung der Effektivbesteuerung der Gewinne als Maßnahme der Regierungen in Reaktion auf *Pillar Two* überkompensiert werden.[10]

Das stilisierte Modell unterliegt diversen Einschränkungen. Zu dem approximativen Charakter der Ergebnisse tragen dem Modell unterliegende, vereinfachende Annahmen bei. Forciert werden diese primär von den Datenbeschränkungen. Wei-

---

[8] Die Identifikation von „BEPS-Zielländern", also jenen Staaten in welche Unternehmen ihre Gewinne verschieben, erfolgt anhand von ADI-Quoten (Relation ausländischer Direktinvestitionen zu BIP) und durchschnittlichen Effektivsteuersätzen.

[9] OECD (2020), S 102.

[10] OECD (2020), S 115 ff.

ters ist zu bedenken, dass die ursprüngliche Publikation aus dem Jahr 2020 stammt. Einige der Modellannahmen entsprechen daher nicht mehr dem aktuellsten Verhandlungsstand zu *Pillar Two*, wie er im „Statement on a Two-Pillar-Solution" aus dem Oktober 2021 festgehalten ist. Im Januar 2023 publizierte die OECD daher überarbeitete Schätzergebnisse zum globalen Aufkommenseffekt (siehe Box).

Eine bedeutende Rolle für die Qualität der empirischen Resultate spielen die verwendeten Daten. Optimal für die Durchführung der Wirkungsanalyse wäre ein extensiver, konsistenter Mikro-Datensatz, der multinationale Unternehmen weltweit abdeckt und umfassende segmentierte Bilanzdaten enthält. Die Realität der verfügbaren Daten zeigt jedoch ein anderes Bild. Zwar liegen den Berechnungen Finanzdaten für über 27.000 multinationalen Unternehmensgruppen zugrunde. Insbesondere der unterschiedliche Deckungsgrad nach Jurisdiktion und in Folge auch eine divergierende Erfassung verschiedener Unternehmenstypen können die empirischen Resultate beeinflussen. *Bradbury* et al (2018) betonen auch die Problematik einer möglichen Stichprobenverzerrung, da die Datensätze keine zufällige Stichprobe von multinationalen Unternehmen darstellen.[11]

Trotz Zuziehen mehrerer Datenquellen und extensiven Benchmarkings der Werte, gibt es auch bezüglich der in den Berechnungen verwendeten Effektivsteuersätze Vorbehalte. Diese stellen die durchschnittlich auf alle Tochtergesellschaften multinationaler Unternehmen in einer Jurisdiktion angewandten Effektivsteuersätze dar. Sowohl *Tørsløv* et al als auch das „*US Bureau of Economic Analysis (BEA)*" aggregieren bei der Ermittlung die Ergebnisse gewinn- und verlustbringender Unternehmen. Diese Vorgehensweise führt zu einem höheren durchschnittlichen Effektivsteuersatz – und somit einer Unterschätzung des Aufkommenseffekts aus *Pillar Two* – als eine isolierte Betrachtung gewinnbringender Unternehmensteile (nur diese entrichten tatsächlich Ertragsteuern). Bei den CbC Reports liegt der Nachteil jedoch in einer potentiellen Inklusion konzerninterner Dividenden in den ausgewiesenen Gewinnen. Das resultiert wiederum in einer Unterschätzung des effektiven Steuersatzes.[12] In Akkumulation wäre tendenziell von einer Unterschätzung des Aufkommenseffekts auszugehen. Die Verwendung des Medianwertes sollte die tatsächlichen Auswirkungen auf das Schätzergebnis jedoch minimieren.

Die Methode zur Wirkungsabschätzung fokussiert auf die Anwendung des Mindeststeuersatzes auf zu niedrig besteuerte Profite in allgemein als Niedrigsteuerländer[13] bekannten Jurisdiktionen. Es ist jedoch davon auszugehen, dass auch in Jurisdiktionen mit einer durchschnittlichen Effektivbesteuerung über dem Mindestsatz ein gewisser Teil der Unternehmensgewinne auf Grund der spezifisch angewandten steuerlichen Regelungen zu niedrig besteuert wird. Von einer Modellierung einer Verteilung der Profite multinationaler Unternehmen innerhalb eines Landes über verschiedene Effektivsteuersätze sah die OECD bisher ab. Somit inkludiert das vor-

---

[11] *Bradbury* et al (2018), S 96.

[12] OECD (2020)

[13] Dabei handelt es sich um Jurisdiktionen mit einem durchschnittlichen Effektivsteuersatz, der geringer als der festgelegte Mindeststeuersatz ist.

liegende Ergebnis zu niedrig besteuerte Profite in Hochsteuerländern nicht.[14] Die OECD beziffert das Volumen mit 5–10 % der gesamten Profite multinationaler Konzerne in dieser Ländergruppe. Das entspricht 170 bis 340 Mrd USD zusätzlicher zu niedrig besteuerter Unternehmensgewinne.

Update zum „OECD Economic Impact Assessment" – Januar 2023

Seit der Publikation des *„Economic Impact Assessment"* im Oktober 2020 führte das Inclusive Framework weitere Verhandlungen zur Two-Pillar-Solution. Das im Oktober 2021 veröffentlichte „Statement on a Two-Pillar-Solution" enthält bereits konkretere Einigungspunkte. Im Dezember 2021 folgte eine detaillierte Publikation zu den GloBE Model Rules (*Pillar Two*). Betreffend *Pillar Two* wurden einzelne Änderungen der wesentlichsten Eigenschaften des Vorschlags vorgenommen. Die Anknüpfung der *„undertaxed payment rule (UTPR)"* erfolgt an Substanzkriterien statt wie bisher vorgesehen an die wirtschaftliche Aktivität. Der Carve-out basiert nun auf Anlagevermögen und Lohnsumme und kombiniert verschiedene, sich im Zeitverlauf ändernde Ausnahmesätze. Diese Neuerungen werden in der aktuellsten Aufkommensschätzung vom Jänner 2023 berücksichtigt. Die OECD erwartet globale Mehreinnahmen aus *Pillar 2* in einer Größenordnung von 220 Mrd USD. Grund für den signifikanten Anstieg im Vergleich zur ursprünglichen Einschätzung ist primär die aktualisierte Datengrundlage und verbesserte Datenqualität. CbCR-Daten sind für die Finanzjahre 2017 und 2018, ORBIS-Daten sogar bis 2021 verfügbar. Die unter dem vorgesehenen Mindestsatz besteuerten Gewinne sind stark angestiegen. Zudem wurde weiteres extensives Benchmarking vorgenommen und die Datensätze um doppelt erfasste Gewinne bereinigt. Der neue Modellierungsansatz nimmt zudem eine konsistente Anwendung der GloBE Regeln über alle Jurisdiktionen hinweg an. Die damit einhergehende Erfassung ausländischer Tochtergesellschaften von US-Unternehmen trägt ebenfalls zu einem höheren Aufkommenseffekt bei. Zu niedrig besteuerte Profite in Hochsteuerländern und auch die in den *„GloBE Model Rules"* vorgesehene *„qualified domestic minimum top-up tax (QDMTT)"* – diese ermöglicht es Jurisdiktionen, in denen Tochtergesellschaften ansässig sind, eine *„top-up tax"* vorrangig vor der Anwendung der GloBE-Regeln in anderen Ländern anzuwenden – werden jedoch weiterhin nicht im Modell abgebildet.

---

2. Länderspezifische Mehraufkommen aus der Einhebung von Steuerdefiziten

Baraké et al (2021a) analysieren in einer Studie der EU-Steuerbeobachtungsstelle mögliche Szenarien zur Umsetzung einer Mindestkörperschaftsteuer. Da dieser Bei-

---

[14]   OECD (2020), S 88.

trag die Auswirkungen eines global implementierten Mindeststeuersatzes behandelt, liegt der Fokus auf diesem Szenario. Das Mehraufkommen aus einer Mindeststeuer entspricht den aggregierten Steuerdefiziten. Das Steuerdefizit ist definiert als Differenz zwischen der aktuell vom Unternehmen geleisteten Körperschaftsteuerzahlung und jener, die bei Anwendung eines Mindeststeuersatzes zu zahlen wäre.[15]

Grundsätzlich erfolgt die Schätzung anhand von makroökonomischen Daten. Für die Quantifizierung der Steuerdefizite benötigt es Daten zu den im Land der Tochtergesellschaft verbuchten Gewinnen nach Sitzland der Muttergesellschaft sowie effektiven Steuersätzen. Es werden zwei Quellen kombiniert, um einen Datensatz für 23 EU-Mitgliedsstaaten und weitere 13 OECD-Länder zu erhalten. Eine Datenquelle sind die CbC-Reports. Dieser Datensatz enthält Informationen über die verbuchten Gewinne und gezahlten Steuern im In- und Ausland von multinationalen Konzernen mit Hauptsitz in einem von 27 OECD-Ländern. Die zweite in dieser Studie verwendete Datenquelle ist das Paper von *Tørsløv, Wier* und *Zucman* (2018). Der darin neu generierte Datensatz enthält Schätzungen zu den in Steueroasen verbuchten Gewinne nach Mutterland. Gezahlte Unternehmenssteuern und in Nicht-Steueroasen verbuchte Profite werden jedoch nicht explizit ausgewiesen. Zusätzlich erstellen die Autoren einen Mikro-Datensatz mit Unternehmensdaten. Dieser umfasst alle europäischen Banken[16] sowie 16 weitere multinationale Unternehmen, die ihre Country-by-Country Reports (CbCR) freiwillig veröffentlichen. Auf Basis dieser neuen Datengrundlage wird eine Validierung des Berechnungsansatzes vorgenommen.

Effektivsteuersätze können nur bei Vorhandensein von CbCR-Daten berechnet werden. Die effektiven Steuersätze werden für jeden Sitzstaat in jeder ausländischen Jurisdiktion als Quotient der gezahlten Einkommensteuern (auf Cash-Basis) und dem Gewinn vor Ertragsteuern berechnet. Für alle weiteren Fälle werden Annahmen getroffen.

Den Berechnungen zum Aufkommenseffekt einer globalen Mindeststeuer liegen folgende Annahmen zugrunde: Jede Jurisdiktion besteuert die Gewinne aller bisher zu niedrig besteuerter Tochtergesellschaften jener multinationalen Unternehmen, die Sitz in diesem Staat haben, sodass diese effektiv den festgelegten Mindeststeuersatz zahlen. Das bedeutet, alle Jurisdiktionen setzen die *„income inclusion rule"* der OECD-Vereinbarung um. Jedes Land vereinnahmt das Steuerdefizit seiner eigenen multinationalen Unternehmen. Die vorgegebene Effektivbesteuerung wird auch für inländische Profite umgesetzt. Im Rahmen eines Updates der Berechnungen wurden zwei weitere wesentliche Bestandteile der OECD-Vereinbarung abgebildet. Die *„de minimis exclusion rule"* nimmt Tochtergesellschaften multinationaler Konzerne von der Anwendung der GloBE Regeln aus, wenn in dem Land we-

---

[15] *Baraké* et al (2021a), S 9.

[16] Für in der Europäischen Union tätige Banken mit konsolidierten Umsatzerlösen über 750 Mio EUR ist gem. *„Richtlinie 2013/36/EU über den Zugang zur Tätigkeit von Kreditinstituten und die Beaufsichtigung von Kreditinstituten und Wertpapierfirmen"* die Veröffentlichung ihrer länderspezifischen Berichte (CbC-Reports) verpflichtend.

niger als 10 Mio EUR Umsatz bzw 1 Mio EUR Gewinn erwirtschaftet werden.[17] Das „*Statement on a Two-Pillar Solution*" sieht zudem Substanzausnahmen („*substance-based carve-outs*") vor. Im Laufe der zehnjährigen Übergangsperiode nimmt der vorgesehene Carve-out von 8 % des Sachanlagewerts und 10 % der Lohnsumme auf 5 % der Lohnsumme bzw Sachanlagen ab.[18] Das Berechnungsmodell stellt ein Ein-Phasen-Modell dar. Es werden keine Verhaltensänderungen seitens der multinationalen Unternehmen oder Gesetzesänderungen seitens der Jurisdiktionen modelliert. Die quantifizierten Effekte stellen somit kurzfristige Auswirkungen dar.[19]

Die Einschätzung des abschöpfbaren Steuerdefizits der multinationalen Unternehmen wird auf Basis der verbuchten Unternehmensgewinne und der aktuell angewandten Effektivbesteuerung – jeweils für Jurisdiktionen-Paare – vorgenommen. Abhängig von den verfügbaren Daten kommen verschiedene Methoden zur Schätzung des Steuerdefizits zur Anwendung. Mittels CbCR-Daten wird der Aufkommenseffekt für einen Sitzstaat als Summe der Steuerdefizite in jedem Land, in denen die Tochtergesellschaften dieser multinationalen Unternehmen Gewinne verbuchen, berechnet. Für Daten von *Tørsløv* et al (2019) wird ein vereinfachter Ansatz verwendet. Die Bemessungsgrundlage kann dem Datensatz entnommen werden. Die effektive Steuerbelastung wird für alle Steueroasen mit 10 % angenommen. Für jene Kombinationen von Jurisdiktionen für die keinerlei Daten vorhanden sind, wird ein kalkulatorischer Wert für die Steuermehreinnahmen ermittelt. Dies betrifft alle Fälle von in Nicht-Steueroasen verbuchten Gewinnen von Muttergesellschaften, die keine CbCR-Daten einmelden. Es wird das Verhältnis des Steuerdefizits in Nicht-Steueroasen zu jenem in Steueroasen berechnet. Basis sind die CbCR-Daten der EU-Staaten, die Sitz von multinationalen Unternehmen und selbst keine Steueroase sind. Hier wird zusätzlich für Nicht-Steueroasen ein Effektivsteuersatz von 20 % angenommen. Um die entsprechende Einnahmenänderung zu erhalten ist der Faktor auf den zuvor aus den Daten von *Tørsløv* et al (2019) berechneten Aufkommenseffekt für in Steueroasen verbuchten Gewinnen anzuwenden. Dieser kalkulatorische Ansatz führt im Falle eines festgelegten Mindeststeuersatzes von 15 % zu keinem Mehraufkommen. Für dieses Szenario wenden *Baraké* et al (2021) einen Korrekturfaktor an. Grundlage ist der CbCR-Datensatz. Der Korrekturfaktor ergibt sich als Verhältnis des abschöpfbaren Steuerdefizits in Nicht-Steueroasen bei einem Mindeststeuersatz von 15 % zu 25 %. Um das Mehraufkommen bei Implementierung eines 15 %-Mindeststeuersatzes zu erhalten, wird der Faktor mit dem Steuerdefizit bei einem Mindeststeuersatz von 25 % multipliziert. Der Gesamteffekt umfasst auch die Mehreinnahmen durch eine höhere Besteuerung der Muttergesellschaften multinationaler Unternehmen im Sitzland. Diese werden auf Basis der Daten zu Gewinnen lokaler Unternehmen und deren Effektivsteuersätzen von *Tørsløv* et al (2018) ermittelt.[20]

---

[17] *Baraké* (2021c), S 5.

[18] OECD (2021b), S 4.

[19] *Baraké* (2021a), S 19 f.

[20] *Baraké* (2021a), S 35 f.

Das Potential der Steuermehreinnahmen für EU-Länder wird von *Baraké* et al (2021a) als signifikant eingeschätzt. Eine globale Mindestbesteuerung multinationaler Unternehmen mit 15 % bringt Mehreinnahmen in einer Größenordnung von 80 Mrd EUR (ohne Carve-out und Datenbereinigung). Die konkret vereinbarte Höhe des Mindeststeuersatzes ist primärer Bestimmungsfaktor des Aufkommenseffekts. Im Falle einer effektiven Körperschaftsteuer von 25 % könnten im Jahr 2021 in den EU-Mitgliedsländern mit bis zu 230 Mrd EUR wesentlich mehr zusätzliche Steuereinnahmen eingehoben werden.

Die Schätzung zum potentiellen Mehraufkommen aus einer globalen Mindestkörperschaftsteuer ist mit gewissen Vorbehalten behaftet. Grundsätzlich ist die Methode nur sporadisch beschrieben. Genauere Ausführungen beispielsweise zum Anwendungsbereich iZm einem Umsatzschwellenwert werden nicht gegeben. Hinsichtlich der Modellierung selbst sind ebenfalls einige Problematiken aufzuzeigen. Die Verwendung eines durchschnittlichen Effektivsteuersatzes je Jurisdiktion lässt eine mögliche Heterogenität der effektiven Besteuerung innerhalb eines Landes außer Acht.[21] Bei den berechneten Mehreinnahmen handelt es sich nur um das kurzfristig einholbare Steuerdefizit. Das verwendete Ein-Phasen-Modell bildet keine Verhaltenseffekte der Staaten (Steuererhöhungen) oder Unternehmen (Standortverlagerungen) ab.

Für Österreich gehen die Autoren in ihrer aktuellsten Schätzung – bei einem Mindeststeuersatz von 15 % und jährlich adaptierten Carve-outs – von Mehreinnahmen in Höhe von rund 1,7 Mrd EUR für 2021 aus.[22, 23] Der Großteil davon entsteht aus der Aufstockung der Besteuerung inländischer Tochtergesellschaften auf den Mindestsatz.

Die Berechnung erfolgt auf Basis der aggregierten und anonymisierten Country-by-Country Daten. Da es sich um einen sehr neuen Datensatz handelt, weist er einzelne Schwachstellen auf. Da im Gegensatz zu anderen Publikationen kein Benchmarking gegenüber weiteren Datenquellen vorgenommen wird, können die Schwachstellen des Datensatzes tatsächlich die Resultate beeinflussen. Besonders hervorzuheben ist hier das Einfließen von innerbetrieblichen Dividendenzahlungen in die Vor-Steuer-Gewinne, da keine einheitlichen Vorgaben zum Umgang mit diesen Zahlungen bei der Erstellung der länderspezifischen Berichte gegeben wurden. Die Doppelterfassung von Profiten führt zu einer Überschätzung der Bemessungsgrundlage. Um dem entgegenzuwirken, nehmen *Baraké* et al (2021c) eine Korrektur der aus den CbCR-Datensatz abgeleiteten zu niedrig besteuerte Profite vor. Das führt zu einer Reduktion des Aufkommenspotentials um fast 50 %. Angewandt auf den oben präsentierten, von *Baraké* et al (2021c) ermittelten Schätzwert entspricht dies zu erwartenden Mehreinnahmen von unter 900 Mio EUR.

---

[21] Für nähere Erläuterungen zur Auswirkung auf das Schätzergebnis siehe Abschnitt zu OECD-EIA.

[22] *Baraké* et al (2021a), S 22 ff.

[23] *Baraké* et al (2021c).

Zusätzlich unterliegen die österreichischen CbCR-Daten jedoch einem weiteren Problem: der Term „entstandene Ertragssteuer" wurde fehlerhaft mit „noch zu zahlende Ertragssteuern" übersetzt. Durch das österreichische Körperschaftsteuersystem mit Entrichtung in mehreren Zahlungen könnte dieser Übersetzungsfehler zu einer unvollständigen Meldung der entstandenen Steuerschuld führen. Zwar sind die Daten um offensichtlich falsche Einmeldungen bereinigt. Positive, aber zu geringe entstandene Einkommensteuerbeträge konnten durch das angewandte Bereinigungsverfahren nicht beseitigt werden und verursachen daher möglicherweise immer noch eine Verzerrung dieser Größe nach unten.[24] Das resultiert in zu geringen ermittelten Effektivsteuersätzen und in Folge zu einer größeren Divergenz zwischen aktueller Effektivbesteuerung und Mindeststeuer. Es ist von einer Überschätzung des durch Österreich erhebbaren Steuerdefizits auszugehen.

3. Aufkommenseffekte für Deutschland auf Basis von CbCR-Schätzungen

Fuest et al (2022) schätzen die zusätzlichen Steuereinnahmen bei Einführung einer globalen Mindeststeuer für den deutschen Staat auf 5,1 bis 6,7 Milliarden Euro jährlich unter der Annahme, dass weder die Unternehmen ihr Verhalten ändern noch die Niedrigsteuerländer. Die Bandbreite ergibt sich daraus, dass beim höchsten Betrag kein Carve Out, berücksichtig wird, während beim niedrigsten Betrag das maximale anfängliche Carve Out berechnet wurde. Als zwei Zwischenvarianten wurden Carve Outs einmal mit 7 % des Wertes des Sachanlagevermögens und 9 % der Lohnsumme und einmal mit 5 % für beide zuvor genannten Größen.

Die Autoren führen auch Berechnungen mit (angenommenen) Verhaltensänderungen durch. Einmal wird davon ausgegangen, dass die Einführung der globalen Mindestbesteuerung die Anreize für steuermotivierte Gewinnverlagerungen senkt, mit der Konsequenz, dass noch mehr im Inland besteuert wird. Es erfolgen also Verhaltensänderungen bei den multinationalen Unternehmen. Daraus resultieren zusätzliche Steueraufkommen für den deutschen Fiskus in einer Bandbreite von 6,2 bis 8,1 Milliarden Euro wieder mit Berücksichtigung der zuvor dargestellten unterschiedlichen Varianten des Carve Out. Wenn unterstellt wird, dass die Finanzverwaltungen auf die Einführung der globalen Mindestbesteuerung reagieren und zwar in der Form, dass alle ihre effektiven Steuersätze auf 15 % anheben, reduzieren sich die zusätzlichen Einnahmen des deutschen Fiskus auf 1,7 bis 1,9 Milliarden Euro.

Als Datengrundlage verwenden die Autoren die Country-by-Country-Reports sämtlicher in Deutschland aktiver multinationaler Konzerne (3613) aus den Jahren 2016 bis 2019. Deutsche Konzerne erwirtschaften mit 56 % knapp mehr als die Hälfte ihrer Gewinne im Ausland. Da die in einem Land gezahlten Löhne nicht in den CbC-Reports enthalten sind, werden diese von den Autoren geschätzt. Weiters wird die vereinfachende Annahme getroffen, dass lediglich die Income-Inclusion-

---

[24] OECD Database, abgerufen am 29.9.2022.

Rule zur Anwendung kommt. Ausschließlich die deutsche Finanzverwaltung besteuert die (Auslands)Gewinn von deutschen Unternehmen. Weiters nehmen die Autoren eine pauschale Verlustverrechnung vor, indem die Summe der aggregierten Verluste zu jenen der aggregierten Gewinne in ein Verhältnis gesetzt wird und daraus ein korrigiertes Gewinnmaß für die nachzuversteuernde Gewinne berechnet wird.

Fuest et al (2022) stellen ihre Schätzungen auch jenen der OECD (2020) und des EU Tax Observatory (*Baraké* et al, 2021) gegenüber. Beim OECD-Vergleich stellen sie Schätzungen des globalen Mehraufkommens ohne Carve Out gegenüber. Während die OECD eine Bandbreite von 40 bis 48 Mrd USD generiert, gelangen *Fuest* et al (2022) zu einem Wert für das Zusatzaufkommen von 49 Milliarden. Ihre Erklärung für höhere Aufkommensschätzungen – zum Zeitpunkt der Berechnungen – gegenüber der OECD ist, dass letztere eine aggregierte Aufkommensschätzung verwendet. Aufgrund der Durchschnittsbildung beim effektiven Steuersatz in einem betrachteten Land würden in den OECD-Betrachtungen einzelne Konzerne, die einen effektiven Steuersatz von unter 15 % bei der Aufkommensschätzung außen vor bleiben. Allerdings fanden die Berechnungen von *Fuest* et al (2022) noch unter einem höheren Wechselkurs des Euro statt: Sie rechneten USD-Schätzungen der OECD mit einem Kurs von 1,11 um. Unter Zugrundelegung des Wechselkurses zum Zeitpunkt der Redaktion dieses Beitrags wäre die OECD Aufkommensschätzung mit einem Verhältnis von 1:1 umzurechnen und die obere Bandbreite schon sehr nahe an der ifo-Schätzung. Dies zeigt auf einfache Art und Weise, dass offenbar auch Wechselkursschwankungen einen starken Einfluss auf die Schätzung des Zusatzaufkommens haben.

4. Schätzung zusätzlicher Schweizer Steuereinnahmen durch die Eidgenössische Steuerverwaltung für *Pillar 2*

Für die Schweiz hat die Eidgenössische Steuerverwaltung (Bundesrat, 2022) ein Gutachten mit der Schätzung über die erwarteten Mehreinnahmen durch die „Ergänzungssteuer" vorgenommen. Die Spannweite der Ergebnisse reicht von 1,1 Mrd bis 2,6 Mrd CHF an Mehraufkommen, hochgerechnet auf das Jahr 2022. Die Bandbreite ergibt sich abhängig von der Ermittlung der Bemessungsgrundlage, welche einmal nur Einzelgesellschaften mit Reingewinnen größer 20 Mio, 10 Mio bzw 5 Mio CHF berücksichtigt. Die Studienautoren betonen selbst: „Auf Grund zahlreicher Ungewissheiten und der sehr beschränkten Datenlage können die Auswirkungen nur grob geschätzt werden." (Bundesrat, 2022, 38). Zudem wird mit statistischen Grundlagen vor der Steuerreform 2020 gerechnet, was gemäß BSS (2022) dazu führt, dass die Steuerbelastung vor der OECD-Reform niedriger ausgewiesen wird. Tendenziell sollte dies also zu einer Überschätzung des zusätzlichen Aufkommens durch die OECD-Steuerreform führen.

Die Studienautoren greifen auf Berichte des Country-by-Country-Reporting zurück. Die zugehörige Datenbasis bilden die Berichte von 140 schweizerischen

Unternehmensgruppen aus dem Jahr 2018. Von rund 1.420 ausländischen Tochtergesellschaften aus 16 Staaten lagen Berichte aus dem Jahr 2017 vor. Auch wird ein Carveout (Substanzabzug) von 8 % der Sachanlagen und 10 % der Lohnsumme berücksichtigt. Entgegen der erwähnten deutschen Studie, abstrahiert die Schweizer Schätzung von Verhaltensänderungen. Die aggregierten Bemessungsgrundlagen wurden bei der Schweizer Schätzung mit zwei Berechnungsmethoden ermittelt: (1) Bei 18 großen Schweizer Unternehmensgruppen, die rund 20 % der relevanten gesamten Bemessungsgrundlage ausmachen, wurden die direkten Bundessteuer und die Berichte des Country-by-Country gegenübergestellt. Auf Basis eines Hochrechnungsfaktors wurde die Bemessungsgrundlage für die restlichen 80 % aus der Statistik für die direkte Bundessteuer ermittelt. (2) Die Bemessungsgrundlage der direkten Bundessteuer wurde um die Gewinne von KMU und von Unternehmensgruppen mit einem Jahresumsatz von weniger als 750 Millionen Euro bereinigt. Auf Basis dieser beiden Methoden wurde vor Carveout eine Bemessungsgrundlage von knapp 100 Milliarden Franken ermittelt. Anhand von drei unterschiedlichen Methoden wurde der effektive Steuersatz der betroffenen Unternehmen ermittelt. Einmal anhand des BAK-Taxation-Indexes – dieser funktioniert auf Basis eines hypothetischen Modellunternehmens. Ein zweites Mal auf Basis der empirisch ermittelten Steuerlast und ein drittes Mal auf Basis der effektiv statuarischen Steuerbelastung. In entsprechender Reihenfolge ergaben sich so effektive Steuersätze in der Höhe von 12 %, 13,5 % und 14,5 %.

5. Schätzung zusätzlicher Schweizer Steuereinnahmen durch BSS für *Pillar 2*

BSS (2022) nahmen für die Schweiz eine weitere Schätzung des zusätzlichen Aufkommens durch die OECD-Mindeststeuer vor. Ihr Ergebnis bewegt sich am unteren Rand der Schätzung der eidgenössischen Steuerverwaltung von rund 1,6 Mrd CHF. Die Motivation für BSS (2022) eine eigene Berechnung anzustellen war, das Mehraufkommen auf die kantonale Ebene herunter zu brechen.

Die Autoren konstatieren eine unzureichende Datenlage auf Ebene von Mikrodaten. Die von ihnen in Erwägung gezogenen Datenquellen waren die Orbis-Datenbank, die amtliche Statistik der Unternehmensgruppen sowie die Top-500-Liste der Handelszeitung. Daher wählen sie einen aggregierten Ansatz. Für das Jahr 2020 ermitteln sie die Steuerzahlungen von juristischen Personen je Kanton. In Folge wird nach großen im Kanton ansässigen Unternehmen gewichtet und daraus der Gewinnsteuersatz pro Kanton berechnet. Aus den beiden zuvor genannten Größen wird die Höhe des steuerbaren Gewinns pro Kanton ermittelt. In den nächsten Schritten wird der Steuersatz um Kapital- und weitere anrechenbare Steuern korrigiert, die Steuerbemessungsgrundlage auf Unternehmen mit einem Umsatz von mehr als 750 Mio Euro reduziert und um die Patentboxen bereinigt. Zuletzt wird das Mehraufkommen aus der Differenz zwischen der aggregierten Steuerbemessungsgrundlage neu multipliziert mit dem Mindeststeuersatz (oder höher) und der

Steuerbemessungsgrundlage alt multipliziert mit dem zuvor gültigen Steuersatz errechnet.

BSS berücksichtigt ebenso wenig Verhaltensänderungen bei ihren Berechnungen wie die eidgenössische Steuerverwaltung. BSS hat als Schwelle für die berücksichtigten Unternehmen von 10 Mio CHF Reingewinn als „Hilfsgriff", welche für sie die Unternehmen mit einer Umsatzgrenze von 750 Mio Euro darstellen. Diese Annahme bringt entsprechende Unschärfen, da Unternehmen mit einem Reingewinn von mehr als 10 Mio Euro einen Umsatz auch von weniger als 750 Mio Euro ausweisen können und umgekehrt Unternehmen mit einem Umsatz von größer als 750 Mio Euro einen Reingewinn von weniger als 10 Mio CHF ausweisen können und dadurch nicht erfasst werden. Weitere Unschärfen ergeben sich dadurch, dass die heute in der Schweiz gültigen Rechnungslegungsstandards von jenen des OECD-Modells abweichen, weiers dass im Ausland die Besteuerung nicht auf die Mindeststeuer angehoben wird und der Schweizer Fiskus dadurch zusätzlich Einnahmen generiert. Zudem wird der Substanzabzug in den BSS-Berechnungen nicht berücksichtigt. Unternehmen können in mehreren Schweizer Kantonen Standorte haben. Letztlich kann eine Steuererhöhung in der Schweiz zu einer Abwanderung von Unternehmen und damit insgesamt geringeren Steuereinnahmen führen.

6. Fazit

Die Schätzungen der OECD und der EU-Steuerbeobachtungsstelle wurden verhältnismäßig ausführlich zu Datenquellen und Methoden analysiert. Lediglich *Bakaré* et al (2021b) hat Schätzergebnisse auf Einzelstaatenebene veröffentlicht. Es wird deutlich, dass die Datengrundlage für sich schon problematisch ist, sei es auf Grund der Unvollständigkeit, der Nicht-Bereinigung, der mangelnden Repräsentativität oder auch der mangelnden Aktualität. Methodisch werden unterschiedliche Ansätze gewählt. Die Beschreibung der Methode bei *Bakaré* (2021b) erfolgt nur oberflächlich und macht es daher schwierig, die Simulationsergebnisse nachzuvollziehen. Den Länderschätzungen von *Bakaré* et al (2021b) wurden weitere Studien für Deutschland (ifo) und der Schweiz (Eidgenössische Steuerverwaltung) gegenübergestellt. Sowohl von der Datengrundlage als auch methodisch unterscheiden sich alle Schätzungen, wobei deutlich wird, dass alle genannten Studien tendenziell geringere Mehraufkommen als die EU-Steuerbeoachtungsstelle aufweisen.[25] Auffallend ist auch, dass– wohl auch auf Grund steigender Komplexität der zu unterstellenden Modelle – Verhaltensänderungen der Steuerverwaltungen respektive der Un-

---

[25] Obwohl *Bernhofer/Petutschnig* (2023) in ihrem Beitrag betonen, dass ihre Hochrechnung des für die 19 ATX-Konzerne ermittelten Steueraufkommens von 135 Millionen Euro auf ein Gesamtaufkommen für Österreich von 500 bis 600 Millionen Euro nicht als „Aufkommensschätzung für Österreich verwechselt werden" soll, schlussfolgern auch sie, dass „das von der EU-Steuerbeobachtungsstelle ermittelte Aufkommenspotential von gut 3 Mrd € … auf Basis der vorliegenden Berechnungen als eher unrealistisch" erscheint.

ternehmen selten berücksichtigt werden. Allen Ansätzen ist gemein, dass rezente Umsetzungen von BEPS-Maßnahmen, die für eine Annäherung an die Mindeststeuer sorgen, nicht in den Simulationen berücksichtigt werden bzw berücksichtigt werden können. Im österreichischen Steuerrecht kommen durch Hinzurechnungsbesteuerung und Methodenwechsel sowie der Einführung der Zinsschranke ab 2021 bereits Regelungen zur Anwendung, die eine effektive Einkommensbesteuerung sicherstellen und vorteilhafte Steuergestaltung einschränken. Diese in den vergangenen Jahren implementierten Maßnahmen gehen bereits in die Richtung eines Mindestbesteuerungsniveaus und lassen potentiell die aus der Einführung einer globalen Mindeststeuer entstehenden Mehreinnahmen geringer ausfallen.

Ursprünglich war die Motivation für diesen Beitrag eine fundierte Aussage darüber zu treffen, mit welchem Mehraufkommen der österreichische Fiskus durch die Einführung der globalen Mindeststeuer rechnen kann. Selbst, wenn keine eigene Simulation für Österreich durchgeführt wird, machen die zuvor angestellten Auseinandersetzungen mit den Simulationen für Österreich und zwei Nachbarländern deutlich, dass von sehr großen Schwankungsbreiten bei der Schätzung des Mehraufkommens ausgegangen werden muss, wie dies auch aus der nachfolgenden Tabelle deutlich wird.

Aufkommensschätzungen für eine globale Mindeststeuer iHv 15 %

	OECD	EU Observatory	BMF	ifo	BSS	CH Bundesrat
Veröffentlichung	2020 (2023**)	2021		2022	2022	2022
Primäre Datengrundlage	CbCR 2016 (CbCR 2018**)	CbCR 2017		CbCR 2016–2019	Kantonale Steuerstatistiken 2020	Direkte Bundessteuer 2017/2018 & CbCR 2018
AT		1,7 Mrd €***	0,6–0,7 Mrd €			
CH		5,9 Mrd €***			1,6 Mrd CHF****	1,1–2,6 Mrd CHF******
DE		7,8 Mrd €***		1,7–6,2 Mrd €****		
EU		63,9 Mrd €***		4,4–21,9 Mrd € (exkl. DE)****		
OECD	60–100 Mrd USD* (220 Mrd USD**)	182,4 Mrd €***		20,7–55,5 Mrd € (exkl. USA)****		

Quelle: Eigene Darstellung

*   Anwendung der IIR durch Jurisdiktionen mit Körperschaftsteuersystem. Nachrangige Anwendung der UTPR. Carve-Out iHv 10 % der Lohnsumme plus Abschreibung materieller Vermögenswerte. Modellierte Verhaltensanpassungen: Erhöhung der Effektivbesteuerung in der Hälfte der Jurisdiktionen mit 0 %<ETR<Mindeststeuersatz (wenn KöSt-System vorhanden) sowie reduzierte Gewinnverschiebung durch Unternehmen. Es werden nur zu niedrig besteuerte Gewinne in Niedrigsteuerländern berücksichtigt.

**   Update des „OECD Economic Impact Assessments 2023". Carve-Out auf Basis von Anlagevermögen (8 %) und Lohnsumme (10 %). Anwendung der GloBE-Regeln auch auf ausländische US-Tochtergesellschaften. Übrige Annahmen wie ursprüngliches Modell (siehe oben).

***   Alle Jurisdiktionen wenden IIR an. Carve-Out iHv 10 % der Lohnsumme und 8 % des Sachanlagewerts. Anwendung der „de minimis exclusion rule". Keine Verhaltensänderungen.

****   Szenario 2: Carve-Out von 8 % des Werts des Sachanlagevermögens und 10 % der Lohnsumme, untere Schwelle unter der Annahme Rückgang der Gewinnverlagerung und Anhebung der Steuersätze, obere Schwelle unter Annahme eines lediglichen Rückgangs der Gewinnverlagerung.

*****   keine Berücksichtigung des Carve-Out, keine Verhaltensanpassungen

****** keine Verhaltensanpassungen, Carve-Out von 8 % des Werts des Sachanlagevermögens und 10 % der Lohnsumme, Bandbreiten auch auf Grund unterschiedlicher Annahmen über effektive Steuerbelastung, unterschiedliche Annahmen über Berücksichtigung von KMUs und obere Grenze Berechnung aus direkter Bundessteuer und untere Grenze Ableitung aus CbCR-Daten.

7. Literatur

Avenire Suisse (2002), Schöne neue Steuerwelt – Was Bund und Kantone als Reaktion auf die OECD-Steuerreform tun und lassen sollten, Analyse, August 2022, Zürich.

Baraké, Mona, *Theresa Neef*, *Paul-Emmanuel Chouc* und *Gabriel Zucman* (2021a), Collecting the tax deficit of multinational companies: Simulations for the European Union. EU Tax Observatory, Report No 1, https://www.taxobservatory. eu/wp-content/uploads/2021/07/TaxObservatory_Report_Tax_Deficit_July2021 _Revised.pdf.

Baraké, Mona, *Theresa Neef*, *Paul-Emmanuel Chouc* und *Gabriel Zucman* (2021b), Minimizing the Minimum Tax? The Critical Effect of Substance Carve-Outs, EU Tax Observatory, Note No 1, https://www.taxobservatory.eu/wp-content/ uploads/2021/07/EU-Tax-Observatory-Note-n.1-Substance-carve-outs.pdf.

Baraké, Mona, *Theresa Neef*, *Paul-Emmanuel Chouc* und *Gabriel Zucman* (2021c), Revenue effects of the global minimum tax: country-by-country estimates, EU Tax Observatory, Note No 2, https://www.taxobservatory.eu/wp-content/uploads/ 2021/10/Note-2-November-2021-1.pdf.

Bernhofer, D., *Petutschnig, M.* (2023), "Globale Mindestbesteuerung: Abschätzung der Auswirkungen auf österreichische Unternehmen, ÖStZ 3/2023, 53–60.

Bradbury, David, Tibor Hanappi, and *Anne Moore* (2018), Estimating the Fiscal Effects of Base Erosion and Profit Shifting: Data Availability and Analytical Issues. Transnational Corporations Journal, Vol 25, No 2, https://ssrn.com/abstract =3617651.

BSS (2022), OECD-Mindeststeuer – Unternehmensbesteuerung in der Schweiz unter dem Regime der OECD-Mindeststeuer: Schätzung der Mehreinnahmen, Verteilung zwischen den Kantonen, Basel.

Bundesrat (2022), Erläuternder Bericht zum Bundesbeschluss über eine besondere Besteuerung großer Unternehmensgruppe (Umsetzung des OECD/G20-Projektes zur Besteuerung der digitalen Wirtschaft) vom 11. März 2022, Schweizerische Eidgenossenschaft.

Devereux, Michael and *Rachel Griffith* (2003), Evaluating tax policy for location decisions. International tax and public finance, Vol 10/3, 107–126.

Fuest, C., *Hugger, R.*, *Neumeier, F.* (2021a), Gewinnverlagerung deutscher Großunternehmen in Niedrigsteuerländer – wie hoch sind die Steueraufkommensverluste?, if Schnelldienst 1/2021, 38–42.

Fuest, C., *Hugger, F.*, *Neumeier, F.* (2021b), Corporate Profit Shifting and the Role of Tax Havens: Evidence from Geman Country-by-Country Reporting Data, CESifo Working Paper No. 8838, CESifo, München.

Fuest, C., *Hugger, F.*, *Neumeier, F.* (2022), Die Aufkommenseffekte einer globalen effektiven Mindeststeuer – Eine Analyse auf Basis von Country-by-Country-Berichten, ifo Schnelldienst 4/2022, 41–49.

Hamadeh, Nada, Catherine Van Rompaey and *Eroc Metreau* (2021), New World Bank country classifications by income level: 2021–2022, Weltbank, Washington D.C., https://blogs.worldbank.org/opendata/new-world-bank-country-classifications-income-level-2021-2022.

OECD (2020), Tax Challenges Arising from Digitalisation – Economic Impact Assessment: Inclusive Framework on BEPS, OECD/G20 Base Erosion and Profit Shifting Project, OECD Publishing, Paris, https://www.oecd.org/tax/beps/tax-challenges-arising-from-digitalisation-economic-impact-assessment-0e3cc2d4-en.htm.

OECD (2021a), Tax Challenges Arising from the Digitalisation of the Economy – Global Anti-Base Erosion Model Rules (Pillar Two): Inclusive Framework on BEPS, OECD, Paris, https://www.oecd.org/tax/beps/tax-challenges-arising-from-the-digitalisation-of-the-economy-global-anti-base-erosion-model-rules-pillar-two.htm.

OECD (2021b): Statement on a Two-Pillar Solution to Address the Tax Challenges Arising from the Digitalisation of the Economy, OECD Publishing, Paris, https://www.oecd.org/tax/beps/statement-on-a-two-pillar-solution-to-address-the-tax-challenges-arising-from-the-digitalisation-of-the-economy-october-2021.htm.

Tørsløv, T., *L. Wier* and *G. Zucman* (2018), "The Missing Profits of Nations", NBER Working Paper, No 24701, http://www.nber.org/papers/w24701.pdf.

Wissenschaftlicher Beirat beim Bundesministerium für der Finanzen (2022), OECD-Reform der Besteuerung multinationaler Unternehmen – Besteuerung in Marktländern und globale Mindeststeuer auf Prüfstand, Stellungnahme 01/2022 vom 31. März 2022, Berlin.

Körperschaftsteuerlast in Österreich im internationalen Vergleich

Christoph Reithofer / Christoph Schmid

Abstract

Bei Ländervergleichen hinsichtlich der Körperschaftsteuerbelastung ist zu beachten, dass es mehrere Berechnungsmethoden basierend auf unterschiedlichen Datenquellen gibt, wobei keine Herangehensweise einer anderen gegenüber als überlegen eingestuft werden kann. Vielmehr haben sämtliche Methoden Vor- sowie Nachteile, sind je nach Fragestellung unterschiedlich gut geeignet und haben daher ihre Berechtigung. Um einen umfassenden Vergleich der Körperschaftsteuerbelastung in einem Land im internationalen Kontext zu tätigen, ist es daher notwendig die Ergebnisse mehrerer Berechnungsmethoden simultan zu betrachten.

Wir analysieren im internationalen Kontext die Entwicklung der österreichischen Körperschaftsteuerbelastung über die Zeit basierend auf vier Berechnungsmethoden. Es kann gefolgert werden, dass die heimische Steuerbelastung im vorgestellten Ländervergleich durchschnittlich bis überdurchschnittlich hoch ist. Fiktive effektive Steuersätze und nominale Steuersätze liegen in Österreich über den Durchschnittswerten der betrachteten Länderaggregate (OECD, EU-27, Nachbarstaaten Österreichs), wobei der Abstand zu den Nachbarstaaten am stärksten ausfällt. Darüber hinaus ist insbesondere in den letzten Jahren die steuerliche Wettbewerbsfähigkeit des österreichischen Wirtschaftsstandortes für körperschaftsteuerpflichtige Unternehmen gesunken. Diese Entwicklung ist auch an den heimischen Körperschaftsteuereinnahmen – sowohl gemessen am BIP als auch am Gesamtsteueraufkommen – ersichtlich, welche in den letzten Jahren dynamischer als in den analysierten Länderaggregaten anstiegen. Die im Zuge der Ökosozialen Steuerreform beschlossene etappenweise Senkung des nominalen Körperschaftsteuersatzes auf 23 % bis 2024 wirkt dieser Tendenz entgegen.

1. Einleitung

Hohe Unternehmenssteuern hemmen tendenziell Innovationen, Investitionen und somit das Wirtschaftswachstum. Auch reduzieren sie die preisliche Standortattraktivität von Volkswirtschaften. Einerseits hat die Unternehmensbesteuerungshöhe eine Signalwirkung für Auslandsinvestoren, welche eher in Ländern mit niedrigeren Unternehmenssteuersätzen tätig werden. Andererseits besteht bei einer hohen Unternehmenssteuerlast die Gefahr, dass heimische Betriebe ihren Standort ins Ausland verlagern. Insbesondere in kleinen offenen Volkswirtschaften – wie Österreich – reagieren unternehmerische Investitionen elastischer auf die Steuer- und Abgabenbelastung (sowie andere Kosten) und sind Unternehmen aufgrund der beschränkten Marktgröße mobiler als in großen Volkswirtschaften (*Keuschnigg*, 2016). Letztendlich kann eine (zu) hohe Unternehmensbesteuerung die Beschäftigungs- und Lohnentwicklung negativ beeinflussen.

Aus den dargestellten Gründen und dem Umstand, dass Unternehmenssteuern sowohl in länderübergreifende Steuersystemvergleiche als auch Wettbewerbsrankings eingehen, finden regelmäßig politische Diskurse zur Höhe der österreichischen Unternehmensbesteuerung im internationalen Vergleich statt. Länderspezifische Unterschiede und Ausnahmen in Steuersystemen sowie verschiedene Datengrundlagen und Berechnungsmethoden führen jedoch dazu, dass internationale Gegenüberstellungen mit Vorsicht zu interpretieren sind. Um einen umfassenden Vergleich der steuerlichen Unternehmensbelastung eines Landes im internationalen Kontext zu tätigen, ist es daher notwendig die Ergebnisse mehrerer Berechnungsmethoden simultan zu betrachten.

Der vorliegende Artikel analysiert daher die Körperschaftsteuerbelastung österreichischer Unternehmen im Ländervergleich und über den Zeitverlauf basierend auf vier Berechnungsmethoden. In Abschnitt 2 werden in einem ersten Schritt die unterschiedlichen Herangehensweisen und die daraus abgeleiteten Indikatoren überblicksartig dargestellt. Im zweiten Schritt analysieren wir sowohl die Vor- und Nachteile als auch die Ergebnisse der ausgewählten Berechnungsarten im Detail. Die Zusammenfassung und Schlussfolgerungen sind Abschnitt 3 zu entnehmen.

2. Vergleich der Steuerbelastung anhand verschiedener Ansätze

Um einen Eindruck von der österreichischen Körperschaftsteuerbelastung im Ländervergleich und im Zeitverlauf zu bekommen, ziehen wir Indikatoren heran, die das Thema aus verschiedenen Blickwinkeln beleuchten. Neben makroökonomischen Steuerquoten und nominalen Steuersätzen vergleichen wir effektive Steuersätze auf Mikroebene, welche sich wiederum in fiktive und faktische Indikatoren unterteilen (Abbildung 1). Fiktive Indikatoren versuchen laut *Schratzenstaller* (2003, S 368) auf Basis des Unternehmenssteuerrechts die Steuerlast für fiktive Investitionen oder fiktive Unternehmen abzubilden, während sich faktische Steuerbelastungsvergleiche auf empirische Daten über tatsächliche Steuerzahlungen der Unternehmen stützen.

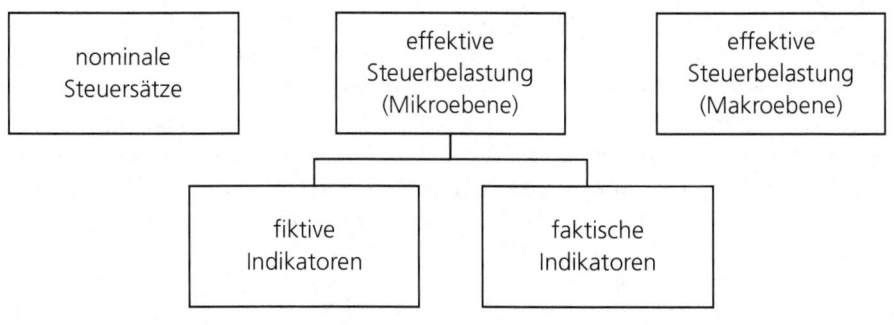

Abbildung 1: Herangehensweisen zur Bestimmung
der Unternehmensbesteuerung
Quelle: Eigene Darstellung

Das Augenmerk ist dabei auf Österreich im internationalen Vergleich und über den Zeitverlauf gerichtet. Dazu werden Daten der OECD-, der EU-27- und der Nachbarländer, soweit diese verfügbar sind, gegenübergestellt. Insbesondere die Situation in den EU-27- und Nachbarländern ist für Österreich standortpolitisch relevant. Die zeitliche Determinante erlaubt uns Änderungen in der Besteuerung nachzuvollziehen und Tendenzen abzuleiten.

2.1. Nominale Steuerbelastung

Die einfachste Methode, um die Unternehmenssteuerlast zu ermitteln, ist die Verwendung der nominalen Tarifbelastung (zB *Kostal*, 2000; *Schratzenstaller*, 2003). Nominale Körperschaftsteuersätze stellen für Kapitalgesellschaften[1] die marginale Gewinnbesteuerung der nächsten Steuerbemessungsgrundlageneinheit dar, ohne Berücksichtigung länder- und sektorenspezifischer Ausnahmen (OECD, 2021).

Laut dem Bundesministerium der Finanzen (2021, S 9) können nominalen Körperschaftsteuersätzen „eine Signalfunktion im Rahmen internationaler Besteuerungsvergleiche zugesprochen werden". *Schratzenstaller* (2003) unterstreicht diese Sichtweise mit dem Argument, dass hohe nominale Körperschaftsteuersätze für ausländische Investoren abschreckend wirken. Ein weiterer Vorteil dieser Methode ist die einfache Datenverfügbarkeit (*Schratzenstaller*, 2003). Aus diesen Gründen werden nominale Körperschaftsteuersätze oft in wissenschaftlichen Publikationen (OECD, 2021), insbesondere jedoch in der politischen Diskussion (*Schratzenstaller*, 2003) verwendet. Weiters gehen sie sowohl in internationale Steuersystemvergleiche (zB OECD, 2021; Europäische Kommission, 2021b; Bundesministerium der Finanzen, 2021) als auch in Wettbewerbsrankings wie zB das IMD World Competitiveness Ranking (IMD World Competitiveness Center, 2022) ein.

---

[1] In Österreich können auch andere Rechtsformen wie zB Vereine oder Körperschaften öffentlichen Rechts steuerpflichtig sein.

Nominale Körperschaftsteuersätze sind jedoch mit Vorsicht zu interpretieren, da sie kein umfassendes Bild über die tatsächliche unternehmerische Steuerlast geben (OECD, 2021). Einerseits lassen nominale Körperschaftsteuersätze keine Rückschlüsse auf länderspezifische Regelungen zur Ermittlung der Bemessungsgrundlage zu (*Breuss & Schratzenstaller*, 2004), wie zB unterschiedliche Abschreibungsvorgaben (insbesondere unterschiedliche Abschreibungsdauer identer Wirtschaftsgüter sowie die Behandlung von F&E-Ausgaben) oder steuerliche Förderungen (zB Forschungsförderung in Österreich) und Refundierungen der abgeführten Körperschaftsteuern (zB in Malta). Andererseits können nominale Körperschaftsteuersätze in Ländern ua durch nachfolgende Gründe variieren (OECD, 2021): Kumulative Unternehmensbesteuerung auf Ebene des Zentralstaates und nachgelagerter Gebietskörperschaften, progressive Körperschaftsbesteuerung oder Abweichung von den Standardsätzen für kleine und mittlere Betriebe, sektorenabhängige Körperschaftsteuersätze, variierende Unternehmensbesteuerung für heimische und nicht-heimische Unternehmen oder geringere Körperschaftsteuersätze für Unternehmen in von Ländern definierten „Wirtschaftszonen". Nominale Körperschaftsteuersätze suggerieren daher in der Regel eine höhere als die tatsächliche länderspezifische Unternehmenssteuerlast.

Aufgrund unserer Fragestellung verwenden wir die Corporate Tax Statistics Database der OECD (2022a). Daten zu Ländern, welche nicht von dieser Datenbank umfasst sind, werden von der Europäischen Kommission (2021a) bezogen. Es handelt sich um den nominalen Standardsteuersatz der Körperschaftsbesteuerung. Bei einem progressiven Körperschaftsteuersatz wird der höchste Grenzsteuersatz herangezogen. Die Werte sind als kumulative Steuersätze (von Zentralstaat und nachgelagerten Gebietskörperschaften) zu interpretieren.

2021 Ländervergleich

Nominale Körperschaftsteuersätze

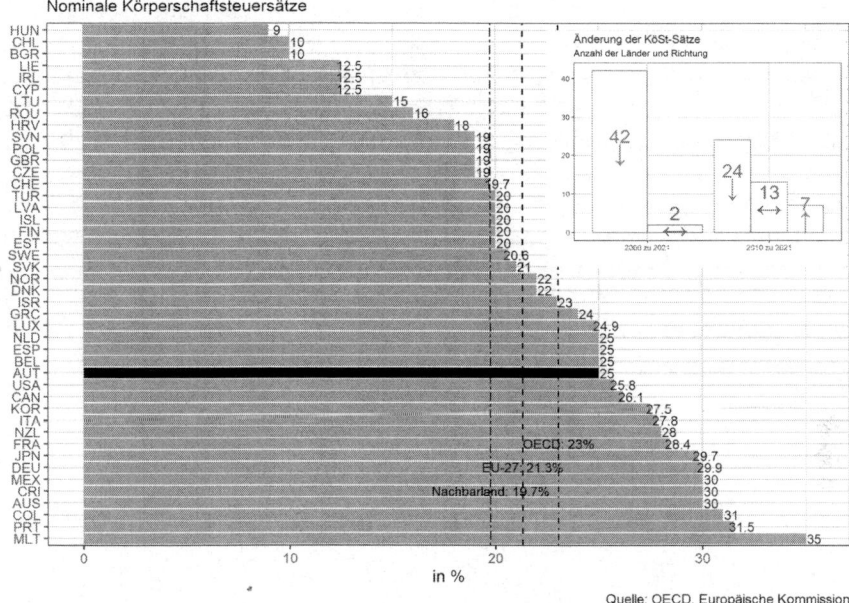

Quelle: OECD, Europäische Kommission

Abbildung 2: Internationaler Vergleich nominale Körperschaftsteuersätze 2021
Quelle: Eigne Darstellung basierend auf OECD (2022a),
für Zypern Europäische Kommission (2021a)

Abbildung 2 stellt die nominalen Körperschaftsteuersätze im Jahr 2021 für die OECD- und EU-27-Länder sowie heimischen Nachbarstaaten dar[2]. Österreichs nominaler Körperschaftsteuersatz von 25 %[3] liegt sowohl über dem Durchschnitt der OECD-Länder (23 %) als auch dem der EU-27-Länder (21,3 %). Der Durchschnitt der Körperschaftsteuersätze in den Nachbarstaaten, welcher durch die relativ niedrigen nominalen Steuersätze der östlichen Nachbarn und der Schweiz geprägt ist, ist mit 19,7 % noch niedriger. Lediglich Deutschland (29,9 %) und Italien (27,8 %) weisen höhere nominale Körperschaftsteuersätze als Österreich auf, während Ungarn (9 %), Liechtenstein (12,5 %), Slowenien (19 %), Tschechien (19 %), die Schweiz (19,7 %) und die Slowakei (21 %) großteils deutlich darunter liegen. Durch die etappenweise Senkung des heimischen nominalen Körperschaftsteuersatzes auf 23 % nähert sich dieser – ceteris paribus – dem OECD-Schnitt an, liegt jedoch weiterhin merklich über dem EU-27-Länderschnitt und dem Durchschnitt der österreichischen Nachbarstaaten.

---

[2]   Die Durchschnittswerte wurden ohne Gewichtung berechnet. Dh, jedes Land fließt zu identen Anteilen in die Berechnung der Länderaggregate ein.

[3]   Seit 1.1.2023 gilt in Österreich ein nominaler Körperschaftsteuersatz von 24 %. Die Grundaussagen in diesem Abschnitt ändern sich dadurch nicht.

In den letzten 20 Jahren ist eine Tendenz sinkender nominaler Körperschaftsteuersätze erkennbar, welche sich über die Zeit abgeschwächt hat (Abbildung 2). Seit 2000 haben 42 der untersuchten Länder ihren nominalen Körperschaftsteuersatz reduziert und lediglich zwei Länder den Steuersatz beibehalten. In den letzten 11 Jahren hat der Großteil der analysierten Staaten die nominalen Körperschaftsteuersätze gesenkt, jedoch haben vermehrt Länder ihren Steuersatz erhöht bzw auf dem Ausgangsniveau belassen. Österreich weist im Jahr 2021 – relativ zu 2000 – einen geringeren, verglichen zu 2010 einen identen nominalen Körperschaftsteuersatz auf und hat sich somit – wie in Abbildung 3 ersichtlich – konservativer als die Mehrheit der untersuchten Länder verhalten.

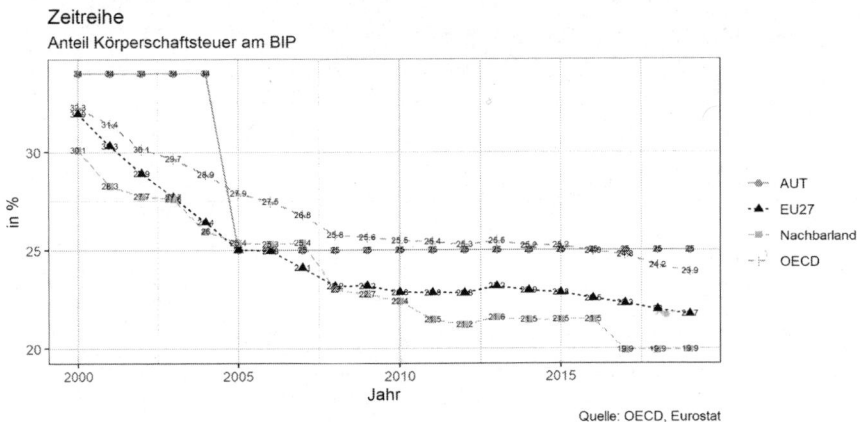

Abbildung 3: Zeitlicher Verlauf nominale Körperschaftsteuersätze 2000–2021
Quelle: Eigene Darstellung basierend auf OECD (2022a),
für Zypern Europäische Kommission (2021a)

Im OECD-Schnitt sank der nominale Körperschaftsteuersatz zwischen 2000 und 2021 um 9,3 Prozentpunkte, im EU-27-Schnitt um 10,6 Prozentpunkte und im Schnitt der österreichischen Nachbarländer um 10,4 Prozentpunkte (Abbildung 3). Die Dynamik der nominalen Körperschaftsteuersatzsenkungen hat sich – wie zuvor beschrieben – seit 2010 verlangsamt. Österreich hat seinen nominalen Körperschaftsteuersatz seit 2000 mit 9 Prozentpunkten ähnlich stark reduziert wie die OECD-Länder, jedoch merklich geringer als die EU-27-Länder und die Nachbarstaaten.

2.2. Effektive Steuerbelastung Mikroebene

Nominale Steuersätze geben aus den angeführten Gründen nur ein eingeschränktes Bild der Gewinnbesteuerung von Unternehmen wieder. Effektive Steuersätze – welche sich in fiktive und faktische unterteilen – können herangezogen werden, um eine ergänzende Sichtweise zu erlangen.

2.2.1. Fiktive Steuersätze

Fiktive Steuersätze beziehen sich auf hypothetische Investitionen. Die Berechnungsansätze beruhen auf den Arbeiten von *King & Fullerton* (1983) und *Devereux & Griffith* (1998). Diese beschreiben wie Kapitalkosten für marginale Investitionen, sowie effektive Grenz- und Durchschnittssteuersätze auf Basis hypothetischer Investitionsvorhaben berechnet werden. Daten zu diesen Indikatoren werden von der OECD (OECD, 2021) oder dem ZEW (*Spengel*, et al, 2020) publiziert.

Die **Kapitalkosten (*Cost of Capital CoC*)** sind definiert als jene Vorsteuerrendite, bei der sich ein fiktives Investitionsprojekt im Vergleich zu einer Investition zum realen Marktzins ökonomisch gerade noch lohnt.

Der **effektive Grenzsteuersatz (*Effective Marginal Tax Rate – EMTR*)** ist das Verhältnis aus der Differenz zwischen Kapitalkosten und Rendite nach Steuern und den Kapitalkosten. Er bezieht sich auf den Fall eines marginalen Projektes, das gerade genug Profit liefert, um die Gewinnschwelle zu erreichen, aber keine Profite darüber (OECD, 2021, S 20). Er erlaubt gemeinsam mit den Kapitalkosten Aussagen über das optimale Investitionsvolumen (zB nach Investitionsart oder Standort), es lassen sich steuerliche Verzerrungen bei Finanzierungsentscheidungen untersuchen und steuerlich bedingte Wettbewerbsverzerrungen können analysiert werden (ZEW – Leibniz- Zentrum für Europäische Wirtschaftsforschung, 2022).

Der **effektive Durchschnittssteuersatz (*Effective Average Tax Rate – EATR*)** misst den Effekt der Besteuerung auf ein hypothetisches Projekt, das ökonomische Renten abwirft. Zur Berechnung wird die Differenz des Kapitalwertes vor Steuern und nach Steuern herangezogen und ins Verhältnis zur abdiskontierten Vorsteuerrendite gestellt. Effektive Durchschnittssteuersätze geben Auskunft über die durchschnittliche steuerliche Belastung eines Investitionsprojektes und können somit Einfluss auf die Standortwahl haben: „A firm choosing amongst a small number of locations will compare the post-tax level of profits arising in each location. In this comparison it is the effective average tax rate that is relevant." (*Devereux & Griffith*, 1998, S 337)

Effektive Steuersätze haben den Vorteil, dass Parameter des Steuersystems, wie zB progressive Steuersätze, ökonomische und rechtliche Abschreibungsraten in die Berechnung mit einfließen. Sie werden für verschiedene Investitionsgüter und Finanzierungsformen berechnet. Der internationale Vergleich wird somit vielschichtiger.

Ein Kritikpunkt an effektiven Steuersätzen sind die vielfältig zu treffenden Modellannahmen. So zeigen *Spengel* et al (2020) in einer Sensitivitätsanalyse, dass die Kapitalkosten stark auf veränderte Zinssätze reagieren. Die effektiven Durchschnittssteuersätze reagieren weniger als die Kapitalkosten auf den Zinssatz und auch gegenüber Änderungen bei der Inflation sind sie weniger sensitiv (European Commission, Directorate-General for Taxation and Customs Union, *Spengel, Christoph*;

Heckemeyer, Jost H.; *Streif, Frank*, 2016, S 24). Die Steuersätze werden für Investitionsgüter und Finanzierungsformen berechnet und zu einem Gesamtwert zusammengewichtet (*Spengel*, et al, 2020, S B-10). Es kann davon ausgegangen werden, dass diese fixe Gewichtung nicht repräsentativ für alle Volkswirtschaften ist. Zu beachten ist weiters, welche Parameter in die Modelle einfließen. So werden zB von der OECD für F&E-Investitionen eigene Berechnungen durchgeführt (*González Cabral, Appelt & Hanappi*, 2021), welche im Standardmodell nicht enthalten sind.

Da die OECD in ihrer Datenbank nur Werte der Jahre 2017 bis 2020 zur Verfügung stellt, verwenden wir für unsere Analysen Daten des ZEW, veröffentlicht in *Spengel* et al (2020)[4]. Diese erlauben uns die Beobachtung über einen längeren Zeitverlauf, mit dem Nachteil, dass weniger Länder in den Auswertungen enthalten sind. Weiters beziehen wir uns in der Darstellung auf die Steuerbelastung von Unternehmen und vernachlässigen die persönlichen Steuern der Kapitalgeber.

In Abbildung 4 ist ersichtlich, dass im Jahr 2020 sechs der EU-27-Länder einen höheren effektiven Durchschnittssteuersatz als Österreich (23,1 %) aufweisen und fünf einen höheren effektiven Grenzsteuersatz. Ähnlich wie bei den nominalen Steuersätzen liegen die Werte für Österreich über dem EU-27-Schnitt und dem Durchschnitt der Nachbarländer (jeweils 19,3 %). Abbildung 5 zeigt, wie sich der effektive Durchschnittssteuersatz in Österreich im Zeitverlauf und in Relation zum EU-27-Durchschnitt und zum Durchschnitt der Nachbarländer[5] verhält. Besonders auffällig ist der starke Rückgang in Österreich im Jahr 2005, welcher durch die nominale Körperschaftsteuersenkung von 34 % auf 25 % geprägt ist. Neben diesem Effekt wirken in der Beobachtungsperiode mehrere Änderungen bei Abschreibungsregelungen[6] und ein veränderter effektiver Immobiliensteuersatz auf den Verlauf des effektiven Durchschnittssteuersatzes ein. Dennoch hat sich die österreichische Wettbewerbsfähigkeit im Zusammenhang mit der unternehmerischen Gewinnbesteuerung – ähnlich wie bei den nominalen Steuersätzen – auch in dieser Betrachtungsweise in den letzten Jahren konstant verschlechtert.

---

4   Daten sind auch als Excel online verfügbar.

5   Liechtenstein und die Schweiz fließen nicht mit ein, da beim ZEW keine Daten dafür verfügbar sind. Der Durchschnitt wurde ohne Gewichtung berechnet. Dh, jedes Land fließt mit gleichem Gewicht ein.

6   Beispiele: Änderung Abschreibungszeitraum für Gebäude im Jahr 2001 von 25 Jahren auf 33,3 Jahre oder vorübergehende Möglichkeit einer vorzeitigen Abschreibung von Maschinen, die zur Konjunkturbelebung in der Finanzkrise eingeführt wurde.

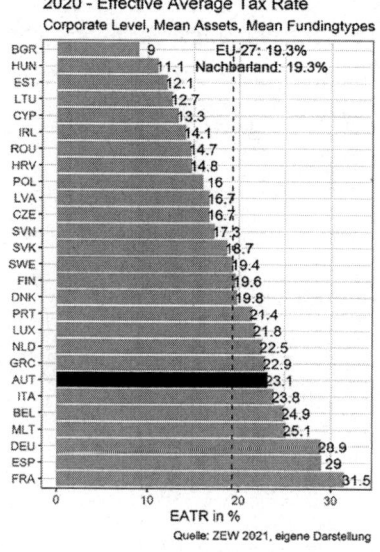
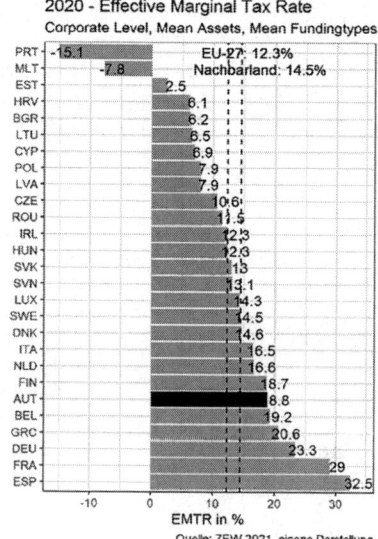

Abbildung 4: Effektive Durchschnitts- und Grenzsteuersätze
(über alle Finanzierungs- und Anlagenformen) im Jahr 2020
Quelle: Eigene Darstellung basierend auf *Spengel* et al (2020)

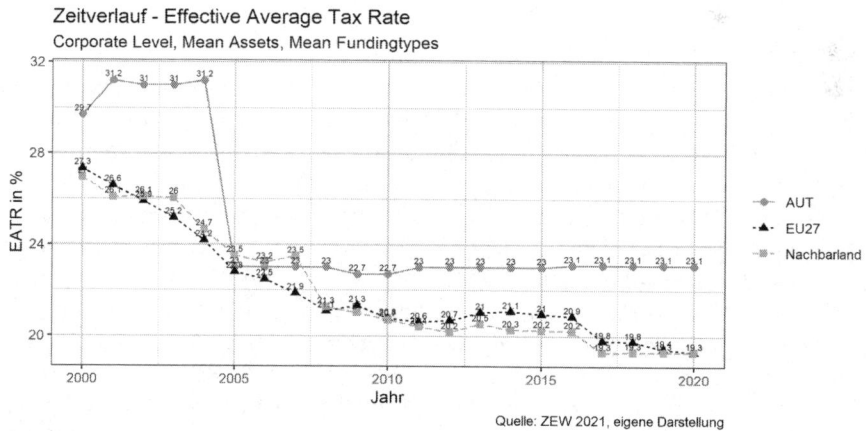

Abbildung 5: Effektive Durchschnittssteuersätze im Zeitverlauf
Quelle: Eigene Darstellung basierend auf *Spengel* et al (2020)

Abbildung 6 stellt die Verteilung der durchschnittlichen effektiven Grenzsteuersätze für die EU-27-Länder im Zeitverlauf dar. Die Position Österreichs ist durch die Markierung zu erkennen. Auch hier ist die Änderung des Körperschaftsteuersatzes im Jahr 2005 deutlich ersichtlich: In den Jahren 2001 bis 2004 lag der effektive Grenzsteuersatz für Österreich im oberen Viertel der Steuersätze der untersuchten Länder. Im Jahr 2005 entsprach er dann nach den Reformen in etwa dem Median. Im Jahr 2006 war er im dritten Quartal und stieg in den Folgejahren zur Grenze zwischen 3. und 4. Quartal 2018 und 2019 weisen nur vier der EU-27-Länder höhere effektive Grenzsteuersätze aus. 2020 sind es fünf.

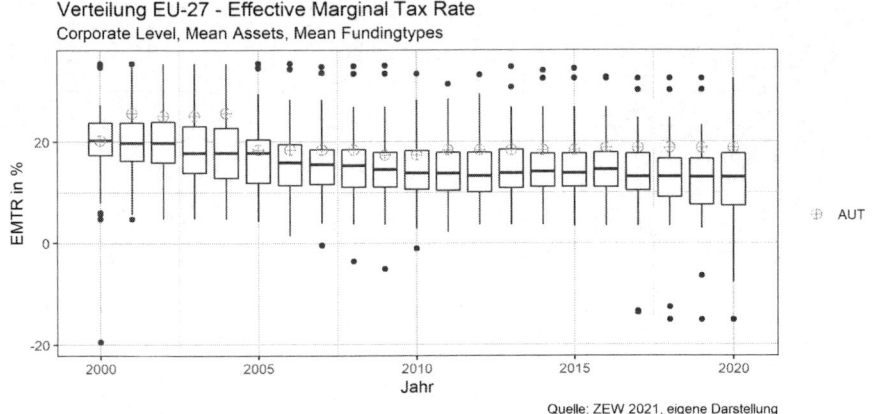

Abbildung 6: Verteilung – effektive Grenzsteuersätze im Zeitverlauf
Quelle: Eigene Darstellung basierend auf *Spengel* et al (2020)

2.2.2. Faktische Steuersätze

Bei der Berechnung faktischer Steuersätze werden – im Gegensatz zu den fiktiven Indikatoren – vergangenheitsbezogene Daten verwendet. Zumeist wird hierfür die abgeführte Körperschaftsteuer dem Vorsteuergewinn oder Bruttosteuergewinn der analysierten Unternehmen gegenübergestellt (*Schratzenstaller*, 2003).

Die Methode berücksichtigt durch die Verwendung empirischer Daten die unterschiedlichen Eigenschaften nationaler Steuersysteme (*Nicodeme*, 2001), wodurch eine vergleichsweise hohe Realitätsnähe erlangt wird (*Kostal*, 2000). Es können sowohl sektorale Analysen als auch Untersuchungen differenziert nach Betriebsgrößen durchgeführt werden (*Nicodeme*, 2001). Auch die Identifikation von Bilanzkenngrößen, welche einen signifikanten Einfluss auf die Körperschaftsbesteuerung aufweisen, ist möglich (*Nicodeme*, 2001). *Kostal* (2020) ist daher der Meinung, dass die Methode für die Analyse der tatsächlichen Steuerbelastung ausgewählter Unternehmen grundsätzlich geeignet ist.

Neben der methodisch und empirisch anspruchsvollen Auswahl repräsentativer Unternehmen hebt *Kostal* (2020) insbesondere die Problematiken hinsichtlich der abzugrenzenden Unternehmenssteuerarten sowie des zu ermittelnden Unternehmenssteuergewinns kritisch hervor. Werden Konzernabschlüsse als Datengrundlage verwendet, können keine Informationen über länderspezifische Steuerbelastungen gegeben werden (*Schratzenstaller*, 2003), da die Summe der konzernweit abgeführten Körperschaftsteuer auf unterschiedlichen nationalen Steuersystemen basiert (*Nicodeme*, 2001). Weiters ist es methodisch nicht möglich, Charakteristika von Steuersystemen isoliert zu analysieren (*Nicodeme*, 2001). Tendenziell wird die unternehmerische Steuerlast mit dieser Methode unterschätzt, da die Ergebnisse aufgrund von Datenrestriktionen in der Regel auf Großunternehmen basieren, welche durch ihre internationale Tätigkeit – im Gegensatz zu kleinen und mittleren Unternehmen – erhöhten Spielraum bei Steuerplanungsmöglichkeiten haben (*Schratzenstaller*, 2003).

Wir verwenden die von *Garcia-Bernardo & Jansky* (2021) berechneten effektiven Körperschaftsteuersätze basierend auf der Country-by-Country Reporting (CbCR)-Datenbank der OECD (2022c) aus dem Jahr 2016, da diese Daten – mit Ausnahme von Liechtenstein – sämtliche im vorliegenden Papier analysierten Länder umfassen. Aufgrund von zahlreichen Beschränkungen der CbCR-Daten (*Eberhartinger & Lackner*, 2021) mahnt auch die OECD (2021b) insbesondere bei der Berechnung von Körperschaftsteuersätzen zur Vorsicht: Erstens wurden Daten von Ländern zum Teil überhaupt nicht, unvollständig oder korrigiert an die OECD übermittelt. Zweitens ist von Doppelzählungen bei Unternehmensprofiten durch Erfassungsprobleme bzw unterschiedlicher Berücksichtigung konzerninterner Dividendenzahlungen sowie aufgrund der Behandlung staatenloser Unternehmenseinheiten (Durchlaufgesellschaften für Unternehmensgewinne) auszugehen. Drittens können weitere Verzerrungen des Profit- zu Körperschaftsteuereinnahmenverhältnisses nicht ausgeschlossen werden. Es ist daher wahrscheinlich, dass die ausgewiesenen Profite der in der CbCR-Datenbank inkludierten Unternehmen (in einigen Fällen substanziell) überschätzt (OECD, 2021b) und somit die daraus abgeleiteten Körperschaftsteuersätze unterschätzt werden. *Garcia-Bernardo & Jansky* (2021) versuchen die beschriebenen Datenlücken und die sich daraus ergebenden Effekte mit eigenen Berechnungen zu reduzieren.

Abbildung 7 stellt die von *Garcia-Bernardo & Jansky* (2021) berechneten durchschnittlichen[7] effektiven Körperschaftsteuersätze für das Jahr 2016 dar. Die Werte sind aufgrund der zuvor beschriebenen Einschränkungen mit Vorsicht zu interpretieren und darüber hinaus aufgrund der nachfolgenden Umstände nicht repräsentativ für die Körperschaftsteuerbelastung in den untersuchten Ländern. Erstens sind in der CbCR-Datenbank nur multinationale Großunternehmen mit einem Umsatz von über 750 Mio Euro erfasst. Zweitens handelt es sich nicht um länderspezifische Körperschaftsteuerlasten der multinationalen Großunternehmen. Vielmehr beschreiben die Daten die aggregierte Körperschaftsteuerlast der im Land der Unternehmensmutter und im Ausland tätigen Unternehmenstöchter und/oder Betriebsstätten des multinationalen Großunternehmens. Am Beispiel Österreichs handelt es sich bei den Ergebnissen um den Mediansteuersatz von multinationalen Unternehmen mit einem Jahresumsatz von über 750 Mio Euro und Hauptsitz in Österreich, wel-

---

[7] Genauer gesagt handelt es sich um die Medianwerte der umfassten multinationalen Großunternehmen, da diese weniger schwankungsanfällig sind als der Durchschnittswert.

cher sich aus den aggregierten Gewinnen und Körperschaftsteuerzahlungen der Unternehmenstöchter und/oder Betriebsstätten in den unterschiedlichen Steuerjurisdiktionen (darunter auch Österreich) ergibt.

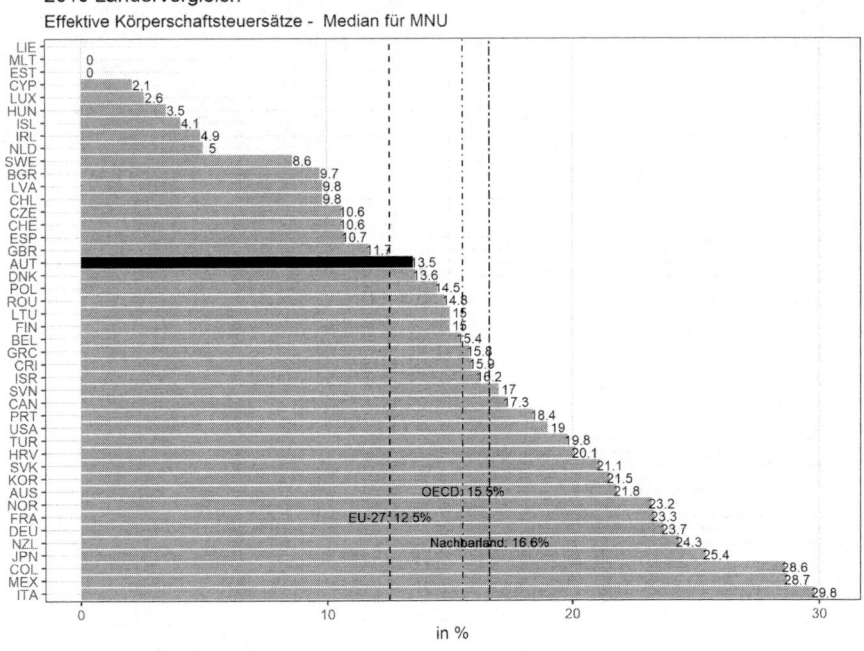

Abbildung 7: Internationaler Vergleich effektive Körperschaftsteuersätze für MNU 2016

Quelle: Eigene Darstellung basierend auf *Garcia-Bernardo & Jansky* (2021), Liechtenstein aufgrund von Datenrestriktionen nicht berücksichtigt

Der durchschnittliche effektive Körperschaftsteuersatz von multinationalen Großunternehmen mit Hauptsitz in Österreich liegt im Jahr 2016 mit 13,5 % über dem Schnitt der EU-27-Länder (12,5 %) und unter dem Durchschnitt der OECD-Länder (15,5 %) sowie jenem der Nachbarstaaten (16,6 %). Betrachtet man die heimischen Nachbarländer genauer, liegt die Steuerbelastung von multinationalen Großunternehmen mit Hauptsitz in Ungarn (3,5 %) der Schweiz (10,6 %) und Tschechien (10,6 %) unter und jene von Unternehmensmüttern in Slowenien (17 %), der Slowakei (21,1 %) Deutschland (23,7 %) und Italien (29,8 %) über den Werten multinationaler Großunternehmen mit Hauptsitz in Österreich. Wie zuvor hervorgehoben, handelt es sich bei den Daten nicht um die Körperschaftsteuerlast von multinationalen Unternehmen in den jeweiligen Staaten der Muttergesellschaft, sondern um die aggregierte Steuerlast der heimischen und im Ausland tätigen Unternehmenstöchter und/oder Betriebsstätten gegliedert nach dem Land der Unternehmensmutter. Die dargestellte effektive Körperschaftsteuerlast ist daher ua stark davon abhängig, in welchen Ländern die Unternehmenstöchter tätig sind.

2.3. Effektive Steuerbelastung Makroebene

Im Zuge der makroökonomischen Methode werden vergangenheitsbezogene Daten verwendet. Hierbei werden Steuerzahlungen, welche durch eine makroökonomische Größe getragen werden, einer anderen makroökonomischen Größe gegenübergestellt. Im Zusammenhang mit der Unternehmensbesteuerung gibt es zwei Messgrößen (*Schratzenstaller*, 2003): Erster Indikator sind Steuerquoten. Die Einnahmen aus der Körperschaftsteuer werden hierbei in das Verhältnis des Bruttoinlandsprodukts (BIP) oder des gesamten Steueraufkommens gesetzt. Zweiter Indikator sind makroökonomische effektive Steuersätze, bei denen das Steueraufkommen der Körperschaftsteuer in Relation zur dazugehörigen makroökonomischen Steuerbasis gesetzt wird. Aufgrund von Datenrestriktionen im Zusammenhang mit dem zweiten Indikator (Verfügbarkeit von Ländersamples und Zeitreihen) wird auf diesen im vorliegenden Papier nicht näher eingegangen.

2.3.1. Steuerquoten

Steuerquoten sind laut *Schratzenstaller* (2003) einfach zu berechnende und daher oft verwendete Indikatoren. Sie ermöglichen einen zeitlichen und internationalen Vergleich über die Höhe der Körperschaftsteuereinnahmen (OECD, 2021). Für die Analyse der tatsächlichen Steuerlast von Unternehmen ist diese Herangehensweise jedoch nicht geeignet, da erstens das Körperschaftsteueraufkommen auch von Entwicklungen der Unternehmensstruktur abhängt (*Schratzenstaller*, 2003). Zweitens werden die Bezugsgrößen BIP und Steueraufkommen von international unterschiedlichen Wirtschaftsdynamiken bzw diskretionären Maßnahmen im Bereich der nicht-unternehmerischen Abgaben beeinflusst.

Um das Körperschaftsteueraufkommen relativ zum BIP und Gesamtsteueraufkommen zu analysieren, verwenden wir die Global Revenue Statistics Database der OECD (2022b). Daten zu Ländern, welche nicht von dieser Datenbank umfasst sind, werden von Eurostat (2022) bezogen.

Der heimische Anteil der Körperschaftsteuereinnahmen am Gesamtsteueraufkommen liegt 2019 mit 6,4 % sowohl unter dem Durchschnitt der OECD-Länder (9,6 %) als auch den Mittelwerten der EU-27-Länder (7,8 %) und der Nachbarstaaten Österreichs mit 7 %[8] (Abbildung 8). Die im Gegensatz zu den nominalen und effektiven Körperschaftsteuersätzen (Abschnitte 2.1 und 2.2) unterdurchschnittliche internationale Position Österreichs lässt sich insbesondere auf die hohe heimische Gesamtsteuerlast zurückführen. Hinsichtlich der Entwicklung der Körperschaftsteuereinnahmen am Gesamtsteueraufkommen in den letzten 19 Jahren ergibt sich

---

[8] Die Durchschnittswerte wurden ohne Gewichtung berechnet. Dh, jedes Land fließt zu identen Anteilen in die Berechnung der Länderaggregate ein.

ein uneinheitliches Bild, wobei der Anteil der Körperschaftsteuereinnahmen im Jahr 2019 sowohl relativ zu 2000 (21 von 42 Länder[9]) als auch zu 2010 (31 von 43 Länder) zumindest bei der Hälfte der untersuchten Länder gestiegen ist.

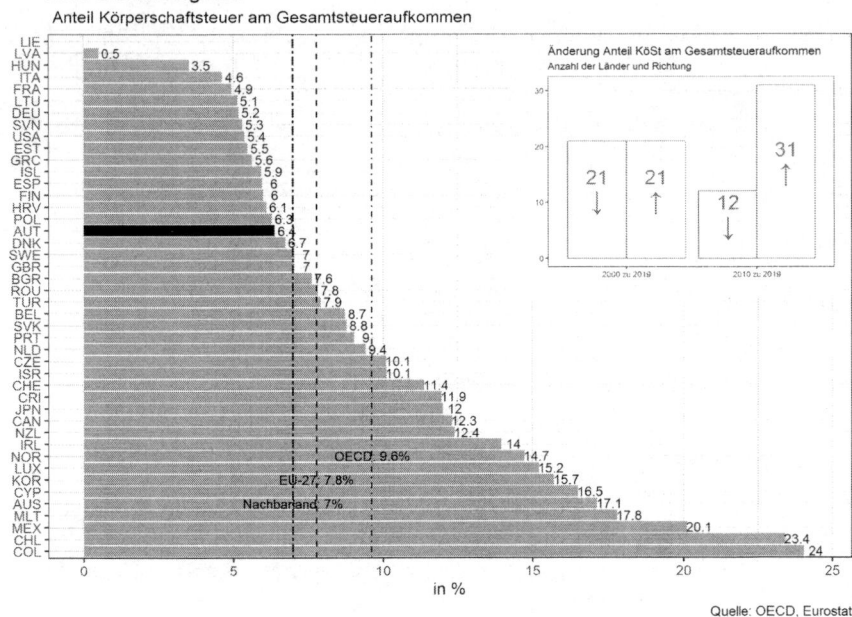

Abbildung 8: Internationaler Vergleich Anteil Körperschaftsteuereinnahmen am Gesamtsteueraufkommen 2019

Quelle: Eigene Darstellung basierend auf OECD (2022b), für Bulgarien, Kroatien, Malta, Rumänien und Zypern Eurostat (2022), Liechtenstein aufgrund von Datenrestriktionen nicht berücksichtigt

Abbildung 9 stellt die Entwicklung des Körperschaftsteuereinnahmenanteils am Gesamtsteueraufkommen für die untersuchten Länderaggregate und Österreich ab dem Jahr 2000 dar. Es lässt sich keine einheitliche Tendenz ablesen. Während der Anteil von 2000 auf 2019 im OECD-Schnitt und im Schnitt der österreichischen Nachbarländer leicht (+0,3 Prozentpunkte) steigt, ist die Differenz in Österreich mit +1,8 Prozentpunkten größer. Im EU-27-Durchschnitt sinkt der Anteil um 0,8 Prozentpunkte. Der Abstand Österreichs zu den untersuchten Länderaggregaten hat sich seit 2009/2010 merklich verringert: Betrug zB die Differenz zum EU-27-Schnitt im Jahr 2000 noch 4 Prozentpunkte, sank dieser bis zum Jahr 2010 auf 2,6 Prozentpunkte und beträgt im Jahr 2019 nur mehr 1,4 Prozentpunkte.

---

9 Der Vergleich relativ zu 2000 kann nur mit 42 Ländern durchgeführt werden, da für Mexiko Daten erst ab 2001 vorliegen.

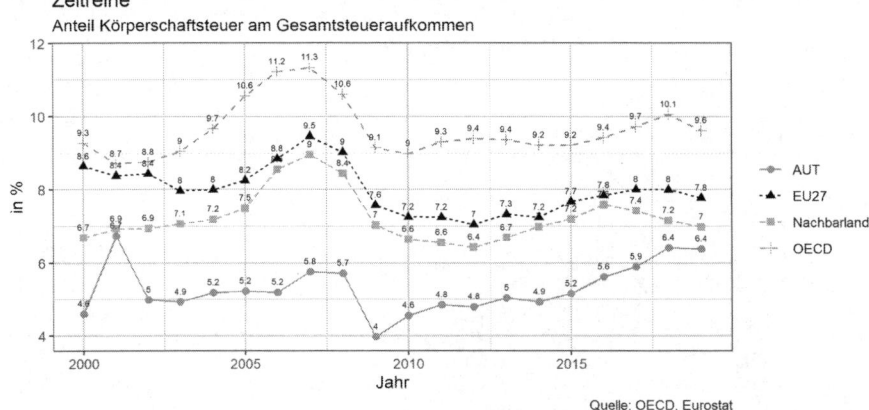

Abbildung 9: Zeitlicher Verlauf Anteil Körperschaftsteuereinnahmen
am Gesamtsteueraufkommen 2000–2019

Quelle: Eigene Darstellung basierend auf OECD (2022b), für Bulgarien,
Kroatien, Malta, Rumänien und Zypern Eurostat (2022), Liechtenstein
aufgrund von Datenrestriktionen nicht berücksichtigt

Während der österreichische nominale und effektive Körperschaftsteuersatz über den Durchschnittswerten der analysierten Länderaggregate liegt (Abschnitte 2.1 und 2.2), ist der heimische Körperschaftsteuereinnahmenanteil am BIP im Jahr 2019 – wie in Abbildung 10 ersichtlich – mit 2,7 % ähnlich hoch wie die Durchschnittswerte der Nachbarländer (2,4 %) und der EU-27-Länder (2,8 %), befindet sich jedoch leicht unter dem OECD-Schnitt (3 %). Seit 2000 sind die Einnahmen aus der Körperschaftsteuer gemessen am BIP bei der Mehrzahl der untersuchten Länder (24 von 43 Ländern) gesunken, wobei ab 2010 tendenziell eine Trendumkehr zu beobachten ist (Anstieg in 33 von 43 Ländern)[10].

Abbildung 11 stellt die Entwicklung des Körperschaftsteuereinnahmenanteils am BIP für die untersuchten Länderaggregate und Österreich dar. Österreichs Anteil hat sich seit 2000 mit einer Steigerung von 0,8 Prozentpunkten von 1,9 % auf 2,7 % – im Gegensatz zu den untersuchten Länderaggregaten – stark erhöht. Der Aufholprozess gegenüber den Durchschnittswerten der OECD-Länder (-0,1 Prozentpunkte), EU-27-Länder (-0,3 Prozentpunkte) und der österreichischen Nachbarstaaten (+0,3 Prozentpunkte) fand insbesondere seit 2009/2010 statt.

---

[10]   Hierbei können jedoch auch Effekte bzw Verzerrungen im Jahr 2010 aufgrund der Finanz-, Wirtschafts- und Staatsschuldenkrise 2008/2009 eine Rolle spielen.

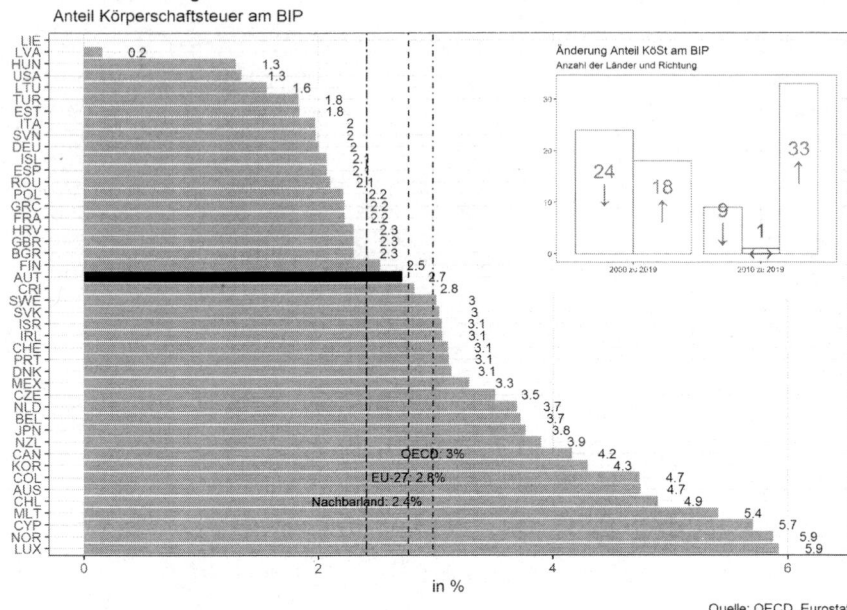

Abbildung 10: Internationaler Vergleich Anteil Körperschaftsteuereinnahmen am BIP 2019

Quelle: Eigene Darstellung basierend auf OECD (2022b), für Bulgarien, Kroatien, Malta, Rumänien und Zypern Eurostat (2022), Liechtenstein aufgrund von Datenrestriktionen nicht berücksichtigt

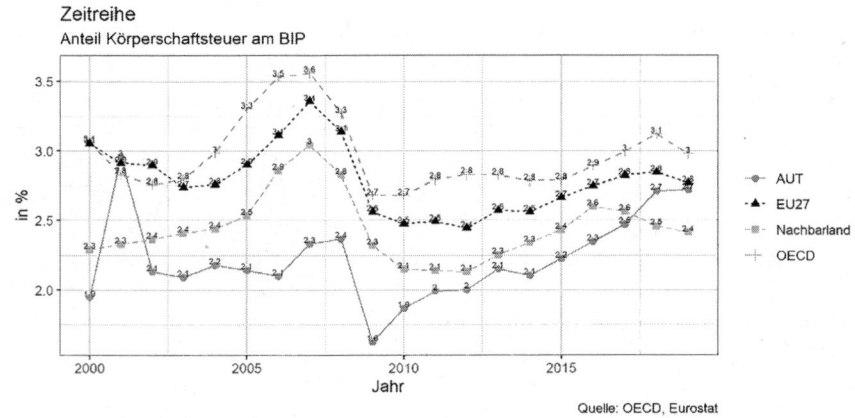

Abbildung 11: Zeitlicher Verlauf Anteil Körperschaftsteuereinnahmen am BIP 2000–2019

Quelle: Eigene Darstellung basierend auf OECD (2022b), für Bulgarien, Kroatien, Malta, Rumänien und Zypern Eurostat (2022), Liechtenstein aufgrund von Datenrestriktionen nicht berücksichtigt

3. Zusammenfassung und Schlussfolgerungen

Bei Darstellungen von Körperschaftsteuerbelastungen im Ländervergleich ist zu beachten, dass es mehrere Herangehensweisen basierend auf unterschiedlichen Datenquellen gibt. Um ein möglichst umfassendes Bild der österreichischen Situation im internationalen Kontext zu erlangen, betrachten wir daher mehrere Berechnungsarten und die sich daraus ergebenden Ergebnisse. Sämtliche von uns vorgestellte Methoden und Indikatoren haben Vor- sowie Nachteile und sind je nach Fragestellung unterschiedlich gut geeignet. Insbesondere die dargestellten Kritikpunkte sind bei der Interpretation der Ergebnisse zu beachten.

Hinsichtlich der Körperschaftsteuerbelastung in Österreich kann gefolgert werden, dass diese aktuell sowohl gemessen an den nominalen als auch an den fiktiven effektiven Körperschaftsteuersätzen im Ländervergleich überdurchschnittlich hoch ist. Insbesondere der Körperschaftsteuerbelastungsdurchschnitt der österreichischen Nachbarstaaten, welcher durch die relativ niedrigen nominalen und effektiven Steuersätze der östlichen Nachbarn und der Schweiz geprägt ist, weist auf einen standortpolitischen Nachteil Österreichs hin. Insbesondere in den letzten zehn Jahren kam es bei beiden Indikatoren zu einer relativen Verschlechterung der steuerlichen Wettbewerbsfähigkeit des Wirtschaftsstandortes Österreich.

Die durch die Körperschaftsbesteuerung generierten heimischen Einnahmen rangieren im internationalen Vergleich – gemessen am BIP – im Mittelfeld. Während der OECD-Länderschnitt leicht höhere Körperschaftsteuereinnahmen pro Wertschöpfungseinheit aufweist, liegt Österreich de facto im EU-27- und Nachbarstaatendurchschnitt. Aufgrund der im internationalen Vergleich hohen heimischen Steuer- und Abgabenquote befinden sich die Einnahmen aus der Körperschaftsteuer gemessen an der Gesamtsteuerbelastung unter dem internationalen Durchschnitt. Auch die heimischen Körperschaftsteuereinnahmen, sowohl gemessen am BIP als auch am Gesamtsteueraufkommen, haben sich in den letzten Jahren dynamischer entwickelt als in den betrachteten Länderaggregaten.

Heimische multinationale Großunternehmen – welche potenziell in das BEPS (Base Erosion and Profit Shifting)-Regime fallen könnten – weisen im internationalen Vergleich eine höhere faktische Durchschnittskörperschaftsteuerbelastung als die Großunternehmen in den EU-27-Ländern sowie einen geringeren faktischen Körperschaftsteuerbelastungsschnitt als die Großunternehmen in der OECD und den österreichischen Nachbarstaaten auf. Bei der Interpretation dieser Ergebnisse ist jedoch Vorsicht geboten. Erstens können die Berechnungen der faktischen Durchschnittssteuersätze aufgrund von Datenrestriktionen nur als grobe Annäherung betrachtet werden, welche mit hohen Unsicherheiten behaftet sind und die tatsächliche Steuerlast unterschätzen. Zweitens geben die faktischen Durchschnittssteuerraten keine Information über die Steuerbelastung an einzelnen Wirtschaftsstandorten, da die Berechnungen für jedes multilateral tätige Großunternehmen sowohl die weltweiten Körperschaftsteuerzahlungen als auch die weltweit erwirtschafteten Gewinne enthalten.

Zusammenfassend kann gefolgert werden, dass die heimische Körperschaftsteuerbelastung je nach Darstellung im internationalen Vergleich durchschnittlich bis überdurchschnittlich hoch ist. Insbesondere in den letzten Jahren ist die steuerliche Wettbewerbsfähigkeit des österreichischen Wirtschaftsstandortes für Kapitalgesellschaften gesunken. Die im Zuge der Ökosozialen Steuerreform beschlossene etappenweise Senkung des nominalen Körperschaftsteuersatzes auf 23 % bis 2024 wirkt dieser Tendenz entgegen.

4. Literaturverzeichnis

Breuss, F., & Schratzenstaller, M. (2004). Unternehmenssteuerwettbewerb und internationale Direktinvestitionen. Ein einführender Literaturüberblick anlässlich der österreichischen Körperschaftsteuerreform. *Wifo Monatsberichte 8/2004,* S 645–653.

Bundesministerium der Finanzen. (2021). *Die wichtigsten Steuern im internationalen Vergleich 2000 Ausgabe 2021.* Von https://www.bundesfinanzministerium. de/Content/DE/Downloads/Broschueren_Bestellservice/2021-06-21-die-wich tigsten-steuern-im-internationalen-vergleich-2020.pdf?__blob=publicationFile &v=9.

Devereux, M. P., & Griffith, R. (1998). Taxes and the location of production: evidence from a panel of US multinationals. *Journal of Public Economics 68,* S 335–367.

Eberhartinger, E., & Lackner, K. (2021). Standort Österreich – Analyse von CbCR-Daten. *SWI Steuer und Wirtschaft International – Tax and Business Review 12/ 2021,* S 610–620.

Europäische Kommission. (2021a). *Data on Taxation. Data updated in February 2021 including tax revenue data up to 2019. Direct taxes tables.* Von https://ec. europa.eu/taxation_customs/document/download/333fdf8e-eade-4fcb-8870-d1 eb5dab162a_en.

Europäische Kommission. (2021b). *Taxation Trends in the European Union. Data for the EU Member States, Iceland, Norway and the United Kingdom. 2021 Edition.* Von https://op.europa.eu/en/publication-detail/-/publication/d5b94e4e-d4f1-11eb-895a-01aa75ed71a1/language-en.

European Commission, Directorate-General for Taxation and Customs Union, *Spengel, Christoph*; *Heckemeyer, Jost H.*; *Streif, Frank* (2016). The effect of inflation and interest rates on forward-looking effective tax rates. Luxembourg: Office for Official Publications of the European Communities.

Eurostat. (2022). *Hauptsteueraggregate der Volkswirtschaftlichen Gesamtrechnung [GOV_10A_TAXAG].* Von https://ec.europa.eu/eurostat/databrowser/view/GOV _10A_TAXAG__custom_1887377/default/table.

Garcia-Bernardo, J., & Jansky, P. (2021). *Profit Shifting of Multinational Corporations Worldwide.* Working Papers IES 2021/14, Charles University Prague, Faculty of Social Sciences, Institute of Economic Studies.

González Cabral, A. C., Appelt, S., Hanappi, T. (2021). Corporate effective tax rates for R&D: The case of expenditure-based R&D tax incentives. *OECD Taxation Working Papers, No 54.* Paris: OECD Publishing.

Hanappi, T. (2018). Corporate Effectice Tax Rates: Model Description and Results from 36 OECD and Non-OECD Countries. *OECD Taxation Working Papers, No 38.* Paris: OECD Publishing.

IMD World Competitiveness Center. (2022). *World Competitiveness Ranking 2021 Results.* Von https://www.imd.org/centers/world-competitiveness-center/rankings/world-competitiveness/.

Keuschnigg, C. (2016). *Unternehmensbesteuerung und Standortattraktivität.* Wien, St. Gallen: Analyse Nr. 10 WPZ Wirtschaftspolitisches Zentrum.

King, M. A., & Fullerton, D. (1983). The Taxation of Income and Capital: A Comparative Study of the U.S., U.K., Sweden and West Germany. *NBER Working Paper No 1058.*

Kostal, T. (2000). Zur Messung der Steuerbelastung von Unternehmen. *Austrian Journal of Statistics, Volume 29*, S 17–36.

Mendoza, E. G., Razin, A., & Tesar, L. L. (1994). Effective Tax Rates in Macroeconomics: Cross Country Estimates of Tax Rates on Factor Incomes and Consumption. *NBER Working Paper 486.*

Nicodeme, G. (2001). *Computing effective corporate tax rates: comparisons and results.* München: MPRA Paper No 3808.

OECD. (2021). *Corporate Tax Statistics 3rd Edition.*

OECD. (2021b). *Important disclaimer regarding the limitations of the Country-by-Country report statistics.* Von https://www.oecd.org/tax/tax-policy/anonymised-and-aggregated-cbcr-statistics-disclaimer.pdf.

OECD. (2022a). *Statutary Corporate Income Tax Rates.* Von https://stats.oecd.org/Index.aspx?DataSetCode=CTS_CIT.

OECD. (2022b). *Global Revenue Statistics Database.* Von https://stats.oecd.org/Index.aspx?DataSetCode=RS_GBL.

OECD. (2022c). Country by Country Statistics Table I – Aggregate totals by jurisdiction: Von https://stats.oecd.org/Index.aspx?DataSetCode=CBCR_TABLEI.

Schratzenstaller, M. (2003). Vergleiche zur Unternehmenssteuerlast. *WSI Mitteilungen*, S 368–376.

Spengel, C., Schmidt, F., Heckemeyer, J. H., Nicolay, K., Bartholmeß, A., Ludwig, C., Stage, B. (2020). *Effective Tax Levels Using the Devereux/Griffith Methodology – Update 2020.* Mannheim: EU Commission.

ZEW – Leibniz-Zentrum für Europäische Wirtschaftsforschung. (7.1.2022). *ZEW – Devereux/Griffith-Modell.* Von https://www.zew.de/forschung/unternehmensbesteuerung-und-oeffentliche-finanzwirtschaft/forschungsschwerpunkte/besteuerung-von-unternehmen-und-steuerliche-standortanalysen/devereux/griffith-modell.